Joseph H. Kaiser

Die Politische Klausel der Konkordate

Die Politische Klausel
der Konkordate

von

Dr. jur. Joseph H. Kaiser

DUNCKER & HUMBLOT / BERLIN·MÜNCHEN

Alle Rechte vorbehalten

Verlag von Duncker & Humblot, Berlin und München. B 234 ISB, Berlin
Gedruckt 1949 von Buch- und Kunstdruckerei Gustav Ahrens, Berlin N 65

Meinem Bruder

Heinrich Kaiser

† 2. April 1943

aufs Grab

INHALT

	Seite
Vorwort	7
Einleitung: Staat und Bischofsamt	11

A. Historischer Standort und Begriff der Politischen Klausel

- I. Die persona minus grata 28
  1. Rechtsquellen 28
  2. Inhalt und Rechtswirkung 29
  3. Verfahren 34
- II. Ideelle und politische Entwicklungslinien im 19. Jahrhundert und die Ausbildung des staatlichen Erinnerungsrechts 37
  1. Der Liberalismus 39
  2. Staatliche Mitwirkungsrechte im Zeitalter des Parlamentarismus 43
  3. Der Apostolische Stuhl — eine Großmacht — Einschränkende Auslegung der Mindergenehmheit durch Gregor XVI. 48
- III. Begriff der Politischen Klausel
  1. Terminologische Verschiedenheiten 56
  2. Abgrenzung 58
     a) Die nominatio regia 59
     b) Das Veto 59
- IV. Das politische Erinnerungsrecht in den Konkordaten
  1. Die ältesten Politischen Klauseln 63
  2. Übersicht über die Politischen Klauseln der großen Konkordatsära 69
- V. Die Rechtslage des Dritten Reiches
  1. Reichskonkordat und Länderkonkordate 75
  2. Die dem Reich seit 1938 angegliederten Gebiete — Das Schicksal der Konkordate im Fall der Staatensukzession . 77
- VI. Zur deutschen Konkordatslage der Gegenwart 90

B. Die Rechtsnatur der Politischen Klausel

- I. Die inhaltliche Seite des politischen Erinnerungsrechts
  1. Bedenken „politischer Art" 99
     a) Grundsätzliches 100
     b) Die Tatbestände des tschechoslowakischen Modus vivendi (Art. IV Abs. 2) 103
     c) „Verfassung" und „Sicherheit" 103
     d) Bedeutung dieser authentischen Interpretation für die Auslegung sämtlicher Politischen Klauseln 107
     e) Stellungnahme des Fachschrifttums 109
     f) Das jeweils „Staatspolitische" als Individuationsprinzip der politischen Bedenken 110

	Seite
g) Die Politische Klausel — eine Generalklausel	115
h) Die Deutung Werner Webers	117
i) Exkurs: Zur Totalität des Politischen	121
k) Zur weiteren Aufhellung: Die staatlichen Bischofseide	127
2. Bedenken „allgemeinpolitischer Natur"	135
3. Bedenken „nicht parteipolitischer Art"	138
4. Quis iudicabit?	146
5. Begründungspflicht des Staates	151
6. Die Fälle Aachen (1938) und Fulda (1936)	158
II. Die Rechtsfolgen der staatlichen Erinnerung	172
1. Verbindliche Einspruchs-(Veto-)rechte der Staaten	176
insbesondere: Die spanische Regelung 1941	181
2. Eindeutig unverbindliche Erinnerungsrechte	186
insbesondere: Das Reichskonkordat 1933	187
3. Die Tragweite der übrigen Politischen Klauseln	194
4. Keine Exequaturfunktion der staatlichen Bischofseide ..	196
5. Die Freundschaftsklausel	199
C. Zusammenfassende Würdigung der Politischen Klausel	202
Akten zu den Fällen Aachen und Fulda	207
Schrifttum	228

Vorwort

Der Kampf zwischen Papsttum und Kaisertum, der die große Tragik unserer mittelalterlichen Geschichte ausmacht, war auf weiten Strecken ein Streit um die Investitur der Bischöfe. Wenn im Laufe der Jahrhunderte auch weitere Reibungspunkte hinzutraten, die Fronten sich verschoben, die Spannungen sich verschärften und die Kampfweisen wechselten, so steht doch auch in der Neuzeit das Bischofsamt im Brennpunkt kirchenpolitischer Auseinandersetzungen. Und wenn Staat und Kirche gemeinsame Formen fruchtbringenden oder wenigstens erträglichen Zusammenlebens suchen und in beiderseitigen Übereinkünften die Streitpunkte zu vermindern trachten, ist es wiederum die Besetzung der Bischofsstühle, die sich besonders eingehender Regelung erfreut.

Der kirchenpolitischen Bedeutung dieser Frage entspricht die Vielzahl rechtswissenschaftlicher Arbeiten, die dieses Thema zum Gegenstand geschichtlicher und systematischer Forschung gemacht haben[1]. Im deutschen Sprachkreis sind es in neuerer Zeit besonders Mörsdorf[2], Weber[3] und in größerem Zusammenhang Link[4], die sich unter Berücksichtigung auch des außerdeutschen Schrifttums um eine Klärung der einschlägigen Bestimmungen der Konkordate bemüht haben. Vor allem hat Werner Weber das Verdienst, die allgemeine und spezielle Literatur, besonders die deutsche und italienische, in größtem Umfang herangezogen und ausgeschöpft zu haben. Auf seiner scharfsinnigen und inhaltsreichen Studie baut

---

[1] Schon Ulrich Stutz traf zu Beginn (S. 3) seines Bischofswahlrechts (1909) die Feststellung, daß kaum ein anderer Gegenstand aus dem Grenzgebiet von Staat und Kirche die kirchenrechtliche und staatskirchenrechtliche Literatur des 19. Jahrhunderts in so hohem Maße beschäftigt habe wie das Recht der Bischofswahl und die staatlichen Mitwirkungsbefugnisse.

[2] Besetzungsrecht, 1933.

[3] Die politische Klausel, 1940.

[4] Die Besetzung der kirchlichen Ämter, 1942.

die vorliegende Arbeit auf. Die Schrift Webers zeichnet sich im übrigen dadurch aus, daß sie sich entschieden von der herrschenden, von Weber ein wenig summarisch sogenannten „vatikanischen Jurisprudenz" abhebt und sich mit Nachdruck und sozusagen kontrapunktisch zum Wortführer der staatlichen Belange macht[5]; die nicht immer eindeutigen Konkordatsbestimmungen bieten dazu nicht selten fruchtbare Ansatzpunkte.

So ist eine spannungsreiche Diskussion entstanden, zu der die vorliegende Untersuchung einen selbständigen Beitrag zu leisten gedenkt. Dabei setzt sie sich ihrerseits von den mitunter sehr antithetisch wirkenden Darlegungen Webers ab, besonders wo sich diese zu unserer Meinung nach ungerechtfertigter Polemik gegen die Römische Kurie und die überkommene Rechtsauffassung zuspitzen[6].

Dem Begriff des Politischen in der Politischen Klausel gehört unser besonderes Interesse. Er figuriert in sämtlichen modernen Konkordaten und hat also die Situation eines totalitären Führerstaates ebenso konkret zu meistern wie die einer liberalen Demo-

---

[5] Was Weber nicht gehindert hat, in anderen Abhandlungen staatliche und kirchliche Befugnisse sehr sachlich gegeneinander abzuwägen (z. B. in der Studie „Das Nihil obstat" in Zeitschr. ges. Staatsw. 99, 1939, S. 193 ff. und neuerdings in der Schrift „Die Ablösung der Staatsleistungen an die Religionsgesellschaften", Stuttgart 1948, die mit großer Sicherheit und Überzeugungskraft die wohlfundierte Rechtsstellung der Kirchen herausstellt) oder sich mit bemerkenswertem Mut durch Eintreten für gewisse Rechte der Kirche gegenüber nationalsozialistischer Willkür zu exponieren.

[6] So wenn Weber beispielsweise in seiner Politischen Klausel, S. 10, den Vatikan als einen „großen Gewinner" des Ersten Weltkrieges den am Kriege nicht oder nur mittelbar beteiligten Mächten zurechnet, die sich „aus dem Zusammenbruch der Mittelmächte ... ihren Anteil zu sichern wußten", der Vatikan zwar nicht in Gestalt von territorialen Grenzverschiebungen oder Tributleistungen, sondern in der von Weber damit verglichenen („Gewinner"!) Form einer Verbesserung des kirchlichen Rechtsstandpunktes innerhalb der staatskirchenrechtlichen Beziehungen.

Über die allgemeine Berechtigung solcher Vorwürfe gegen die Kurie, mit denen „der Kern der Sache und der innerste Grund ihrer Haltung", die in „positiver Neutralität" gegenüber allen Staaten besteht, nicht getroffen wird, vgl. die grundsätzlichen Ausführungen des Protestanten Ulrich Stutz, Päpstliche Diplomatie, S. 71 Anm. 9.

Über die nicht selten aggressive Ausdrucksweise Webers beklagt sich u. a. Petroncelli: „... per lo meno stupore mi reca il tono in cui il giudizio mio è stato non criticato, chè argomenti giuridici non sono portati, ma vorrei dire beffato, se la parola non fosse troppo forte, da un collega straniero Werner Weber ... con uno stile pungente ..." (Polemica, aaO. S. 6).

Nichtsdestoweniger verdient es nachdrücklich festgestellt zu werden, daß die wissenschaftlichen Intentionen dieses angesehenen Rechtslehrers über jeden Zweifel erhaben sind.

kratie. Das gibt ihm eine ungeheure Komplexibilität, und es ist kaum verwunderlich, daß, wo immer es sich um das politische Bedenkenrecht eines totalitären Regimes handelt, er zu einer entsprechenden Deutung tendiert. Sie gilt es auf ihre historische und systematische Berechtigung zu überprüfen. Auch dürften wir heute, da zu der uralten Geschichte des Begriffs des Politischen ein neues Kapitel geschrieben wird, imstande sein, in der Erkenntnis dieses erregenden Gegenstandes und seiner ruhelosen Dialektik fortzuschreiten.

Profanes Öffentliches Recht und Kirchenrecht, auf deren Arbeitsbereich gleicherweise der Schatten des Politischen fällt, sind auf eine fruchtbare gegenseitige Fühlungnahme angelegt. In den Begriffen des ius utrumque und des Staatskirchenrechts hat das einen mehr als symbolischen Ausdruck gefunden. Die Politische Klausel ist eine typische konkordatäre Rechtsfigur aus dem Grenzgebiet von Staat und Kirche und auf dem eingangs gekennzeichneten Spannungsverhältnis aufgebaut. Die Voraussetzungen ihrer wissenschaftlichen Erkenntnis sind deshalb aus beiden Gebieten, Kirchenrecht und Staatsrecht, zu entnehmen, zu denen noch das Völkerrecht tritt, aus dessen Normen die jeweilige Geltung oder Nichtgeltung konkordatären Rechts abzuleiten ist[7].

Solange nicht staatliche oder kirchliche Archive in größerem Umfang erschlossen werden und dadurch die Besetzungspraxis der letzten zweieinhalb Jahrzehnte in deutlicherem Licht erscheint, kann es nicht die Aufgabe sein, Neuigkeiten zusammenzutragen. Trotzdem hoffen wir, durch die mühsam ermittelten Details des „Falles F u l d a" (1936) und des „Falles A a c h e n" (1937/38), der ersten veröffentlichten Präzedenzfälle zur Politischen Klausel, auch von seiten der positiven Rechtserfahrung wesentliche Beiträge zur Erkenntnis des staatlichen Bedenkenrechts erbracht zu haben.

Die Ausarbeitung wurde erschwert durch die zeitbedingte Unmöglichkeit, Fachschrifttum, besonders des Auslandes, in größerem Umfang heranzuziehen. Soweit die bedeutendsten Lehrmeinungen mir nicht im Original, sondern nur mittelbar (referiert) in Veröffentlichungen jüngeren Datums (bis 1942) zugänglich waren, war eine breitere Auseinandersetzung aus naheliegenden Gründen nicht möglich. Dieser schmerzliche Verzicht zwang zu einer mehr linearen

---

[7] mit der unten S. 12 Anm. 4 aE. und S. 82 ff. besprochenen Einschränkung.

und weniger komplexen Durchführung der Theorie in den Hauptstücken.

Es ist mir eine angenehme Pflicht, auch an dieser Stelle meinem verehrten Lehrer Herrn Professor Dr. Adolf Julius Merkl, Tübingen, für seine stets wohlwollende Förderung meinen aufrichtigsten Dank zu sagen. Gleichfalls danke ich den Herren Professoren Dr. Hans Erich Feine, Tübingen, und D. Dr. Klaus Mörsdorf, München, die mir in sehr entgegenkommender Weise ihre Privatbibliotheken zur Verfügung stellten und die Entstehung der Arbeit mit anregenden Ratschlägen begleiteten. Die Hohe Rechts- und Wirtschaftswissenschaftliche Fakultät der Universität Tübingen hat am 24. Mai 1947 die Arbeit als Dissertation zur Erlangung des Doktorgrades angenommen. Die Schrift ist inzwischen auf den neuesten Stand gebracht.

Altenhundem (Westfalen), den 12. April 1949

Joseph H. Kaiser.

Einleitung:
Staat und Bischofsamt

Die „Politische Klausel" ist eine terminologische Erfindung der preußischen Ministerialbürokratie und noch nicht zwei Jahrzehnte alt[1]. Älter ist der Gegenstand, den sie bezeichnet: die konkordatären Bestimmungen über das staatliche Erinnerungsrecht gegen mißliebige Bischofskandidaten[2]. Uralt, fast so alt wie die Kirche selbst, ist aber das Problem, das die Politische Klausel überschattet: die Frage nach dem Verhältnis von Kirche und Staat, nach der Unterscheidung ihrer Lebens- und Machtbereiche[3].

Auf dieses Spannungsverhältnis in der speziellen Erscheinungsform der Rechtsbeziehung zwischen Bischof und Staat haben wir kurz unsere Aufmerksamkeit zu lenken, bevor die Politische Klausel im einzelnen zum Gegenstand der Betrachtung gemacht werden kann. Denn abgesehen davon, daß völkerrechtliche[4] Verträge von

---

[1] Sie findet sich zum erstenmal in der Regierungsbegründung zum Preußischen Vertrag mit den evangelischen Landeskirchen, Sammlung der Drucksachen des Preußischen Landtags, 1931, Bd. II, Sp. 7016 ff.

[2] Wie sie erstmalig in den Konkordaten mit Montenegro 1886 und Kolumbien 1887 auftauchen; darüber im einzelnen u. S. 64 ff.

[3] Lietzmann, Hans, Die Anfänge des Problems Kirche und Staat, Sitzungsberichte der Preußischen Akademie der Wissenschaften, 1938, Allgemeines, Berlin 1938, S. XXXVII ff.

[4] Zur Rechtsnatur der Konkordate eingehend Stellung zu nehmen, ist für unsere Zwecke entbehrlich und würde den Rahmen dieser Arbeit weit überschreiten. Wegen ihrer grundsätzlichen Bedeutung sei jedoch wenigstens der Stand der Fragestellung hier kurz umrissen.
Die Privilegientheorie sieht in den Konkordaten widerrufliche Privilegien des Hl. Stuhles, die hingegen auf Seiten des Staates feste Bindungen begründen sollen; sie ist klassisch niedergelegt in der Bulle Unam sanctam von 1302. Im Gegensatz zu dieser Ansicht behaupten die Vertreter der Legaltheorie, die Konkordate seien „Ausdruck eines juristisch irrelevanten Konsenses der Kirche zu einem staatlichen Gesetzgebungsakt" (Sohm, Ztschr. f. Kirchenrecht 11, 1872 S. 183). Beide werden heute fast nur noch als literarische Doktrinen hier und da weitergeschleppt (teilweise im Gewand der Vertragstheorie, z. B. Wernz, Ius decretalium, Bd. I S. 192 bes. S. 222, den schon Schnei-

der jeweiligen politischen Situation eine individuelle Färbung bekommen[5], erhalten die „Bedenken p o l i t i s c h e r Art", der zentrale Begriff der Politischen Klausel, ihren konkreten Inhalt und ihren eigentümlichen Sinn nicht allein aus den einzelnen konkordatären Normierungen, sondern vor allem aus der heutigen, entwicklungsgeschichtlich erhellten Gestaltung des Verhältnisses von Kirche und Staat und der politischen Relevanz des Bischofsamtes im besonderen.

Das staatliche Interesse an diesem zu allen Zeiten politisch exponierten Amt erwachte in bemerkenswerter Weise schon in dem Augenblick, als Kirche und Staat mit dem Mailänder Edikt im Jahre 313 erstmalig in das Verhältnis einer echten Heterogenität getreten waren. Schon Konstantins Maßnahmen gegen einzelne Bischöfe waren gelegentlich von kirchlicher Rechtsverletzung nicht weit entfernt[6], wenn er sich auch hütete, Bischöfe anders als in Vollstreckung von Synodalurteilen ein- und abzusetzen[7]. Bald nach ihm gewann die

---

der, Rechtliche Natur, S. 52 als „Scheinvertreter der Vertragstheorie" bezeichnet; seine Gedanken sind in gleichem Sinne weitergeführt bei Capello, De natura concordatorum aaO. bes. 9, 1929 S. 139 [conclusio]). In Theorie und Praxis herrscht zumindest etwa seit der Jahrhundertwende die Lehre von der V e r t r a g s natur der Konkordate. — Seitdem geht der Streit wesentlich darum, ob sie v ö l k e r r e c h t l i c h e, q u a s i v ö l k e r r e c h t l i c h e oder eine b e s o n d e r e A r t von Verträgen sind. Die Antwort ist in der Regel von der Auffassung über die Rechtsnatur des Hl. Stuhles bestimmt. Die letztgenannte Ansicht wird vorzugsweise von Juristen vertreten, die den päpstlichen Konkordatspartner als Vertreter der dem jeweiligen Staat unterworfenen katholischen Landeskirche ansehen (z. B. Huber, Verträge, S. 83 f., 93: Konkordate seien ein „besonderer Typus koordinationsrechtlicher Verträge"). Diese Meinung ist abzulehnen; der Papst konkordiert herkömmlich namens der Weltkirche und erkennt eine Landeskirche überhaupt nicht an. Ob man in den Konkordaten völkerrechtliche oder quasi-völkerrechtliche Verträge sehen will, ist letzten Endes eine juristische Konstruktionsfrage und praktisch ohne Bedeutung. Mit Wagnon, Concordats, S. 14—20; Verdross, Völkerrecht, S. 99 u. a. sind die Konkordate als völkerrechtliche Verträge anzusprechen, weil sie zwischen gleichberechtigten, souveränen Mächten (auch der Hl. Stuhl ist Völkerrechtssubjekt) auf der Grundlage des Völkerrechts abgeschlossen werden und in Inhalt, Form und Wirkung erhebliche Ähnlichkeit mit den völkerrechtlichen Verträgen des zwischenstaatlichen Verkehrs aufweisen. Doch darf das nicht zu der Auffassung verleiten, die Regeln des Völkerrechts seien restlos auf die Konkordate anzuwenden. Soweit die Eigenart des kirchlichen Vertragspartners und des Vertragsinhalts entgegenstehen, greift konkordatäres Sonderrecht Platz. Wir haben unten S. 82 ff. Gelegenheit, ein Beispiel solcher Sonderrechtsnormen darzustellen.

[5] Die Richtigkeit dieser Aussage und gleichzeitig ihre Begrenzung ergibt sich schon aus der Lehre von der clausula rebus sic stantibus.

[6] Chr. Baur, Die Anfänge des byzantinischen Cäsaropapismus, AkKR 111, 1931 S. 104; Bihlmeyer, Kirchengeschichte, I S. 191.

[7] Baur aaO. S. 100.

Staatsgewalt auf die Besetzung wichtigerer Stühle größeren faktischen Einfluß[8], zumal im Orient, wo die byzantinische Gesetzgebung den Bischöfen bedeutende politische Rechte — bis zur Oberaufsicht über die Staatsbeamten[9] — einräumte, und der kirchliche Widerstand gegen die fortgesetzten Eingriffe der Kaiser im Schwinden begriffen war. Diese zunächst nur tatsächlich-politische Einwirkung wurde erst später zum Rechtsgrundsatz erhoben. Justinian bestimmte als Regel die kaiserliche Ernennung des Patriarchen von Konstantinopel aus einem Dreiervorschlag von zwölf Metropoliten[10]; im Jahrhundert der endgültigen Trennung von Rom war die Ostkirche soweit ihrer Selbständigkeit gegenüber dem Staat verlustig gegangen, daß der Hofkanonist Theodor Balsamon das kaiserliche Ernennungsrecht für alle Bischöfe feststellen konnte[11].

Im Abendland hat Rom die byzantinischen Kaiser immer wieder an die Grenzen ihrer Macht erinnert[12] und ist, zunächst auch erfolgreich, für die Erhaltung des von der Staatsgewalt unbeeinflußten Wahlverfahrens eingetreten[13]. Unter germanischem Einfluß gewannen jedoch auch im Westen die Herrscher wachsenden Einfluß auf die Besetzung der Bischofsstühle[14]. Frühzeitig kam zu der Wahl die königliche Bestätigung, wie schon die Synode von Orleans bezeugt[15]. Die hervorragende Bedeutung der Bischöfe für das Staatsleben veranlaßte vor allem die Merowinger zu einem Ausbau ihrer Befugnisse. Die Bedeutung der Wahl trat demgegenüber zurück. Unter Karl dem Großen war die königliche Ernennung die Regel und blieb es auch für die Zukunft, wenngleich Ludwig der Fromme wieder die Wahl durch Klerus und Volk zugestand. Papst Johann X. bezeichnete

---

[8] Bihlmeyer, Kirchengeschichte I S. 500; Hinschius, Kirchenrecht, II S. 513; Friedberg, Gränzen, S. 17 Anm. 3, geht dagegen zu weit, wenn er verallgemeinert, die Kaiser hätten die Bischofsstühle allgemein „wie weltliche Beamtenstellen vergabt".
[9] Vgl. z. B. Kahl, Kirchenrecht, S. 253.
[10] Baur aaO S. 110.
[11] „Der Kaiser ist nicht genötigt, die Kanones zu beobachten; er kann auch ohne (kanonische) Wahl Patriarchen und Bischöfe ernennen", aaO S. 113. — Über die spätere Entwicklung unterrichtet Rothenbücher, Wandlungen in dem Verhältnis von Staat und Kirche in neuerer Zeit, aaO S. 377.
[12] Baur aaO S. 111.
[13] Die tiefgreifende Verschiedenheit der Gesamtrechtsentwicklung der abendländischen und der morgenländischen Kirche in ihrer Stellung zum Staat beleuchtet Kahl, Kirchenrecht, S. 57.
[14] Zum folgenden vgl. Hinschius, Kirchenrecht, II S. 516—613; Wernz-Vidal, Ius canonicum, III S. 619—623; Mörsdorf, Besetzungsrecht, S. 3—8.
[15] Bihlmeyer, Kirchengeschichte, I S. 301.

die Nomination 921 als prisca consuetudo[16]. Diese Rechtsübung nahm frühzeitig eine dinglich-rechtliche Färbung an. Die Stiftung vieler Bistümer durch den König und ihre Bewidmung mit Krongut ließ schon im Frankenreich den Eigenkirchengedanken, der sich im niederen Ämterwesen entwickelt hatte, auch für das Besetzungsrecht der Bischofsstühle maßgebend werden. Gewissermaßen als Verleiher der Domkirchen ernannten auch die deutschen Kaiser die Bischöfe[17] und übten die Investitur. Diese Art der Verleihung führte schließlich zu förmlicher Simonie und schweren kirchlichen Mißständen.

Im Zuge der großen Reformbewegung verbot die römische Synode von 1059 allgemein, ohne die Bistümer ausdrücklich zu erwähnen, die Annahme einer Kirche aus Laienhand[18]. Zum eigentlichen Kampf um die Besetzung der Bischofsstühle kam es zwischen Gregor VII. und Heinrich IV. Dieser sogenannte Investiturstreit endete mit einem Kompromiß auf der Grundlage der Unterscheidung der geistlichen und der weltlichen Seite des mittelalterlichen Bischofsamtes. Das Wormser Konkordat[19] (1122) führte für alle Bistümer des Reiches die freie kanonische Wahl ein, die sich gegen Ende des 12. Jahrhunderts unter Ausschluß des früher ebenfalls wahlberechtigten niederen und Ordensklerus zu einem Wahlrecht der Domkapitel schlechthin fortbildete[20]. Dem Kaiser bleibt die Investitur der Regalien mit dem Zepter und die Anwesenheit bei der Wahl. Einen völligen Ausschluß der Beteiligung weltlicher Fürsten bei dem Besetzungsgeschäft hat das Papsttum also nicht erreicht, weder in Deutschland noch im übrigen Abendland[21]. – Das 13. und 14. Jahrhundert brachte dem Papst größeren Einfluß auf die Verleihung. Auf dem Wege über das Recht der Bestätigung und die Reservationen trat das päpstliche Besetzungsrecht immer deutlicher in Erscheinung. Dem machten die Beschlüsse des Baseler Konzils (1431–1443 [49]) ein Ende; in Deutschland freilich nur für kurze Zeit: das Wiener Konkordat[22] stellte das päpstliche Bestätigungsrecht und die freie kanonische Wahl wieder her, was bis zur Auf-

---

[16] aaO II, S. 114.
[17] Stutz, Kirchenrecht aaO S. 313. Hinschius, Kirchenrecht, II S. 530 ff.
[18] c. 6; Mansi, Sacrorum conciliorum nova et amplissima collectio, Florentiae-Venetiis 1759 ss., nov., ed. Parisiis 1903 ss. XIX S. 898.
[19] Mercati, Raccolta, S. 18 f.
[20] Vgl. Mörsdorf, Besetzungsrecht, S. 5 und das dort angeführte Schrifttum.
[21] Vgl. Hinschius, Kirchenrecht, II S. 558, 580, 590, 598.
[22] Mercati, Raccolta, S. 177.

lösung des Reiches für die Besetzung der Reichsbistümer die Regel blieb[23]. — Seit dem 15. Jahrhundert gewann der landesherrliche Einfluß wieder an Boden dank zahlreicher Nominationsrechte, welche die Päpste den Fürsten gewährten, um den Konziliarismus und dessen antikuriale Errungenschaften zurückzudrängen. 1446 erlangte Friedrich III. das Nominationsrecht für Brixen, Chur, Gurk, Triest und Pedena; 1447 Friedrich II. von Brandenburg für Havelberg, Brandenburg und Lebus. Das französische Konkordat von 1516[24] verschaffte Franz I. dasselbe Recht für die Bistümer Frankreichs; der Kaiser erhielt es für seine Kronländer[25]; Spanien und Portugal für ihre europäischen und eine Anzahl außereuropäischer Bistümer; Bayern erlangte es noch im Konkordat von 1817 — um nur die bekanntesten Nominationsrechte zu nennen[26]. Im 19. Jahrhunhundert erhielten sogar protestantische Fürsten — allerdings nur n e g a t i v e — Einflußrechte auf die Besetzung: in einem formlosen Ausschließungsverfahren konnten sie vor der feierlichen Wahl gegen einen Kandidaten, den das wahlberechtigte Kapitel in Aussicht genommen hatte, ihr Veto einlegen. Über dieses Recht der Mindergenehmheit und seine Fortentwicklung zum heutigen politischen Erinnerungsrecht wird unten S. 28 ff. und S. 50 ff. ausführlich gesprochen werden.

Die Geschichte des Besetzungsrechts, die praktische Handhabung und die verschiedenen Stilformen staatlicher Einflußnahme liefern keinen konkreten Maßstab, an dem eine für alle Zeiten und geschichtlichen Situationen geeignete Gestaltung der beiderseitigen Befugnisse abgelesen werden könnte. Die geschichtliche Erfahrung warnt vielmehr, hier mit bloßen Begriffskonstruktionen zu manipulieren und allein aus einer abstrakten Wesensbetrachtung von Staat und Kirche und ihrer theoretischen Zuordnung die jeweilige politische Lösung dieses Problems zu normieren. Was grundsätzlich und mit allgemeiner Gültigkeit gesagt werden kann, ist nicht viel mehr als dieses: Die Kirche als societas perfecta hat das unwiderlegliche — aber weitgehend verzichtbare — Recht, selbständig ihre Organe zu

---

[23] Feine, Besetzung der Reichsbistümer, S. 284 f.
[24] Mercati, Raccolta, S. 233 ff.
[25] Beide lebten im napoleonischen Konkordat (1801 — Mercati aaO S. 561 ff.) und im österreichischen Konkordat (1855 — Mercati aaO S. 821 ff.) wieder auf.
[26] Näheres bei Mörsdorf, Besetzungsrecht, S. 7 f.; Hinschius, Kirchenrecht, II S. 610 f., 691 f.; Stutz, Nominationsrecht, aaO S. 229 ff., vor allem über die Nominationsrechte des 19. Jahrhunderts.

bestellen[27]; das gilt ohne Einschränkung auch für das Bischofsamt. Nach dem gemeinen Recht der Kirche gebührt heute dem Papst das freie Besetzungsrecht: „Eos (sc. episcopos) libere nominat Romanus Pontifex (c. 329 § 2 CIC). Gegenüber allen Negierungen, staatlichen Ansprüchen und Eingriffen ist die Kirche immer wieder auf diesen Grundsatz zurückgekommen. Im Laufe des 19. Jahrhunderts machten sich auch politische Gruppen diese Forderung zu eigen[28]; sie war das Programm der Paulskirche und verwirklicht[29] in der Weimarer Verfassung[30]. Staatliches und kirchliches Verfassungsrecht waren damit nach dem Vorgang anderer Trennungsländer (z. B. USA, Belgien seit 1831, Frankreich seit 1905) auch in Deutschland in dem Fundamentalsatz der vollen kirchlichen Selbständigkeit in der Ämterbesetzung zu bemerkenswerter Übereinstimmung gelangt.

Demgegenüber darf nicht aus dem Auge gelassen werden, daß Staat und Kirche in engster Nachbarschaft nebeneinander leben und vielseitig aufeinander angewiesen sind. Wenn auch mancher Staatsmann glaubte, durch günstige, mit der Kirche wie mit einer auswärtigen Macht getätigte Staatsverträge oder durch einseitige Kulturkampfgesetzgebung sich von ihr distanziert zu haben, so bleibt die Kirche – neben allen solchen Normierungen – doch als unmittelbar anwesende, im Staat und in den zu ihr zählenden Staatsbürgern gegenwärtige, durch keinerlei Normen und staatskirchenrechtliche Einrichtungen vermittelte, wirkliche Größe vorhanden, eine fest organisierte Macht, deren Bedeutung nicht mit irgendwelchen fiktiven Gesetzlichkeiten verwechselt werden darf und die ein Staat nicht ohne Schaden ignorieren kann[31]. Die positive Wertung beiderseitigen Zusammengehens auch in gewissen Angelegenheiten, die zwar zur ausschließlichen Zuständigkeit der Kirche oder des Staates zählen, aber für beide Teile ein berechtigtes Interesse haben, steht

---

[27] c. 147 § 1 CIC.
[28] Von entgegengesetzten Standpunkten liberal-antikirchliche und kirchenfreundliche Parteien.
[29] Sämtliche Parteien des Verfassungsausschusses waren sich darin einig; vgl. Mausbach, Kulturfragen, S. 66 und bei J. Schmitt, Kirchliche Selbstverwaltung, S. 136.
[30] Art. 137 Abs. 3 Satz 2: „Sie (jede Religionsgesellschaft) verleiht ihre Ämter ohne Mitwirkung des Staates oder der bürgerlichen Gemeinde".
[31] Weshalb eine absolute Trennung von Staat und Kirche, die jede rechtliche Berührung beider Gemeinschaften ausschließt, nicht durchführbar ist; vgl. Böckenhoff-Koeniger, Kath. Kirche und moderner Staat, S. 138, 166 ff; Rothenbücher, Trennung, S. 273.

darum in dem modernen wissenschaftlichen Schrifttum außer Diskussion[32].

Die Bischöfe leiten ihr Mandat nicht von der Autorität des Staates ab; ihr Amt beruht auf einem Organisationsakt der kirchlichen Gewalt. Trotzdem kommt ihm besondere politische[33] und vielfach auch staatsrechtliche Bedeutung zu. Die Bischöfe sind der Regierungsgewalt des Papstes untertan, mit dieser Maßgabe aber die alleinigen Gesetzgeber, Richter und Regenten ihrer Bistümer. Sie sind die Spitzen der Hierarchie im staatlichen Raum und als solche die Exponenten einer überstaatlichen, moralischen, aber deswegen nicht geringer einzuschätzenden Großmacht. Als geistige Größe, heute wieder mehr als lange zuvor, hat sie ihre ganze Macht in den Gewissen der Gläubigen und ist so, selbst abgesehen von ihrer weltumspannenden Organisation, der physischen Staatsgewalt letztlich unerreichbar. Dabei übt sie kraft der starken Gewissensbindung ihrer Mitglieder an die kirchliche Autorität — nicht zuletzt die der Bischöfe[34] — einen nicht zu unterschätzenden Einfluß auf das Leben der Staatsbürger aus, die zur kirchlichen Gemeinschaft zählen, und darüber hinaus kraft ihres schlechthinigen Öffentlichkeitscharakters auf das öffentliche Leben des Staates überhaupt. Diese Bedeutung ist nach der Epoche dynastischer Legitimität mit der Demokratisierung der Staatswesen nur noch gewachsen, seitdem ihre Anhänger und Organe durch Gebrauch auch parlamentarischer Machtmittel gesetzlichen Einfluß auf die Staatswillensbildung erlangen können. Der Staat seinerseits stellt der Kirche, soweit er sich nicht überhaupt von ihr getrennt hat, die vornehmste Organisationsform seiner Rechtsordnung zur Verfügung und stattet sie in Anerkennung ihrer

---

[32] Die Kulturkampfgelüste im Lager der NSDAP dürfen hier unberücksichtigt bleiben.

[33] „Il était aussi utile à l'Etat qu'à l'Eglise de choisir des prélats sérieux et intelligents. Si l'épiscopat était une institution très importante de l'Eglise, c'était une organisme très considérable de la nation, qu'ils n'avaient aucun intérêt à affaiblir." Ferrata, Mémoires, III S. 253 (auch bei Stutz, Päpstliche Diplomatie, S. 103 Anm. 1). Auch nichtkatholische Kirchenrechtler haben das hervorgehoben, z. B. Friedberg, Bischofswahlen, I S. 352; S. 429 nennt er sie: „Die Seelen-Ärzte der Nation"; vgl. auch Ders., Das Deutsche Reich und die kath. Kirche, S. 45.

[34] In der Anlage zur Note des hannoverschen Gesandten v. Ompteda an Consalvi vom 28. Juni 1817 ist nächst den „unveräußerlichen Souveränitätsrechten" das erste Motiv für die Forderung des Nominationsrechts: „Parmi les ministères consacrés particulièrement au service de la divinité, c'est l'Episcopat qui dans l'Eglise catholique exerce sans contredit la plus grande et la plus décisive influence sur la société", bei Friedberg, Bischofswahlen, II S. 41.

sittlichen Wirkungen für das Gedeihen des Staatswesens, ihrer moralischen Unterstützung der Staatszwecke und der politischen Vorteile guter Beziehungen zu ihr mit eigens gearteten Hoheits- und Schutzrechten aus, um so möglichst günstige natürliche Voraussetzungen für ihr Wirken und ein angenehmes Verhältnis zu ihr zu schaffen. Es liegt auf der Hand, daß es dem Staat in Anbetracht dieser Gegebenheiten nicht gleichgültig sein kann, welche Persönlichkeiten maßgeblichen Einfluß auf das Leben und die Entwicklung dieser Gemeinschaft ausüben. Deshalb ist der Episkopat als ein auch politisch bedeutsamer Faktor im Staat notwendig Gegenstand staatlicher Aufmerksamkeit und hat der Staat vom Standpunkt seiner spezifischen Anliegen ein Interesse daran, sich ein irgendwie geartetes, rechtlich gesichertes Einflußrecht auf die Bestimmung der zukünftigen Bischöfe zu sichern. Ein Staat wird um so mehr danach streben, je höher er die soziale und politische Bedeutung der katholischen Kirche innerhalb seiner Grenzen einschätzt.

Dieses unbestreitbare staatliche Interesse an den Persönlichkeiten, die für einen vakanten Bischofsstuhl kandidieren, kann aber keinesfalls einen Rechtsanspruch des Staates auf positive oder negative Mitwirkung bei deren Benennung begründen. Denn die Verleihung des Bischofsamtes ist seinem Wesen nach eine kirchliche Angelegenheit; sind es doch i h r e Amtsträger, die i h r e Lehre verkünden und i h r Recht sprechen sollen. Die bürgerlichen oder staatspolitischen Rück- und Nebenwirkungen sind nicht imstande, das Besetzungsrecht der kirchlichen Autonomie zu entziehen; accessorium sequitur principale.

Schon im 19. Jahrhundert wurde es als „naives" Unterfangen beurteilt[35], daß auch die protestantischen Regierungen das katholischen Fürsten vorbehaltene Nominationsrecht als Ausfluß der Staatssouveränität für ihre nichtkatholischen Landesherrn in Anspruch genommen hatten[36]. Namens der Kurie hatte Consalvi jeden Rechts-

---

[35] Friedberg, Bischofswahlen, I S. 5.
[36] So vor allem Hannover und ähnlich Preußen. Die gemeinsam vorgehenden Staaten der oberrheinischen Kirchenprovinz: Württemberg, Baden, Hessen-Darmstadt, Hessen-Kassel, Nassau und Frankfurt (außerdem die in Frankfurt zunächst mitverhandelnden Sächsischen Herzogtümer, ferner Mecklenburg, Oldenburg, Waldeck, Lübeck und Bremen) hatten auf Drängen von Hessen-Darmstadt ursprünglich die gleiche Absicht, gaben aber bald darauf abzielende Vorhaben auf. Einzelheiten bei Friedberg, Bischofswahlen, I S. 63 ff., 90 ff., 48 ff., 95; vgl. auch Stutz, Bischofswahlrecht, S. 42 mit weiteren Nachweisen in Anm. 1.

anspruch des Staates auf irgend beliebige Einflußnahme auf das Besetzungsgeschäft zurückgewiesen[37], wobei er sich u. a. der schlagenden[38] Überlegung bediente, Staat und Kirche seien, jede als autoritá suprema nel suo genere, auseinanderzuhalten, und wie die Kirche sich nicht anmaße, die Staatsdiener zu bestellen, so sei der Staat nicht befugt, Kirchendiener zu ernennen; wenn aber das Ernennungsrecht wesentlicher Bestandteil der Souveränitätsrechte sei (essenzialmente legato colla sovranitá), dann könne auch dem Großsultan von Konstantinopel nicht das Recht vorenthalten werden, die Oberhirten der Kirche (i Pastori della Chiesa) zu ernennen.

Der Hl. Stuhl hatte in den zwanziger Jahren des 19. Jahrhunderts den deutschen protestantischen Fürsten das Recht zur Ausschließung von personae minus gratae zugestanden[39]. Diese nicht wie das Nominationsrecht des bayerischen Königs an die dynastische Staatsform geknüpfte, sondern den Fürsten als Trägern der staatlichen Hoheitsrechte zugestandene Befugnis war 1918 mit dem Sturz der Monarchie nicht untergegangen[40]. Dagegen hatte die Weimarer Reichsverfassung in Art. 137 Abs. 3 die selbständige und ungehinderte Besetzung der Kirchenämter anerkannt[41] und damit die Ausübung des den Regierungen nach wie vor zustehenden, weil auf Vertrag beruhenden Vetorechts lahmgelegt[42]. Damit war jeder weiteren staatlichen Einmischung die Rechtsgrundlage entzogen. Trotzdem glaubten einige Autoren in einer speziellen und intensiven Staatskirchenhoheit ein praktisch unverzichtbares Recht des Staates erblicken zu müssen und versuchten, aus der gleichfalls verfassungsrechtlich gewährleisteten öffentlichen Körperschaftsqualität der Kirche in Deutschland den Fortbestand der Kirchen-

---

[37] Besonders wirkungsvoll in der ausführlichen Antwortnote vom 2. September 1817 an den hannoverschen Gesandten v. Ompteda; mit geringen Kürzungen abgedruckt bei Friedberg, Bischofswahlen, II S. 45 ff.

[38] Ebenso beurteilt schon Mejer, Veto, S. 15, 17, Consalvis Erwiderung; vgl. auch Stutz, Bischofswahlrecht, S. 42 Anm. 1, der den Noten Consalvis, „wenigstens in der Hauptsache auch vom Standpunkt der heutigen Rechtswissenschaft aus nur beipflichten kann".

[39] Hierüber im einzelnen u. S. 28 ff.

[40] Mörsdorf, Besetzungsrecht, S. 98.

[41] Vgl. o. Anm. 30.

[42] Mörsdorf, Besetzungsrecht, S. 105 f. mit weiterem Schrifttum.

aufsicht und damit auch der staatlichen Einwirkungsrechte auf die kirchliche Ämterverleihung abzuleiten[43].

Diese Streitfrage ist heute ebenso brennend wie damals, und die in Weimar gefundene Lösung hat an Gegenwartsbedeutung nichts eingebüßt. Der Begriff der Körperschaft des öffentlichen Rechts und seine Anwendbarkeit auf die christlichen Kirchen sind im Verfassungsausschuß der Weimarer Nationalversammlung eingehend erörtert und begrifflich geklärt worden. Die Diskussion[44] entzündete sich an der Definition des Abg. Kahl; er wollte die generellen staatsrechtlichen Merkmale der öffentlichen Körperschaften, wie sie auch den Einrichtungen einer dezentralisierten Staatsverwaltung und den Kommunalbehörden eigen sind, ebenfalls zur Umschreibung der Rechtsstellung der altkorporierten Kirchen heranziehen, nämlich: vom Staat gewährte Hoheitsrechte[45], besonderer Schutz des Staates[46] und vor allem wegen ihres öffentlichen Interesses gesteigerte Staatsaufsicht[47]. Das Ergebnis der weiteren Diskussion ist über den Geltungsbereich der Weimarer Verfassung hinaus und nicht zuletzt für die prinzipielle Lösung des Problems Staat und Bischofsamt von grundlegender Bedeutung.

Wie schon früher[48] wurde auch jetzt der Begriff der öffentlichrechtlichen Körperschaft als rechtlich inadäquat empfunden. Trotzdem wurde er in den Verfassungstext übernommen, um damit den historischen Besitzstand der christlichen Kirchen zu sichern. In ihm liegt das Anerkenntnis ihrer schlechthin öffentlichen Bedeutung für Staatsleben und Volkswohl; eine juristisch prägnante De-

---

[43] Z. B. Bredt, Kirchenrecht, Berlin 1922, II S. 150 mit Anm. 1; Zscharnack, Preußenkonkordat, S. 4; zum gleichen Ergebnis kommt Anschütz, Die Verfassung des Deutschen Reiches vom 11. August 1919, in Erl. zu Art. 137 Abs. 3 Satz 2 (Nr. 5, 6), indem er die dort ausgeschlossene „Mitwirkung des Staates" unzulässig eng interpretiert; vgl. dazu Mausbach, Kulturfragen, S. 66; Mörsdorf, Besetzungsrecht, S. 102 ff., mit weiteren reichen Schrifttumsangaben.

[44] Nationalversammlung, Verfassungsausschuß, S. 195 ff. Die bedeutsamsten Ausführungen sind abgedruckt bei J. Schmitt, Kirchliche Selbstverwaltung, S. 22 ff.

[45] Disziplinargewalt und Besteuerungsrecht gegenüber den Mitgliedern.

[46] Anerkennung ihrer Verfassung als Bestandteil des öffentlichen Rechts mit den sich daraus ergebenden Folgerungen, staatliche Dotationen und Verwaltungszwang für den Vollzug der kirchlichen Disziplinarerkenntnisse.

[47] Nationalversammlung, Verfassungsausschuß aaO. S. 195.

[48] Z. B. Stutz, Kirchenrecht, aaO. S. 406; Kahl selbst (Kirchenrecht, S. 340) versucht die Sonderstellung der Kirchen durch einen eigenen Begriff: „qualifizierte Korporationen" auch terminologisch zum Ausdruck zu bringen.

finition zu geben, sah sich der Verfassungsausschuß außerstande[49]. Man erblickte darin einen „Hilfsbegriff", der die Kirche aus den Vereinen des Privatrechts heraushebt als eine „befreundete Macht", mit welcher der Staat „freundschaftliche Dienste austauscht"[50]. Neben dieser inneren, sachlichen Begründung für die Zuerkennung der öffentlichen Körperschaftsqualität wurde auch auf deren Ausprägungen hingewiesen, die sie mit anderen öffentlichen Körperschaften staatlicher, ständischer oder sozialer Zweckrichtung gemeinsam hat, z. B. den eigentümlichen strafrechtlichen Schutz und das Recht der Besteuerung. Mit aller Entschiedenheit wurde aber die Definition Kahls und mit ihr eine intensivere Staatsaufsicht abgelehnt[51]. Die öffentliche Rechtsstellung der Kirche ist deshalb ein staatsrechtliches accessorium, das keinerlei Wirkungen für das innerkirchliche Verfassungsrecht mit sich bringt. Sie gibt dem Staat keinen unmittelbaren Titel zur Einflußnahme auf die Besetzung der Bischofsstühle und der übrigen Kirchenämter[52].

Dieser auch geschichtlich sinnvollen, weil dem universalhistorischen Entwicklungsprinzip — stetige Bewegung von ursprünglicher enger Verbindung beider Gewalten zu immer mehr sich durchsetzender Unterscheidung[53] — entsprechenden Rechtslage hat Ernst Rudolf Huber[54] treffenden Ausdruck gegeben: „Die Kirchen stehen heute zum Staate nicht im Verhältnis der Subordination. Sie werden vom

---

[49] Abg. Heinze, Nationalversammlung, Verfassungsausschuß, S. 200; J. Schmitt, Kirchliche Selbstverwaltung, S. 28. Der Begriff der öffentlichen Körperschaftsrechte ist in der Rechtslehre stets umstritten gewesen. Man erinnert sich der lebhaften Debatten, als die NSDAP im Gesetz zur Sicherung der Einheit von Partei und Staat vom 1. Dezember 1933 (RGBl. I 1933 S. 1016) zur Körperschaft des öffentlichen Rechts erklärt wurde.

[50] Abg. Naumann, Nationalversammlung, S. 1653 f.; J. Schmitt, Kirchliche Selbstverwaltung, S. 34.

[51] J. Schmitt aaO. S. 33; Ebers, Staat und Kirche, S. 299 ff.; E. R. Huber Arch. öff. Recht 21, 1932 S. 307.

[52] Im Einklang damit sogar die Ausführungen Kahls im Arch. öff. Recht 43, 1922 S. 130 f.

[53] Kahl, Staat und Kirche, Handbuch der Politik, 3. Aufl. 1920 I S. 126; es bedeutet jedoch eine irreführende Vereinfachung, wenn Kahl diese Entwicklung durch das Bild von zwei Kreisen verdeutlichen will, „die zuerst sich decken, sich weiterhin schneiden, sodann an der Peripherie berühren, um endlich ganz auseinanderzustreben". Vgl. auch Kahl, Die deutsche Kirche im deutschen Staat, Staat, Recht und Volk, 4. Heft S. 11. Die Gegenwart scheint vielmehr Ulrich Stutz, Päpstliche Diplomatie, S. 54 Anm. 2 recht zu geben: daß nämlich die Trennungsidee ihren Kulminationspunkt überschritten habe.

[54] Verträge, S. 77.

Staate zwar in gewissen Beziehungen[55] wie die ihm eingegliederten, öffentlich-rechtlichen Korporationen behandelt, sind aber in Wirklichkeit nicht Körperschaften dieser Art[56]. Sie stehen als Verbände mit unabhängiger Rechtsordnung und mit einer eigenen und unabhängigen Autorität nicht unter, sondern neben dem Staate".

Um so erstaunlicher ist es, wenn Huber in seinem „Verfassungsrecht des Großdeutschen Reiches"[57] zu gegenteiligen Ergebnissen gelangt und seine Deduktionen auf der „staatlichen Organisationsaufsicht" über den gesamten äußeren Rechtskörper der Kirchen und andererseits auf dem für das Reich in Anspruch genommenen ius circa sacra aufbaut, dem alles unterliege, was über die „reinen Bekenntnis- und Kultusfragen" hinausgreift, d. h. Kirchenhoheit in allen Angelegenheiten, „die das völkische Ethos, die politische Ordnung und Existenz sowie den staatlichen Aufgabenbereich betreffen"[58]. Das Ausmaß seiner Einwirkungsbefugnisse liegt damit tatsächlich im ausschließlichen Ermessen des Staates[59]. Die „Organisationsaufsicht" des Staates berührt sich in der Sache mit dem oben zurückgewiesenen Aufsichtsrecht des Staates über die Kirchen als Körperschaften des öffentlichen Rechts und geht in der Wirkung weit darüber hinaus. Es bedarf deshalb hierzu an dieser Stelle nach Obigem keiner weiteren Ausführungen[60]. Die in der protestantisch-theologischen Welt gewachsene Lehre vom ius circa sacra[61] ist heute und erst recht in dem von der nationalsozialistischen Weltanschauung bestimmten Staatsrecht des Dritten Reiches ein Fremdling. Entstanden aus dem Bedürfnis, die protestantische Landeskirche zur christlichen Landesobrigkeit in Beziehung zu setzen, wird unter ius circa sacra die sich auf die äußeren Angelegenheiten der Kirche erstreckende Leitungsbefugnis der Landesherrschaft ver-

---

[55] Inwieweit ist soeben dargelegt.
[56] Hervorhebungen nicht im Original.
[57] S. 499 f.
[58] aaO.
[59] Hier ist die Vorstellung der Totalität des Politischen wirksam, mit der wir uns unten S. 121 ff. auseinanderzusetzen haben.
[60] Der Staatsumbau nach 1933 hatte die verfassungsrechtliche Stellung der Kirchen nicht geändert; Art. 135—138 Weimarer Reichsverfassung blieben geltendes Recht; vgl. auch die Regierungserklärung vom 23. März 1933, Jahrb. öff. Recht 22 1935 S. 210, die ihnen den bisherigen Besitzstand feierlich garantierte.
[61] Hierzu und zum folgenden vgl. Johannes Heckel, Cura religionis, ius in sacra, ius circa sacra, Festschrift Ulrich Stutz, Kirchenrechtliche Abhandlungen, Heft 117/118 S. 224 ff., bes. S. 285 ff.

standen. Diese kirchenrechtlichen Befugnisse, bezeichnenderweise als cura religionis aufgefaßt, stehen aber nur dem magistratus pius seu Christianus zu. Dessen ist man sich stets bewußt, und es ist nur eine selbstverständliche Konsequenz, wenn Wolfgang Musculus[62] von einer nichtchristlichen Obrigkeit mit der gesamten cura religionis auch das ius circa sacra an die Kirche „devolvieren" läßt[63]. Diese unverlierbare Eigenart des ius circa sacra geht auch im 19. Jahrhundert nicht verloren, wo es die Kirchenhoheitsrechte des nicht mehr auf eine Konfession festgelegten konstitutionellen Staates bezeichnete. Es wurde zwar damals, ad hoc, als „notwendiger Bestandteil der Staatsgewalt" angesprochen[64], aber doch einer Staatsgewalt, die man sich, hic et nunc, nicht anders denn als christliche vorstellen konnte, die sich die Pflege des Gemeinsam-Christlichen im Staatsleben angelegen sein ließ. Oder aber es wurde mehr und mehr zur bloßen Vereinsaufsicht des Staates über die Religionsgesellschaften denaturiert, die sich vor allem in Grenzbestimmungen zwischen den früher sich nicht selten befehdenden Bekenntnissen[65] und damit in der Aufrechterhaltung des religiösen Friedens betätigte. Das ius circa sacra aber in seiner einschneidenderen und gewichtigeren Form, wie es Huber versteht, hat deshalb seinem Begriff und seiner Geschichte nach nur Sinn in einem positiv christlichen Staatswesen. Den hiermit benannten Inbegriff von Eingriffsrechten einem prinzipiell agnostischen[65a] oder gar kirchenfeindlichen Staat zuschreiben wollen, ist eine contradictio in adiecto.

Das Dritte Reich bekannte sich allerdings seinem Programm nach und in der ersten Zeit seines Bestehens zum „positiven Christentum". Die Prätention des ius circa sacra wäre zu dieser Zeit „einer Art von Staatschristentum"[66] kaum aufgefallen. Anders, nachdem jedermann einsehen mußte, daß die nationalsozialistische Obrigkeit weder ein magistratus Christianus noch ein magistratus pius war. Huber erkennt zwar noch an, daß die Besetzung der kirchlichen Ämter eine innere geistliche Angelegenheit ist und das Reich

---

[62] 1497—1563; über sein Leben und seine Schriften vgl. Realencyklopädie für protestantische Theologie und Kirche XIII Leipzig 1903, S. 581 ff.

[63] In seinem Hauptwerk, Loci communis, Basileae 1560 S. 805, bei Heckel aaO. S. 285, 289.

[64] Kahl, Kirchenrecht, S. 310.

[65] Anklänge daran ebenfalls bei Kahl, aaO. S. 279 f.

[65a] Zu diesem Begriff vgl. unten S. 42 Anm. 21.

[66] Eichmann, Kirchenrecht, II S. 454, Nachtrag zu I S. 33 ff.

die Auswahl der Amtsträger der Kirche „überläßt"(!), im übrigen läßt er aber eine weitestgehende Ämteraufsicht gelten mit der einzigen Begründung, daß die Besetzung der kirchlichen Ämter auf die staatliche Ordnung einwirke[67] und „die politische Grundordnung des neuen Reiches die sachgemäße Wahrung der staatlichen Belange in der überaus wichtigen Ämterfrage" bedinge. Das Reich kann darum „verlangen ..., es kann vorschreiben ..., es muß sich wahren ..., es kann auch fordern ..."[68].

Solche Formulierungen enthalten eine moderne Parallele zu dem absolutistischen Axiom der „unveräußerlichen Majestätsrechte"[69]. Systematisch tritt das Dritte Reich hiermit in die Nachbarschaft der deutschen Regierungen im ersten Viertel des vorigen Jahrhunderts, von denen Friedberg[70] im Jahre 1874 erstaunt berichtet, sie seien von der Anschauung ausgegangen, daß ihre aus dem ius circa sacra abgeleiteten Befugnisse von Rom aus nicht gebilligt zu werden brauchten. Und wenn das in der ersten Hälfte des 19. Jahrhunderts noch überall in Erscheinung tretende absolutistische Staatskirchentum damit begonnen hat, daß gegen Ende des Mittelalters alle „äußeren Verhältnisse der Kirche vom König bestimmt" wurden[71], so war das Dritte Reich im Begriff, ein neues usurpatorisches Staatskirchentum einzuführen, das sich nur mit der theoretischen Beibehaltung gewisser Überbleibsel liberaler(!) Errungenschaften wie „Separation der Zwecke"[72], (beschränkte) Bekenntnisfreiheit usw. verbrämte und damit eine innere Zwiespältigkeit aufweist wie wenige als widerspruchsvoll abgetane Kompromißlösungen der Weimarer Verfassung. Die vom Zweiten Reich her fast noch vertraut erscheinende Hilfskonstruktion des ius circa sacra ist hier, in diesem ganz anders denkenden System, nicht mehr als eine Kulisse, hinter der sich die Anmaßungen des totalen Staates, zunächst noch schamhaft verhüllt, theoretisch zu entwickeln belieben, bis an der Handhabung seiner Grundsätze die polizeistaatlichen Tendenzen eines unerleuchteten Parteiabsolutismus um so unverkennbarer hervortraten.

---

[67] In Wirklichkeit gibt es keine einzige kirchliche Maßnahme, die nicht auch irgendwie auf den politischen oder bürgerlichen Bereich hinüberwirkt.
[68] Huber aaO. S. 500 f.
[69] Vgl. oben S. 17.
[70] Bischofswahlen, S. 96.
[71] Rothenbücher, Trennung, S. 8 f.
[72] Ernst Forsthoff; wir kommen unten S. 118 darauf zurück.

Während dieser Zeit des NS-Regimes haben sich die Oberhirten der christlichen Bekenntnisse immer wieder als Gewissen der Nation erwiesen, das — in normalen Zeiten unauffällig und unvordringlich wirkend — für das Leben der Völker unentbehrlich ist. Zu solcher Repräsentation der geistlichen auctoritas im Leben eines Volkes mit ihren unentrinnbaren Beziehungen zu den politischen Mächten der Zeit gehört, das erkennt die Kirche an, viel Takt, in ihrer Sprache „prudentia"[73], und ein hohes Maß lauterster Staatsgesinnung. Durch lange Erfahrung belehrt, daß Reibungen zwischen Bischof und Staatsregierung einer segensreichen Amtsführung sehr hinderlich sein können[74], steht der Hl. Stuhl nicht an, hinsichtlich dieser nicht kanonischen[75], sondern staatsbürgerlichen[76] und politischen Qualitäten auch nichtkatholischen Souveränen und religiös indifferenten Republiken ein mehr oder weniger weitgehendes Mitwirkungsrecht vertraglich einzuräumen. Selbst in Fällen, in denen der Staat mangels einer diesbezüglichen Vereinbarung keinen Rechtsanspruch auf Gelegenheit zur Stellungnahme hatte, machte die Kurie eine hierauf gerichtete Anfrage[77]. Damit brauchte sie zwar nicht

---

[73] Die im nächsten Kapitel zu besprechenden Adhortationsbreven Re sacra, Quod de fidelium und der Erlaß Rampollas vom 20. Juli 1900 sehen darin eine erforderliche Eigenschaft der Kandidaten.

[74] Die Kurie liebt es, Ivo von Chartres zu zitieren; die genannten Breven und der Erlaß Rampollas führen diesen Satz bruchstückweise an, der vollständig lautet: „Novit enim paternitas vestra, quia cum regnum et sacerdotium inter se conveniunt, bene regitur mundus, floret et fructificat ecclesia. Cum vero inter se discordant, non tantum parvae res non crescunt sed etiam magnae res miserabiliter dilabuntur" (Brief 238; ed. Paris 1610 S. 423; bei Friedberg, Bischofswahlen, I S. 62 Anm. 2).

[75] Vgl. Stutz, Bischofswahlrecht, S. 56 mit Anhang 37.

[76] Vgl. aber unten S. 65 f.

[77] Z. B. gegenüber der bayerischen Regierung vor Ratifikation des Konkordats gelegentlich der Ernennung von Professor Matthias Ehrenfried zum Bischof von Würzburg (Mörsdorf, Besetzungsrecht, S. 115 mit Anm. 433; Link, Besetzung, S. 233 Anm. 60); ebenso gegenüber der tschechoslowakischen Regierung, bevor 1922 Msgr. Jantausch zum Administrator von Tyrnau (Trnava) ernannt wurde (vgl. u. S. 184); 1927 gegenüber der württembergischen Regierung vor Bestätigung der Wahl des Kapitularvikars Joannes Baptista Sproll zum Bischof von Rottenburg (Stutz, Nominationsrecht aaO. S. 245 Anm. 1). Außer diesen drei Fällen weiß die Literatur keine weiteren Anfragen ohne konkordatäre Verpflichtung des Vatikans namhaft zu machen. Aus ihnen kann auf die Gepflogenheiten, aber nicht auf eine allgemeine Verpflichtung des Hl. Stuhls geschlossen werden; ebensowenig wie aus dem Schreiben Pius XI. an Kardinalstaatssekretär Gasparri vom 5. Juli 1925 (Notificatio in AAS 18, 1926 S. 89), nach dem die Kongregation für die außerordentlichen kirchlichen Angelegenheiten zuständig ist, wenn außerhalb konkordatärer Abmachungen wegen der Ernennung von Bischöfen mit den Regierungen Fühlung genommen werden soll.

den Rechtssatz der freien Besetzung der bischöflichen Stühle durch den Papst (c. 329 § 2) schon zu desavouieren, stellte ihm aber doch eine gewichtige moralische Befugnis des Staates an die Seite, während sie im innerkirchlichen Bereich durchaus nicht immer mit einer solchen „Delikatesse" vorzugehen pflegt, sondern gegebenenfalls selbst unter Verzicht auf altbewährtes Partikularrecht und unter Inkaufnahme von Härten ihr kodifiziertes Recht durchzusetzen bestrebt ist[78].

Es gibt für die Problematik des Verhältnisses von Kirche und Staat — die Besetzung der Bischofsstühle ist einer der Hauptberührungspunkte — keine allgemeingültige Konkordienformel. Doch zeichnen sich die Umrisse der beiderseitigen Rechts- und Machtbereiche um so deutlicher ab, je rückhaltloser in moderner Zeit sich beide Gewalten gegenseitig als die „in ihrer Art höchste" anerkennen[79] und sich auf dem Boden der Koordination begegnen[80]. Da-

---

[78] So wurde beispielsweise am 15. 1. 1929 Nikolas Bares zum Bischof von Hildesheim ernannt, während dem Domkapitel das Wahlrecht verwehrt wurde (AkKR 109, 1929 S. 388; Mörsdorf, Besetzungsrecht, S. 119 f.) — fünf Monate vor Unterzeichnung des preußischen Konkordats, in dem das durch den päpstlichen Dreiervorschlag eingeschränkte Wahlrecht der Kapitel vertraglich festgelegt wurde. Es mögen dabei nicht zuletzt taktische Absichten mitgespielt haben: dem staatlichen Verhandlungspartner das päpstliche Eigenrecht und seine Durchsetzung in einem konkordatsfreien Preußen praktisch zu demonstrieren und so auf einen baldigen Abschluß der langwierigen, seit März 1926 andauernden Besprechungen hinzuwirken, bei denen die Besetzung der Bischofsstühle ein sehr wesentlicher Streitpunkt war.

Das Vorgehen des Hl. Stuhles in Baden legt dieselbe Vermutung nahe: Nach Erledigung des Freiburger Stuhles im Jahre 1920 durfte das Metropolitankapitel am 6. 9. 1920 den Kapitelsvikar Karl Fritz zum Erzbischof wählen. 1932 dagegen versagte der Hl. Stuhl dem Kapitel die Vornahme einer Wahl und ernannte am 23. 5. 1932 den Bischof von Meißen, Konrad Gröber, zum Erzbischof von Freiburg. Die auch mit Baden seit Jahren schwebenden Verhandlungen erhielten hierdurch offensichtlich neuen Antrieb und führten auch hier nach knapp fünf Monaten zur Unterzeichnung des Konkordats am 12. 10. 1932 (Mörsdorf, Besetzungsrecht, S. 143 ff. u. 161 f.).

Dagegen hat der Hl. Stuhl noch im Frühjahr 1927 dem früher ebenfalls frei wahlberechtigten Rottenburger Kapitel auf Vorstellung der Regierung von Württemberg ein beschränktes Wahlrecht „für dieses Mal" zugelassen und sich eine endgültige Regelung vorbehalten, die dann das Reichskonkordat gebracht hat. Dem Kapitel wurde von Rom eine Dreierliste vorgelegt, aus der es Joannes Baptista Sproll wählte (AkKR 107, 1927 S. 359; Mörsdorf, Besetzungsrecht, S. 146).

[79] Seit den Enzykliken Leos XIII. ist dieses die unwidersprochene kirchliche Lehre; vgl. Böckenhoff-Koeniger, Katholische Kirche und moderner Staat, S. 45 ff. Auf staatlicher Seite weist die Entwicklung nach Abbau der staatlichen Kirchenhoheit und der kirchenfeindlichen radikalen Trennungsgesetze der Jahr-

nach steht die Kirche dem Staat als souveräne Rechtsgemeinschaft ebenbürtig und unabhängig gegenüber und ist, soweit sie nicht als juristischer Verband in den staatlichen Rechts- und Machtraum hineinragt, keiner staatlichen Kirchenhoheit unterworfen, eine Abgrenzung, wie sie der Natur unserer heutigen Staatsauffassung und dem Wesen der Kirche entspricht[81]. Nur im Wege der Vereinbarung vermag deshalb der Staat Einflußrechte auf die Verleihung des Bischofsamtes und gegebenenfalls anderer Kirchenämter zu gewinnen.

Vor dem Hintergrund der prinzipiell begründeten Zuordnung von Staat und Kirche gerade bei der Besetzung der Bischofsstühle mag nun die geltende geschichtlich bedingte Rechtsfigur der staatlichen Einflußnahme, die Politische Klausel der Konkordate, untersucht werden, nachdem wir ihre Wurzeln im Recht des vorigen Jahrhunderts freigelegt haben.

---

hundertwende in dieselbe Richtung (unter Bezugnahme auf den beispielhaften Art. 137 Abs. 3 Satz 2 Weimarer Reichsverfassung spricht sich auch Stutz, Päpstliche Diplomatie, S. 129, in diesem Sinne aus). — Diese über den Kirchenkampf des Dritten Reiches und den Zweiten Weltkrieg hinweg wirksame Grundtendenz hat heute das Papsttum auf eine in der Neuzeit bisher unerreichte Höhe politischen Ansehens und moralischer Macht geführt.

Das Zitat im Haupttext entstammt der Enzyklika Leos XIII. „Immortale Dei".

[80] Daß die Kirche wegen ihrer höheren Zwecke eine ideelle Vorzugsstellung für sich beansprucht, bedeutet keineswegs ihre juristische Überordnung über den Staat (vgl. Eichmann, Kirchenrecht, I S. 33).

[81] Vgl. dazu beispielsweise Art. 120 der Verfassung für Württemberg-Hohenzollern vom 18. 5. 1947 „Die Religionsgemeinschaften stehen unter den für sie gültigen göttlichen Geboten. In der Erfüllung dieser religiösen Aufgabe entfalten sie sich frei von staatlichen Eingriffen. Als Träger des sittlichen Lebens des Volkes wirken sie n e b e n dem Staat".

A. Historischer Standort und Begriff der Politischen Klausel

I. Die persona minus grata

Das moderne politische Bedenkenrecht ist aus dem Recht der Mindergenehmheit hervorgewachsen[1] und kann deshalb nicht ohne Bezugnahme auf dieses Rechtsinstitut des vorigen Jahrhunderts verstanden werden. Dazu bedarf es angesichts der Vielzahl von wissenschaftlichen und Streitschriften zu diesem Gegenstand keiner neuen geschichtlichen Untersuchung[2]; wir können uns vielmehr darauf beschränken, in einer systematischen Übersicht das für die Auslegung der Politischen Klausel bedeutsame geschichtliche Material bereitzustellen.

1. Rechtsquellen

Die Säkularisation hatte die mittelalterliche Verfassung der katholischen Kirche in Deutschland zerstört. Nach dem Wiener Kongreß gingen auch die protestantischen Regierungen[3] aus Gründen der Staatsraison und in Erfüllung einer nach §§ 62, 35 Reichsdeputationshauptschluß[4] übernommenen Rechtspflicht an die Wiederaufrichtung der kirchlichen Hierarchie ihrer Länder heran und

---

[1] Die Einzelheiten dieses Vorgangs werden im nächsten Kapitel auseinandergelegt.

[2] Zusammenfassend Ulrich Stutz, Bischofswahlrecht, 1909. Das letzte umfassende Werk über dieses Stoffgebiet vor Stutz: Friedberg, Bischofswahlen mit Aktenstücken, 1874, das in eingehender Darstellung auch die römischen Vorverhandlungen berücksichtigt. Bei allem Stoffreichtum ist das Werk leider von der Parteileidenschaft des Kulturkampfes durchweht; vgl. auch unten S. 42 Anm. 18.

[3] Bayern hatte schon 1817 den Abschluß eines Konkordats mit Nominationsrecht erreicht.

[4] Ferdinandus Walter, Fontes iuris ecclesiastici antiqui et hodierni, Bonnae 1862, p. 138 ss. (171, 163).

verhandelten zu diesem Zweck mit dem „Römischen Hofe": Hannover seit 1816, die Staaten der Oberrheinischen Kirchenprovinz seit 1819, Preußen seit 1820. Ohne sich in grundsätzlichen Fragen einig zu werden, gelangte man nach mühevollen Verhandlungen zu Übereinkommen über die Umschreibung der Diözesen, deren materielle Ausstattung und Organisation und den meistumstrittenen Verhandlungspunkt: die Besetzung der Bischofsstühle. Obwohl es sich bei diesen Abmachungen um „konkordatsähnliche Abkommen" handelte[5], tritt das vereinbarte Recht formell zunächst in einseitigen kirchlichen Erlassen in Erscheinung: für Preußen in der Bulle „De salute animarum" vom 16. 7. 1821 und in dem an die Domkapitel gerichteten Adhortationsbreve „Quod de fidelium" vom gleichen Tage; für die Oberrheinische Kirchenprovinz in der Bulle „Ad Dominici gregis custodiam" vom 11. 4. 1827 und einem ebenfalls dazugehörigen Breve „Re sacra" vom 28. 5. 1827; für Hannover nur in der Bulle „Impensa Romanorum" vom 16. 3. 1824[6]. Durch landesherrliche Genehmigung und Bekanntmachung der Bullen[7] wurden die vereinbarten Bestimmungen nicht nur staatlich anerkanntes Kirchenrecht, sondern auch unmittelbar staatliches Recht[8]. Die Breven wurden weder plazetiert noch bekanntgegeben; sie waren lediglich an die unter päpstlicher Jurisdiktion stehenden Domkapitel gerichtet und konnten deshalb bloßes Kirchenrecht bleiben. Trotzdem waren ihre die Bullen ergänzenden Durchführungsvorschriften nach richtiger Auffassung ebenfalls v e r e i n b a r t e s Recht, das der kirchliche Gesetzgeber nicht einseitig auslegen oder abändern durfte[9].

2. Inhalt und Rechtswirkung

Die genannten Papsterlasse gewährten den protestantischen Fürsten die inhaltlich gleiche Befugnis, mindergenehme Personen

---

[5] So die gemeine Lehre, statt anderer die bayerische Regierungsbegründung zum Entwurf eines Mantelgesetzes zum Konkordat und den Kirchenverträgen von 1924, Drucksachen des bayerischen Landtags, 1924, Beilage 611 S. 211.

[6] Sämtlich oft gedruckt: Mercati, Raccolta, S. 638 ff., 648 ff., 700 ff., 703, 689 ff.; Walter, Fontes iuris ecclesiastici, S. 239 ff., 335 ff., 265 ff.; Philipp Schneider, Partikuläre Kirchenrechtsquellen, 1898, S. 46 ff.; gute, auszugsweise Gegenüberstellung bei Friedberg, Bischofswahlen, II S. 239 ff., 244 ff.

[7] In der Oberrheinischen Kirchenprovinz ohne Art. V (Errichtung tridentinischer Seminare) und Art. VI (bischöfliche Jurisdiktion).

[8] Stutz, Bischofswahlrecht, S. 17 ff.

[9] Stutz aaO. S. 22 ff. mit Anhang 13.

(personae minus gratae) von der Anwartschaft auf einen erledigten Bischofsstuhl auszuschließen. Verschieden waren nur die Form der Geltendmachung dieses Rechts und damit allerdings auch die tatsächlichen Sicherungen gegen unliebsame Kandidaten[10].

Im ganzen ist diese Rechtsform, in der die Kurie nichtkatholischen Fürsten allein noch eine Beeinflussung des Besetzungsgeschäfts gestattete, eine vielbeachtete Neuschöpfung der Restaurationszeit, wenn es auch an Berührungspunkten mit dem älteren Recht nicht fehlt[11]. Das unmittelbare Vorbild der deutschen Regelungen war der sogen. Irische Wahlmodus[12], ein Listenverfahren[13], das seine Bezeichnung nicht seiner Anwendung in Irland verdankt, sondern dem Plan der Propaganda, es zugunsten der ebenfalls nichtkatholischen englischen Regierung für die Besetzung der irischen Bistümer einzuführen[14]. Aus der Wahlpraxis im Heiligen Römischen Reich entstammt in erster Linie der Begriff der Mindergenehmheit[15]. Hier konnte besonders an das Besetzungswesen der Landesbistümer[16] angeknüpft werden, während die kaiserliche Exklusive mehr eine

---

[10] Wie sich sogleich, Anm. 18 mit Haupttext, ergeben wird.

[11] Die Verbindungslinien nach rückwärts sind aufgezeigt bei Feine, Persona grata, minus grata, aaO. S. 64 ff.

[12] Grundgelegt in dem Erlaß des Präfekten der Propaganda, Kardinal Litta vom 26. 4. 1815; auszugsweise abgedruckt bei Friedberg, Bischofswahlen I S. 153 Anm. 1 und Stutz, Bischofswahlrecht, S. 168; vgl. Mörsdorf, Besetzungsrecht, S. 19.

[13] Die Geschichte des Listenverfahrens verdanken wir Mörsdorf, vgl. aaO. S. 12—67.

[14] Das Listenverfahren war allerdings vorgebildet in der irischen domestical nomination des 18. Jahrhunderts; Mörsdorf aaO. S. 12 ff.

[15] Der irische Wahlmodus kennt statt „minus gratus" nur die herbere Formulierung „invisus aut suspectus". So noch Consalvi in einem Konkordatsentwurf vom Sommer 1818, dessen letzte Redaktion im übrigen die Wahlbestimmungen der späteren Zirkumskriptionsbullen enthält. In den Fogli confidenciali (bei Friedberg, Bischofswahlen, I S. 83 mit Anm. 2, II S. 77 ff. [beide Akten sind ohne genaues Datum angeführt]), mit denen Consalvi die Note des Baron von Bergen vom 16. 7. 1819 beantwortete, übernahm er neben anderen kleinen Änderungen von dem Fachkanonisten der hannoverschen Gesandtschaft, dem früheren Göttinger Professor Leist, auch die Formulierung „minus grata". Vgl. auch Mejer, Veto, S. 19, der von einer „etwas späteren Fassung" spricht; dabei handelt es sich um die genannten Fogli confidenciali. In einer späteren Note vom 9. 2. 1821 verwendet Consalvi dagegen wieder die Wendung „non essere ingrati al re"; Friedberg, Bischofswahlen, II S. 23; ebenfalls Feine, Persona grata, minus grata, aaO. S. 82. Der Vorgang zeigt, daß der Kurie die Formulierung der deutschen Kanonistik „minus grata" nicht sogleich geläufig war.

[16] Das bekannteste und älteste Beispiel ist das ermländische Besetzungsrecht; näheres unten S. 36 Anm. 36.

2. Inhalt und Rechtswirkung

bloße und nicht immer erfolgreiche Zweckmäßigkeitsmaßnahme als eine präzise staatskirchenrechtliche Einrichtung war[17].

In den beiden Breven und den für Hannover und den Oberrhein erlassenen Bullen war nun vertragsmäßig festgelegt, daß keine persona minus grata gewählt werden dürfe. Daraus ergab sich für die Kapitel die Pflicht, schon von vornherein und abgesehen von dem Recht der Streichung durch die Regierung jeden von der Kandidatur fernzuhalten, dessen Mindergenehmheit nach Lage der Dinge angenommen werden mußte: subjektive Gewißheit[18]. Darüber hinaus hatte es sich des Urteils des Landesherrn zu vergewissern, um die ihm etwa entgangene Mißliebigkeit eines Kandidaten festzustellen: objektive Gewißheit[19].

Die maßgebliche Entscheidung über die Genehmheit oder Mindergenehmheit eines Kandidaten war damit in das freie Ermessen des Staates gestellt, so daß man sagen konnte: wen der König als Bischof nicht mag, der kann auch nicht zum Bischof gewählt werden[20]. Es kam hier also allein die souveräne Entscheidung des Landesherrn in Betracht, dem wohl eine moralische Pflicht zu größter Gewissenhaftigkeit bei Ausübung des Vetorechts gegenübergestellt werden konnte[21], die aber juristisch durch keine Beschränkung auf „gerechte Gründe" gebunden war[22]. Der Staat war vielmehr hinsichtlich der Beweggründe in der Handhabung seines Ausschließungsrechts vollkommen frei. Er brauchte seine Motive nicht zu offenbaren; noch viel weniger waren Kapitel oder Kurie berechtigt, sie

---

[17] Feine aaO. S. 68 ff.; Besetzung der Reichsbistümer S. 124 ff., 165 ff.

[18] Das Gegenteil wäre contra bonam fidem gewesen. Doch war dieses nur in den beiden für Preußen und dem Oberrhein erlassenen Adhortationsbreven den Kapiteln besonders zur Pflicht gemacht. Erst der Erlaß des Kardinalstaatssekretärs Rampolla vom 20. 7. 1900 ordnete dieses auch für die hannoverschen Bistümer an (Stutz aaO. S. 61 mit Anm. 3, 65 ff., 167 f.) und schuf für das außerbayerische Deutschland ein durch ziemlich einheitliche Rechtsübung vorbereitetes, gemeinsames Bischofswahlrecht. Damit waren die oben erwähnten tatsächlichen Verschiedenheiten beseitigt.

[19] Stutz aaO. S. 54 ff. mit Anhang 36 und die dort genannten Autoren. Diese Frage spielte bei den Trierer (1836) und Gnesen-Posener (1844) Wahlstreitigkeiten eine besondere Rolle (s. unten S. 50 ff.), galt aber seitdem für in obigem Sinne entschieden.

[20] Schulte, Rechtsfrage des Einflusses der Regierung, S. 56, 64 Anm. 1.

[21] So Stutz aaO. S. 195 f. unter Bezugnahme auf Herrmann, Schulte, Hirschel und Ebers.

[22] Hierzu und zum folgenden Stutz aaO. S. 55 ff. mit den Exkursen 38, 39, 40, 43 und 44 in tiefschürfenden Auseinandersetzungen mit dem Schrifttum und im Anschluß an die einschlägigen diplomatischen Verhandlungen.

auf ihre Stichhaltigkeit zu überprüfen oder gar darüber das entscheidende Wort zu sprechen.

Diesen Sachverhalt meint Stutz, wenn er sich der wenig glücklichen Wendung bedient, die Genehmheit sei kein Rechtsbegriff, sondern ein politischer Begriff[23]. Selbst Weber billigt diese Unterscheidung „an sich" nicht und bemerkt ausdrücklich, die Genehmheit (und die modernen politischen Bedenken) hätten keinen metajuristischen Charakter, sondern stellten Begriffe des Rechts dar[24]; dennoch hebt er entschieden auf diese Formulierung und die „politische" Seite der persona minus grata ab, um damit Parallelen zu der ja ebenfalls „politischen" Klausel des modernen Erinnerungsrechts herzustellen; indem er nun das „Politische" an beiden Rechtsfiguren in totalitärem Sinn mißversteht, glaubt er, dem Staat als dem „alleinigen Herrn über den Bereich des Politischen" hier wie dort die ausschließliche Zuständigkeit beilegen zu können.

Solche Überlegungen gehen an der Eigenart der persona minus grata vorbei. Es ist auch nicht anzunehmen, daß Ulrich Stutz im ersten Jahrzehnt unseres Jahrhunderts schon von der suggestiven Kraft eines totalitären Begriffs des Politischen erfaßt gewesen ist und die Bezeichnung „politisch" in diesem Sinn gebraucht hat. Die Genehmheit — kein Rechtsbegriff heißt für ihn nichts anderes, als daß — wie Stutz schon im nächsten Satz folgert — ihre Geltendmachung „nicht rechtlich überprüft werden" kann; persona grata ist ein so subjektiver Begriff und durch keinerlei rechtliche Bestimmung eingegrenzt, daß die kirchlichen Stellen keine Möglichkeit haben, eine staatliche Mißliebigkeitserklärung vom Rechtsstandpunkt anzugreifen. Die Genehmheit — ein politischer Begriff ist wohl eine pointierte Formulierung für die zutreffende Feststellung, daß der Staat selbstherrlich darüber befindet und über seine Beweggründe niemandem Rechenschaft schuldet. Dieses gilt aber nicht, wie Weber annimmt, weil der Leviathan Staat der „Herr des Politischen" ist: Solche Vorstellungen waren dem liberalen Staatsrecht der konstitutionellen Monarchie durchaus fremd, und Stutz erwähnt die Souveränität erst am Ende seiner Ausführungen vor

---

[23] aaO. S. 56, 59.
[24] Politische Klausel, S. 83 ff. — Es ist in der Tat ein positivistischer Irrtum, hier zwischen juristisch und politisch unterscheiden zu wollen. Vgl. Hans Morgenthau, La notion du „politique" et la théorie des différends internationaux, S. 24 ff., 37 f. „Les notions de politique et de juridique ne forment nullement un couple antithétique" (S. 26).

2. Inhalt und Rechtswirkung

Zusammenfassung des Ergebnisses und, wie die Formulierung erkennen läßt[25], auch als logisch letzten Grund für die ausschließliche staatliche Entscheidungsbefugnis. Diese hat vielmehr für Stutz ihre Rechtsgrundlage allein in den zwischen Staat und Kirche vereinbarten Bestimmungen der genannten Bullen und Breven; nur aus diesen empfängt das Recht der Mindergenehmheit seine Maßstäbe. Selbst zur Zeit des Staatskirchentums[26] war nur dieses im Wege des Vertrages gesetzte Recht und nicht ein einseitiger staatlicher Machtanspruch imstande, das „grata" als eine Kategorie landesherrlicher Souveränität allein den Serenissimi Principis desideria unterzuordnen.

Die von Weber aufgegriffene Redensart mit ihrem — wie später noch mehr hervortreten wird — vieldeutigen Begriff des Politischen ist deshalb zu schwach, um darauf eine tragfähige Auslegungsbrücke zur Politischen Klausel stützen zu können. Der Versuch, sie in einem totalitären Sinn umzudeuten, scheitert an der klar zutage liegenden Absicht des Verfassers: Stutz f o l g e r t[27] aus dem Wortlaut des zwischen Staat und Kirche vereinbarten Rechts die Unüberprüfbarkeit einer landesherrlichen Ausschließung. Seine Argumentation vollzieht sich in drei Schritten und läßt sich unter Verwendung der bereits kritisierten Terminologie auf folgende Formel bringen: Die Gleichheit ist kein Rechtsbegriff (aaO. S. 56)[28]; deshalb ist sie durch kirchliche Instanzen nicht überprüfbar (S. 57)[29]; deshalb ist sie ein politischer Begriff (S. 59). A l l e i n f ü r d i e s e n F a l l („in un-

---

[25] „Mit der Souveränität des modernen Staates w ä r e j a a u c h ein solches kirchliches Überprüfungsrecht schlechthin unverträglich", aaO. S. 59 (Sperrung nicht im Original).

[26] „Alle deutschen Staatsmänner, welche mit Rom verhandelten, waren ... Josephiner. Nur Niebuhr (der preußische Bevollmächtigte) macht eine Ausnahme", Friedberg, Bischofswahlen I S. 5.

[27] „*Also* nicht ein Rechtsbegriff, sondern ein p o l i t i s c h e r ist *in unserem Fall* die Genehmheit", Stutz, Bischofswahlrecht, S. 59 (im Original kein Kursivdruck).

[28] Ihrem Inhalt nach, weil sie, wie auch die Klugheit, nicht zu den vom kirchlichen Recht vorgeschriebenen Eigenschaften gehört; als Bestandteil der Bullen und Breven ist sie ein Rechtsbegriff (aaO. S. 55, 56 mit Anm. 1).

[29] Dieser Satz ist — was hier nur in Parenthese festgestellt werden kann — in seiner Aussage richtig, als Teil dieses Syllogismus aber nicht schlüssig. Denn die Klugheit, ebenfalls kein Rechtsbegriff im Stutz'schen Sinn, unterliegt sehr wohl der Nachprüfung durch das Kapitel.

serem Fall"), d. h. nur wenn sich die Unüberprüfbarkeit logisch früher aus dem Vertrag ergibt, nennt er die Genehmheit einen politischen Begriff. Dagegen liegt es Stutz vollkommen fern — und das erst wäre die von Weber überall ins Feld geführte totalitäre Bedeutung des Politischen — die keiner Nachprüfung unterworfene staatliche Ausschließungsbefugnis ohne Rücksicht auf ihre vertragliche Grundlage aus der in diesem Sinne politischen Natur der in Frage stehenden Belange zu b e g r ü n d e n ! Was für Stutz nichts anderes ist als logische Konsequenz, Rechtsfolge, Auslegungstatsache, das macht Weber — unter Berufung auf Stutz! — zur Prämisse, zum logischen Grund.

In der dargelegten begrifflichen Ausdehnung und i n h a l t l i c h allumfassenden Spannweite der Mindergenehmheit liegt der eine unübersehbare Unterschied der persona minus grata zur Politischen Klausel. Kaum weniger auffällig ist die Verschiedenheit in der R e c h t s w i r k u n g beider Einrichtungen: Das moderne Erinnerungsrecht hat meist nur unverbindlichen Charakter[30]: es zwingt den Hl. Stuhl nicht, den beanstandeten Kandidaten von der Ernennung auszuschließen. Demgegenüber eignete dem früheren Vetorecht eine nie bestrittene Durchschlagskraft: die staatliche Exklusive brachte den Betroffenen ohne weiteres zu Fall. Hätte ein Kapitel unter Nichtachtung der staatlichen Ausschließung dennoch eine persona minus grata gewählt, so wäre die Wahl nicht nur für den staatlichen Bereich, sondern auch nach kirchlichem Recht nichtig gewesen, weil das Erfordernis der Genehmheit vom Papst anerkannt und so kirchenrechtlich erheblich gemacht war[31].

3. Verfahren

Dem in Preußen, Hannover und am Oberrhein gleichen Ziel, eine für die Regierung unangenehme Wahl zu verhindern, stand nicht entgegen, daß es zunächst auf verschiedenen Wegen angestrebt wurde. Mit Hannover und den Staaten der Oberrheinischen Kirchen-

---

[30] Das war auch der erste Eindruck, den Stutz von dieser neuen Rechtsfigur empfing (Nominationsrecht aaO. S. 245). Die Bemerkung schließt die Möglichkeit von Ausnahmen nicht aus; vgl. dazu Weber, Politische Klausel, S. 91 f.

[31] Stutz, Bischofswahlrecht, S. 56 Anm. 1.

3. Verfahren

provinz hatte die Kurie ein dem Irischen Wahlmodus[32] nachgebildetes Listenverfahren vereinbart. Nach Eintritt der Sedisvakanz hatten die Kapitel in einem formlosen Vorverfahren eine Kandidatenliste zu beschließen und diese der Regierung vorzulegen. Die von ihr als mindergenehm Bezeichneten hatte das Kapitel zu streichen, wobei jedoch ein numerus sufficiens übrigbleiben mußte, um frei wählen zu können; die Verhandlungen und diplomatischen Akten geben keinen Aufschluß darüber, ob die Unterhändler zwei oder drei Kandidaten für genügend erachtet hatten. Diese mit Leidenschaft erörterte Streitfrage löst Stutz[33], indem er sie als gegenstandslos dartut: eine Liste mit überwiegend mißliebigen Geistlichen konnte die Regierung zurückreichen, weil sie dem vereinbarten Recht widersprach; das Kapital hatte alsdann eine neue Liste vorzulegen.

Die preußische Regierung hatte dem Listenverfahren eine andere Art der Ausschließung mißliebiger Kandidaten vorgezogen: nach dem Breve Quod de fidelium mußte sich das Kapitel vor dem feierlichen Wahlakt vergewissern, daß der Ausersehene dem König nicht minder genehm war. Dem hätte eine formlose Vorwahl mit nachfolgender Anfrage bei der Regierung und Wiederholung des Vorgangs im Falle der Mindergenehmheit am besten entsprochen.

Kapitel und Regierung verfuhren jedoch anders[34]. Die Geltung der Wahlbestimmungen der Bulle und des Breve hatten zunächst nur für die Kölner Kirchenprovinz mit den Suffraganbistümern Paderborn, Münster und Trier und außerdem für Breslau unbestrittene Geltung[35]. Nur hier glaubte man, das freie Wahlrecht der Kapitel festlegen zu müssen, welches in den östlichen Bistümern der Monarchie, Posen-Gnesen, Kulm und Ermland, bereits bestehe, weshalb hier nichts geändert werden solle („nihil innovantes", wie

---

[32] Vgl. oben S. 30 mit Anm. 12—14. In der Sache machte es keinen Unterschied, daß an die Stelle der durch die Liste beschränkten päpstlichen Ernennung für Deutschland ein Wahlrecht der Domkapitel trat.

[33] aaO. S. 68 ff.

[34] Dieser interessante Vorgang ist für das Ziel dieser Untersuchung, die Auslegung der Politischen Klausel, nicht von unmittelbarer Bedeutung, weshalb hier auf akzidentelle geschichtliche Einzel- und Besonderheiten verzichtet wird; vgl. dazu Stutz aaO. S. 48 f., 140—165 und das dort angeführte Schrifttum.

[35] Stutz aaO. S. 47, wenngleich die Kurie durchsetzte, daß das Breve auch an die östlichen Bistümer abgesandt wurde; vgl. Friedberg, Bischofswahlen, I S. 59 ff.

die Bulle sagt). In Wirklichkeit hatten hier[36], wie auch in Breslau, seit Erwerb dieser Gebiete durch Friedrich den Großen nur Scheinwahlen auf Grund königlicher Benennung stattgefunden. Die Kurie hatte nach anfänglichem Widerstreben[37] diese Einwirkung des Königs dissimuliert; doch hatten die Kapitel in den letzten Jahrzehnten vor Erlaß der Bulle und des Breve dessen in den Wahlprotokollen geflissentlich keine Erwähnung getan. Infolgedessen nahm man in Rom an, es liege freie Wahl vor, wie denn auch die Institutionsbullen nichts davon enthalten, sondern den Ausersehenen als „electus" bezeichnen oder gar die Besetzung als durch motu proprio des Papstes zustande gekommen hinstellen[38]. Obwohl der preußische Gesandte der Ansicht war, daß dieser status quo der östlichen Diözesen „durch ausdrückliche Stipulation aufrechterhalten" sei[39], hatte man sich doch nach Lage der Akten auch hier nur auf

---

[36] Beispielhaft und bemerkenswert ist die Entwicklung des ermländischen Besetzungsrechts. Der mit dem polnischen König geschlossene Petrikauer Vertrag vom 7. 12. 1512 machte dem Kapitel zur Pflicht, bei Eintritt der Stuhlerledigung dem König eine Liste aller Kapitulare einzureichen. Der König benannte daraus vier ihm genehme Domherrn, gebürtige Preußen, unter denen das Kapitel den Bischof wählte: ein Verfahren, das dem Wortlaut des Vertrages nach eine erstaunliche Ähnlichkeit mit dem in den Bullen und Breven niedergelegten Recht der Mindergenehmheit hat. Anders die tatsächliche Handhabung. Schon seit 1551 wurde der Vertrag regelmäßig entweder in seinen Hauptpunkten umgangen oder nur der Form nach beobachtet. Im Erfolg vermochte das Kapitel nicht mehr als den Favoriten des Königs in den Formen einer kanonischen Wahl anzuerkennen. Gleichwohl wurde während aller Jahrhunderte grundsätzlich an ihm festgehalten und von dem Kapitel hartnäckig um seine wortgetreue Anwendung gerungen. Noch 1836 und 1841 wurde ausdrücklich nach ihm verfahren; erst eine königliche Kabinettsordre führte 1858 das Recht der übrigen preußischen Bistümer auch im Ermland ein. Vgl. Anton Eichhorn, Geschichte der ermländischen Bischofswahlen, Zeitschrift für die Geschichte und Altertumskunde Ermlands I 1858 S. 93 ff., 269 ff., 460 ff.; II 1861 S. 1 ff., 396 ff., 610 ff., 632 ff.; IV 1869 S. 551 ff.; Feine, Persona grata, minus grata, aaO. S. 73 ff.; Franz Hipler, Die ermländische Bischofswahl vom Jahre 1579, Ztschr. f. d. Gesch. u. Altertumskunde Ermlands XI 1894 S. 56; Laspeyrer, E. A. Th., Geschichte und heutige Verfassung der katholischen Kirche Preußens, II. Teil, Halle 1840 S. 397 ff.

[37] Gegen das „kirchenpolitische und kirchenrechtliche Abenteuer" Friedrichs des Großen, die „Ernennung" des Grafen Schaffgotsch zum Bischof von Breslau; vgl. Stutz, Bischofswahlrecht, S. 140 ff. und die d. zit. Literatur.

[38] Stutz aaO. S. 163; Eichhorn, Geschichte der ermländischen Bischofswahlen, aaO. IV 1869 S. 587, 591; Ebers, G. J., Das Recht der Bischofswahlen in Altpreußen, Historisch-Politische Blätter CXL 1907 S. 187 ff., 237 ff. (195); zusammenfassend die Instruktion an den preußischen Gesandten Niebuhr vom 23. 11. 1820 und dessen Berichte vom 25. und 27. 7. 1820 bei Friedberg, Bischofswahlen, II S. 14; I S. 50.

[39] Friedberg aaO. I S. 59.

Kapitelwahl und königliches Recht auf Ausschließung Mindergenehmer geeinigt. Es ist zwar nicht verwunderlich, daß Regierung und Kapitel vorerst die hergebrachte Form der Designationswahlen weiterführten. Als sich aber 1836 das Trierer Kapitel als erstes auf den Boden des tatsächlich vereinbarten Rechts stellte, war auch die Regierung genötigt, von dem überlebten Brauch abzurücken. Nach Regierungsantritt Friedrich Wilhelms IV. wurde durch Vertrag mit dem Hl. Stuhl vom 23./24. 9. 1841 das Recht der Bulle und des Breve auf sämtliche preußischen Bistümer ausgedehnt[40]. Gleichzeitig wollte der kirchenfreundliche Monarch das Listenverfahren zur Anwendung gebracht wissen, begegnete dabei aber dem Widerstand des Breslauer und vor allem des Posen-Gnesener Kapitels und auf dessen Eingabe an die Kurie selbst des Papstes[41]. Nichtsdestoweniger wurde auch in Zukunft danach verfahren; vereinbartes Recht wurde es aber erst, als Pius IX. in einem an das Kölner Kapitel gerichteten Breve auch seitens der Kurie dazu seine Zustimmung gab. Damit hatte sich das Bischofswahlrecht der außerbayerischen deutschen Diözesen zu weitgehender Übereinstimmung fortgebildet, die der Erlaß Rampollas vom 20. 7. 1900 vollendete[42].

In diesem Schreiben sprechen sich Grundgedanken aus, die, selbst das Ergebnis jahrzehntelanger Entwicklung, auch die Politische Klausel haben reifen lassen. Beide sind Früchte moderner, die Beziehungen zwischen Staat und Kirche umgestaltender Grundhaltungen, die nunmehr in dem größeren Rahmen einer staatlichkirchlichen Entwicklungsgeschichte des 19. Jahrhunderts aufzuzeigen sind[43].

II. Ideelle und politische Entwicklungslinien im 19. Jahrhundert und die Ausbildung des staatlichen Erinnerungsrechts

Die Französische Revolution und ihre Nachwirkungen hatten die katholische Kirche in einen Zustand schwerster Erschöpfung und

---

[40] Vgl. oben Anm. 35 mit Haupttext.
[41] Vgl. Friedberg, Bischofswahlen, I S. 237—246.
[42] Vgl. oben Anm. 18.
[43] Sie sind für das Verständnis der Politischen Klausel unentbehrlich und werden im nächsten Kapitel deshalb ausführlich dargestellt, zumal sie bisher kaum berücksichtigt wurden.

Verwüstung versetzt; sie hatte die von dem Ancien Régime zugestandene tatsächliche Rechts- und Machtstellung der Kirche beseitigt und die Übergriffe des Polizeistaates noch überboten. Man kann auch von ihren „Ideen" schlechterdings nicht sagen, daß sie es gewesen seien, die der katholischen Kirche in ganz Europa die Befreiung von dem Druck des absoluten Staates gebracht hätten[1]. In Deutschland waren es jedenfalls in erster Linie die im Katholizismus selbst gewachsenen Kräfte, die den Kampf gegen das Staatskirchentum aufnahmen und gerade dort weithin sichtbare Erfolge erzielten, wo die Revolutionsideen sich noch nicht in einer entscheidenden Veränderung der politischen Verhältnisse entladen hatten[2]. Neben der religiösen Bewegung nach den Befreiungskriegen und der Romantik[3] nährten sich diese neuen Kräfte aus dem „Anachronismus"[4] dieses Staatskirchentums, das — obwohl die konfessionelle Einheit des Staates entfallen war — erst nach dem Wiener Kongreß seine intensivste Durchbildung und größte räumliche Ausbildung erfuhr: seit der Säkularisation lebte weitaus mehr als die Hälfte der Katholiken des späteren Reichs unter protestantischen Landesherren[5], die dieses System auch auf die katholischen Länder übertrugen; hier, vor allem in den preußischen Rheinlanden, mußte es am drückendsten empfunden werden und Gegenkräfte wachrufen; hier ereigneten sich auch die seit der Säkularisation ersten schweren Zusammenstöße zwischen Kirche und absolutem Staat; hier kam es auch zu den ersten Schwierigkeiten bei Besetzung von Bischofsstühlen unter dem Recht der Mindergenehmheit.

---

[1] In dieser Allgemeinheit Fleiner, Geistliches Weltrecht und weltliches Staatsrecht, S. 4. Selbst für Frankreich trifft das nicht zu, wo die Kirche während des ganzen 19. Jahrhunderts vom Staat auf Grund der Organischen Artikel nach den Grundsätzen des vorrevolutionären Staatskirchentums regiert wurde, wenn man nicht die Trennung von 1905 als eine späte „Befreiung" bezeichnen will. Ebenfalls in Bayern wurde das Staatskirchentum, auch nach dem Sieg des Liberalismus nur wenig verändert, bis zum Weltkrieg beibehalten; vgl. Bachem, Zentrumspartei, I S. 227; II S. 7; Stutz, Päpstliche Diplomatie, S. 92 Anm. 3.

[2] Vgl. Rothenbücher, Wandlungen in dem Verhältnisse von Staat und Kirche in der neueren Zeit, Jahrb. d. öff. Rechts III 1909 S. 336, 341.

[3] Die z. B. in der Person Friedrich Wilhelms IV. seit 1840 der Kirche in Preußen einige Erleichterungen verschaffte.

[4] Friedberg, Bischofswahlen, S. 10.

[5] Bachem, Zentrumspartei, I S. 31.

1. Der Liberalismus

In Auflehnung gegen diesen allmächtigen, alles regelnden Polizei- und Obrigkeitsstaat suchte der politische Liberalismus dem Bürgertum maßgebenden Einfluß auf die staatliche Willensbildung zu erringen und wollte die individuellen Freiheitsrechte jedes Bürgers gegen die Übergriffe des absoluten Staates schützen, darunter auch die freie Ausübung der Religion, die schon 1789 in der Erklärung der Menschenrechte[6] gefordert wurde. Mit dieser individuellen erstrebte er auch die korporative Freiheit und damit die Befreiung der Kirche von der Vielregiererei des Polizeistaates.

Dieses Ziel des Liberalismus, ein Glied in der Kette vielgestaltiger Strebungen, die Staatsmacht zu begrenzen, entsprach der natürlichen Richtung der katholischen Bewegung. Beide kämpften gegen den „mit Rechten der Kirchenhoheit bis zum Übermaß ausgerüsteten"[7] Staat. Da konnte es nur noch eine Frage der Zeit und der Umstände sein, daß die Katholiken die Gunst dieser politischen Lage erkannten und durch die Berufung auf die liberalen Grundsätze der religiösen Freiheit und der staatsbürgerlichen Gleichberechtigung ihren Forderungen eine spezifisch politische Durchschlagskraft gaben. Bei aller Abneigung gegen die Revolution[8] mußten ihnen die Vorteile einer freiheitlichen Gestaltung des Staatswesens überhaupt und einer öffentlichen Vertretung der katholischen Belange um so mehr einleuchten, je härter der Druck des Absolutismus auf ihnen lastete[9]. Diese Gemeinsamkeit des Gegners und des Zielpunktes vermochte ein streckenweises Zusammengehen dieser an sich fremdartigen Strömungen zu bewirken.

---

[6] Nach Georg Jellinek, Erklärung der Menschen- und Bürgerrechte, 2. Aufl. Leipzig 1904, S. 35 ff., sind diese aus dem Grundrecht der Religionsfreiheit hervorgegangen.

[7] So Treitschke über den preußischen Staat (bei Bachem aaO. I S. 171).

[8] Ihre bekannteste Ausdrucksform ist das im Zeichen der Legitimität geschlossene „Bündnis von Altar und Thron". Die Bedrohung durch „die anarchische Revolution mit allen ihren Greueln" wurde der Türkengefahr an die Seite gestellt (in der ersten Nummer der 1838 unter dem Einfluß von Joseph Görres gegründeten Historisch-Politischen Blätter); bei Bachem aaO. I S. 138.

[9] Deshalb waren die Katholiken in Preußen für liberale Strebungen aufgeschlossener als in Bayern, wo eine ständische Vertretung bestand, und sie gegenüber einer anspruchsvollen liberalen Opposition für das Recht der Legitimität eintraten.

Die Vorbilder des Auslandes[10] hatten im deutschen Katholizismus starken Widerhall gefunden. Durch zahlreiche politische Gruppen und hervorragende Schriftsteller, vor allem Joseph Görres, geistig vorbereitet, vollzog sich 1848 in kurzer Zeit und ohne organisatorische Vorbereitung ein politischer Zusammenschluß des gesamten deutschen Katholizismus, der mit bemerkenswerter Reife und Entschlossenheit auf dem parlamentarischen Forum, vor allem in Frankfurt und Berlin, sich zur Geltung zu bringen wußte und politische Bedeutung heischte[11]. Auch hier stellte sich ein Zusammengehen der Katholiken und Liberalen als das Gegebene heraus[12].

Dieses durch den gemeinsamen Gegensatz gegen die absolute Monarchie bedingte Bündnis verlor aber dort seinen Wert und seinen aktuellen Sinn, wo der Liberalismus seine politischen Ziele verwirklicht hatte und der Gegner entfallen war. Der seit Mitte des Jahrhunderts sog. „jüngere" Liberalismus kehrte stärker das religions- und kulturpolitische Programm dieser das Jahrhundert beherrschenden Bewegung hervor, in dem sich der durch die Reformation entfesselte religiöse Individualismus aussprach. Neben dem „älteren", im ganzen deistisch-religionsfreundlich gesinnten Liberalismus[13] hatte sich diese radikalere Geistesrichtung entwickelt, die unter dem wachsenden Einfluß des Individualismus stand. Ihr Haß

---

[10] Zu einer ersten Einigung katholischer und liberaler Gedankengänge war es in dem „catholicisme libéral" des Franzosen Felicité de Lamennais (vgl. Waldemar Gurian, Artikel „Lamennais" im Staatslexikon der Görres-Gesellschaft, 5. Aufl. Freiburg 1926 ff., III Sp. 737 ff.) gekommen, der zunächst vom konservativen Standpunkt die „atheistische Gesellschaft" verworfen hatte, später aber für einen vom Aufklärungsgeist durch den Katholizismus gereinigten Liberalismus eintrat, vom Staat im Namen der Ideen von 1789 Freiheit für die Kirche, und von der Kirche die Lösung des Bündnisses vom Katholizismus und Restauration forderte. (Er wurde 1832 und 1834 von Rom verurteilt.) In Belgien, das mit Holland vereinigt war, verbündete sich die katholische Partei mit den Liberalen gegen das Staatskirchentum der holländischen Regierung und setzte 1830 ihre Forderungen durch: Freiheit der Lehre, Verfassung, Verwaltung und vor allem der Besetzung sämtlicher kirchlichen Ämter. In Irland vertrat O'Connel die gleiche geistige Richtung.

[11] Vgl. unten S. 39 Anm. 23.

[12] Vgl. Bachem, Zentrumspartei, I S. 86, 139 f., 182; II S. 3; Schnabel, Der Zusammenschluß des politischen Katholizismus in Deutschland im Jahre 1848, S. 26 ff., 85 f.

[13] Seine Träger waren die Gebildeten, vor allem die akademische Jugend, seine große „Chance" die Paulskirche. Der jüngere Liberalismus wird vom kapitalistischen Großbürgertum getragen, dessen areligiöse Einstellung vom Sozialismus geteilt wird.

1. Der Liberalismus

gegen die Geistesherrschaft der Kirche und ihr Wunsch, die christliche Weltanschauung zu schwächen, ließ sie die Nichtachtung der Kirche durch den Staat und die Beseitigung aller Staatshilfen fordern[14]. Wie bis dahin das Staatskirchentum Ziel liberalistischer Angriffe gewesen war, so jetzt das „Dogmenchristentum"; der Bundesgenosse aus der Zeit des Vormärz und der Paulskirche war bald der erbittertste Feind des Katholizismus — vor allem, nachdem im Syllabus 1864 Pius IX. die liberalistische Welt- und Staatsanschauung verworfen hatte — und im Kulturkampf Bismarcks beste Stütze.

Unter dem Einfluß dieser neuen Geistesart wird der Staat in fortschreitendem Maße verweltlicht, ein Vorgang, der mit der Entwicklung vom konfessionell einheitlichen zum paritätischen Staat[15] seinen Ausgang genommen hatte. Der große geistesgeschichtliche Vorgang der Neutralisierung der Zentralgebiete menschlichen Denkens und Existierens[16] griff damit den Staat an, zunächst einzelne Einrichtungen (Personenstandsführung, Eherecht), schließlich unter liberaler Einwirkung das Staatsleben in seinem ganzen Umfang. Der Staat wurde zum Repräsentanten, und je mehr sich diese Zeitrichtung[17] der Staatsgewalt bemächtigte, zum Vorkämpfer der modernen

---

[14] Symptomatisch ist Punkt 6 des Erfurter Programms der deutschen Sozialdemokratie von 1891. „Man tut der Sozialdemokratie kein Unrecht, wenn man den Wunsch, die Kirchen zu schwächen, womöglich zu zerstören, als den Vater dieses Programmpunktes betrachtet"; A. Hauck, Trennung von Kirche und Staat, Leipzig 1912 S. 17.

[15] In Preußen seit Beginn des 18. Jahrhunderts; dieses System fand seine Kodifikation im Allgemeinen Landrecht von 1794; in Frankreich kam es durch die Revolution zur Geltung und wurde durch die Rheinbundsakte und deren Akzessionsverträge in das Staatsrecht der mittleren und kleineren deutschen Staaten eingeführt.

[16] Carl Schmitt, Das Zeitalter der Neutralisierungen und Entpolitisierungen, in: Positionen und Begriffe, S. 120 ff., bes. S. 127 ff., hat ihn als den die letzten vier Jahrhunderte europäischer Geistesentwicklung kennzeichnenden Vorgang in das Licht gehoben.

[17] In Preußen war sie zudem der Vorspann einer protestantischen Gesinnung, die an der alten Überlieferung Preußens als eines protestantischen Staates und der „Vormacht des Protestantismus" festhalten wollte und die sich von dem „protestantischen Kaisertum" den Sieg über den Katholizismus versprach. Bischof von Ketteler hatte dieser Befürchtung nach dem Sieg der deutschen Waffen in Frankreich in einem Schreiben an Bismarck vom 10. 10. 1870 ernsten Ausdruck gegeben und damit das Verlangen begründet, in der Reichsverfassung auf der Grundlage der Bestimmungen der preußischen Verfassung das Verhältnis von Staat und Kirche zu regeln; bei Bergsträsser, Der politische Katholizismus, II S. 33 ff.

Weltgesinnung. Als nationaler Machtstaat sah er in der päpstlichen Regierungsgewalt eine nachteilige Einschränkung seiner empfindlichen, gegenüber der Kirche vielfach im Sinne der Staatsallmacht mißdeuteten Souveränität[18] und die Möglichkeit einer Einwirkung durch fremdnationale oder feindliche Mächte. Planmäßig ging er daran, das öffentliche Leben zu laisieren[19] und den kirchlichen Einfluß einzudämmen und hatte nicht wenig Lust, „zu den Grundsätzen des omnipotenten Staates zurückzukehren und die vormärzliche Abhängigkeit und Unfreiheit der Religionsgesellschaften wieder herzustellen"[20]. Neue Eingriffe von seiten eines liberalen Staates mußten aber um so drückender und verletzender empfunden werden, je mehr er ein bewußt „agnostischer"[21] Staat sein wollte, und es grundsätzlich möglich war, daß „Juden und Atheisten" (vor allem im Wege parlamentarischen Eingreifens) gleichberechtigt in Kirchenfragen mit hineinreden konnten[22].

---

[18] Wo hier konsequent staatsbezogen gedacht wird, steigert sich die Strukturverschiedenheit von Kirche und Staat zu offener oder mehr oder weniger verhüllter Feindschaft; beispielsweise in den Schriften Emil Friedbergs, der „in seiner ohnmächtigen Skepsis" (Stutz, Geist des CIC, S. 17) grundsätzlich der Meinung war, die kirchlichen Ansprüche müßten „allen Einsichtigen als ein verkehrter Anachronismus" erscheinen (Das Deutsche Reich und die katholische Kirche, S. 21); vgl. auch oben S. 28 Anm. 2.

[19] Yves de la Brière, La renaissance contemporaine du Droit canonique, aaO. S. 59 f., spricht von einer „sécularisation intégrale ... érigée, par et pour l'Etat moderne" und einer „laicité de l'Etat, avec le caractère dogmatiquement agressif que prenait désormais le terme de lois ou d'institutions laiques".

[20] Peter Reichensperger am 1. 4. 1871 im Reichstag zur Begründung des Grundrechteantrags der Zentrumsfraktion; Stenographische Berichte über die Verhandlungen des Deutschen Reichstages. Bd. I, S. 105; auch bei Bergsträsser, Der politische Katholizismus, II S. 68; der Antrag der Zentrumsfraktion findet sich in der Sammlung sämtlicher Drucksachen des Deutschen Reichstags I, Berlin 1871, unter Nr. 12 und bei Bergsträsser aaO. S. 61 f.

[21] Über den von der italienischen Staatslehre herausgearbeiteten Begriff des stato neutrale e agnostico vgl. Carl Schmitt, Übersicht über die verschiedenen Bedeutungen und Funktionen des Begriffes der innerpolitischen Neutralität des Staates, in: Positionen und Begriffe, S. 158. In Sachen der Religion ist die letzte Konsequenz dieses Grundsatzes, daß „der religiös Denkende nicht mehr geschützt werden darf als der Atheist" (Carl Schmitt aaO.).

[22] Diese letzten Folgerungen liberalen Staatsdenkens wurden schon sehr früh in der französischen Dritten Republik, nicht in den deutschen Monarchien, gezogen; vgl. unten S. 45 f.; vgl. auch Rothenbücher, Wandlungen, Jahrb. d. öff. Rechts III, 1909 S. 384 ff.

Mit dieser rückläufigen Bewegung[23] im Zeichen des Liberalismus war der m o r a l i s c h e Anspruch des Staates auf maßgebliche Beeinflussung der hohen kirchlichen Personalpolitik verwirkt. Die Nominations- und Präsentationsrechte wie auch die einschneidende Befugnis des negativen Ausschließungsrechts befanden sich nicht mehr in Übereinstimmung mit der tatsächlichen Beziehung des modernen Staates zu Christentum und katholischer Kirche.

2. Staatliche Mitwirkungsrechte im Zeitalter des Parlamentarismus

Zum ideellen Grundstock der Französischen Revolution gehört neben dem Gedanken der Freiheit des Individuums das demokratische Prinzip der volonté générale, das im Laufe des Jahrhunderts immer mehr Boden gewann. Sein Träger war das Parlament als die Repräsentation des Volkes in seiner Gesamtheit.

Das Papsttum stand während der ersten Jahrhunderthälfte als eine der ersten restaurierten Gewalten auf seiten der monarchistischen Legitimität. Je mehr sich aber das Schwergewicht der politischen Macht aus dem Kabinett des Fürsten in die Volksvertretung verlagerte, und diese in manchen Staaten sogar der alleinige Träger der politischen Willensbildung wurde, um so weniger konnten die überlieferten Wege der kirchlichen Politik noch zum Ziele führen. Während die Fürsten der christlichen Religion angehörten, ist das parlamentarische Mandat und daher auch die parlamentarische Regierung davon unabhängig. Dieser neuen politischen Lage begegnete die Kirche, die gleichzeitig einen bewunderungswürdigen „Prozeß der Enttemporalisierung oder Spiritualisierung" durchmachte — wir haben darauf noch unsere Aufmerksamkeit zu richten[24] —, nicht mit Berufung auf ihr göttliches Recht (wohl wissend, daß dieses im Zeitalter der Säkularisation nicht hoch geachtet wurde), sondern mit einer ebenso erstaunlichen, „gewissen Laicisierung ihrer Herr-

---

[23] Es muß hier darauf verzichtet werden, diesen Vorgang mit geschichtlichen Daten und Einzelheiten zu belegen, die teilweise allgemein bekannt sind. Beispielhaft ist, daß in der preußischen Verfassung von 1850 (Art. 15) die Selbständigkeit der Kirche bei „Verwaltung ihrer Angelegenheiten" festgelegt war, während die gleiche Bestimmung 1873 abgeändert und 1875 aufgehoben wurde, weil man nun in ihr eine Preisgabe staatlicher Rechte erblickte.

[24] Unten S. 48 ff.

schafts- und Kampfmittel"[25]: Indem sie sich der vom modernen demokratischen Staat selbst dargebotenen Mittel, der Versammlungs- und Vereinsfreiheit und des Wahlrechts, bediente, vermochte sie sich durch eine eigene politische Partei auf parlamentarischem Boden wirkungsvoller zur Geltung zu bringen als divino iure gegenüber der Person eines selbstbewußten Herrschers. Die deutsche Zentrumspartei wurde das vielgerühmte Vorbild dafür, wie dieser politischen Notwendigkeit Rechnung zu tragen sei[26]. Unter dem Pontifikat Leos XIII. schwenkte auch die Politik der Kurie in diese Richtung ein, vor allem in ihrer Politik des „Ralliement" gegenüber Frankreich[27].

Trotzdem kann nichts darüber hinwegtäuschen, daß die staatsrechtlichen Verschiebungen unvermeidliche, für die Kirche nachteilige Schatten auf die den Regierungen gewährten Rechte bei Besetzung der Beschofsstühle werfen mußten. Die Vereinbarungen waren zu Anfang des Jahrhunderts mit Fürsten geschlossen worden, die bei solchen Gelegenheiten gern ihr Christentum hervorkehrten. Wo der Papst ein Nominationsrecht gewährte, hatte er es ausdrücklich auf katholische Nachfolger beschränkt. Den protestantischen Herrschern hatte er das negative Ausschließungsrecht eingeräumt in dem Bewußtsein, es immerhin mit christlichen Landesherren zu tun zu haben[28]. Diese — ausdrücklichen oder stillschweigenden — Voraussetzungen vermochten formell und mit ihnen das vereinbarte Recht tatsächlich weiter zu bestehen, auch wo ihr Wert durch die fortschreitende Parlamentarisierung immer mehr verloren ging. Die Möglichkeit einer unchristlichen oder religionslosen Regierung und mehr noch — wie die Erfahrung lehrte — die peinlichen Eingriffe und Kontrollmittel einer kirchenfeindlichen Kammermehrheit mußten die Belange der Kirche bei der Besetzung ihrer hohen Ämter auf das empfindlichste gefährden, wenn dem Einfluß des Staates der breite Kanal der zugestandenen, auf „gerechte Gründe" nicht beschränkten Mitwirkungsrechte offen stand.

---

[25] Stutz, Päpstliche Diplomatie, S. 130.
[26] Über die Vorteile dieses „Politischen Katholizismus" vgl. unten S. 181 f. mit Anm. 34.
[27] Darüber vgl. Stutz aaO. S. 58 ff. im Anschluß an die Memoiren des damaligen Pariser Nuntius Ferrata.
[28] Das bringt beispielsweise die oben S. 19 mitgeteilte Äußerung Consalvis indirekt zum Ausdruck.

2. Staatliche Mitwirkungsrechte im Zeitalter des Parlamentarismus 45

In Deutschland, im Bereich des negativen Ausschließungsrechts, konnte es dem wissenschaftlichen Bewußtsein entgehen, daß die den monarchischen Regierungen eingeräumten Nominations- und Ausschließungsrechte ihre politische Qualität verändern, wenn sie in die parlamentarische Debatte hineingezogen werden; war doch hier die Entwicklung noch nicht so weit vorgeschritten. Bismarck war im preußischen Landtag den auf Volkssouveränität begründeten Ansprüchen scharf entgegengetreten, was auch auf die süddeutschen Staaten nicht ohne Einfluß geblieben war, in denen auf Grund des französischen Vorbildes die parlamentarische Regierungsweise eher daran war, sich durchzusetzen. Der König der konstitutionellen Monarchie deutschen Stils behielt weitgehend die politische Führung und Leitung und konnte durch die einzigen Befugnisse der Volksvertretung, Mitwirkung bei der Gesetzgebung und Budgetrecht, nicht daraus verdrängt werden. In Deutschland ist es deshalb neben der wenig fruchtbaren Erörterung des „numerus sufficiens" und der „gerechten Gründe" zu einer Fortbildung des Rechts der Mindergenehmheit nicht gekommen[29].

Das geschah allein durch die Kurie, die kraft der zentalisierten kirchlichen Organisation den besseren Überblick über die Zeitströmungen hatte, denen sie, seitdem Leo XIII. den päpstlichen Stuhl bestiegen hatte, mit planmäßiger Bewußtheit entgegentrat. Zu einer faktischen Weiterbildung des für Nord- und Südwestdeutschland vereinbarten negativen Ausschließungsrechts dürften sie weniger die verfassungsrechtlichen Verhältnisse der deutschen Vertragspartner veranlaßt haben, als die Erfahrungen mit dem Nominationsrecht des Präsidenten der französischen Republik. An diesem Beispiel zeigte sich mit besonderer Deutlichkeit, wie sehr die veränderte politische Lage eine verderbliche Einflußnahme kirchenfeindlicher Mächte begünstigte, die sich, unter ähnlichen Bedingungen wie in Frankreich, auch der Ausübung des Vetorechts hätten bemächtigen können. Das p a r l a m e n t a r i s c h e Regierungssystem enthüllte sich um so mehr als die Wurzel der regelmäßig auftretenden Schwierigkeiten und Widerwärtigkeiten bei Besetzung der französischen Bischofsstühle, als die Handhabung der gleichen nominatio regia unter dem patriarchalischen Regiment in Bayern

---

[29] Der Erlaß Rampollas vom 20. 7. 1900 vermochte nur eine faktische Weiterbildung zu bewerkstelligen.

und besonders in Österreich kaum je zu Anständen Anlaß bot[30]. Die französischen Verfassungsverhältnisse waren aber nur ein Prototyp, auf den die Entwicklung auch in anderen Staaten hinsteuerte. Angesichts der in aller Welt fortschreitenden Parlamentarisierung der Regierungsgewalt mußte sich deshalb der Papst in der Gewährung derartig weittragender staatlicher Befugnisse bei der kirchlichen Ämterverleihung die größte Zurückhaltung auferlegen, konnte doch der einem Monarchen zugestandene Einfluß, wie die Erfahrung lehrte, binnen weniger Jahrzehnte in die Hände einer kirchenfeindlichen Kammermehrheit geraten.

Dank der Memoiren des Kardinals Ferrata, der von 1891 bis 1896 Nuntius in Paris war — Ulrich Stutz hat an ihrer Hand in seiner schon mehrfach angezogenen Schrift „Die päpstliche Diplomatie unter Leo XIII., nach den Denkwürdigkeiten des Kardinals Domenico Ferrata" ein farbiges Bild der Politik des Vatikans in diesem interessanten Zeitraum gezeichnet —, sind uns sehr kennzeichnende Einzelheiten der französischen Besetzungspraxis bekannt, die uns die eindringlich warnende Kraft dieser vielfach heiklen aber beispielhaften Vorgänge vergegenwärtigen[31]: Das Nominationsrecht steht dem Präsidenten der Republik als Nachfolger des Ersten Konsuls zu, der aber politisch nahezu bedeutungslos ist. Entscheidend ist, vom Kultusminister vorbereitet, der Beschluß des Ministeriums: statt eines einheitlichen und persönlichen Willens die Unebenheiten, Schwierigkeiten und die „Anonymität" eines Kollegiums. Dieses hinwiederum entscheidet nicht selbständig, sondern hinter ihm steht das souveräne Parlament in Gestalt einer „Chambre ... toujours oscillante, nerveuse, replie de préjugés invétérés, et par suite capable de passer tout d'un trait à des décisions complètement différentes et même opposées"[32], das seine Einwirkung auf die Regierungstätigkeit nicht nur durch Bestimmung der maßgebenden Politiker und

---

[30] Vgl. Scharnagl, Anton, Das königliche Nominationsrecht für die Bistümer in Bayern 1817—1918, Z.Sav.RG. Kan.Abt. 17, 1928 S. 228—263; Hussarek, Zum Tatbestande des landesfürstlichen Nominations- und Bestätigungsrechts für Bistümer in Österreich 1848—1918, Z.Sav.RG. Kan.-Abt. 16, 1927 S. 181—252.

[31] Zum folgenden Ferrata, Mémoires, III bes. S. 156—255; Stutz, Päpstliche Diplomatie, S. 99 ff.

[32] Ferrata aaO. III S. 23. Die gleiche Erfahrung der Kurie spricht sich noch jüngst aus bei P. Matthaeus Conte a Coronata O.M.C., Compendium iuris canonici ad usum schoraum, I, editio altera et emendata, Taurini-Romae MCMXXXX S. 54: „Si vero, pacta publica internationalia ineundi, non uni principi aut prae-

die übliche parlamentarische Kontrolle ausübt; in der Dritten Republik versuchte vielmehr die Kammermehrheit nicht ohne Erfolg, den Ministern jede wichtige Stellungnahme vorzuschreiben, „wobei öfters politische Entscheidungen in einem Ausschuß des Parlaments zustande kamen, der dann tatsächlich ein Ministerium war"[33]. Das ergibt eine psychologisch äußerst schwierige Situation. Ob der Nuntius die Besetzungsverhandlungen mit dem Kultusminister, mit dessen Direktor, mit dem Ministerpräsidenten, dem Außenminister oder schließlich mit dem Präsidenten führt, jeder der Beteiligten steht in diesem namenlosen und fast undurchschaubaren Gewebe gegensätzlicher Kräfte und Mächte. Objektivität, Wohlwollen oder kirchliche Gesinnung einer Persönlichkeit auf der Regierungsbank vermögen nicht allzuviel. Ist es aber gelungen, in dieser Atmosphäre einer feindlichen „Anonymität" eine persönliche und versöhnliche Ebene zu finden, dann wird die Regierung gestürzt[34]. Die grundsätzlich kirchenfeindliche Haltung der Kammermehrheit und damit auch der Regierung verschärfte diese Lage bedeutend und gab ihr den eigentlich peinlichen Charakter. Die von einer Volksvertretung ausgehenden Störungen sind besonders gefährlich, weil in ihnen sich häufig nicht wohlerwogene Staatsinteressen aussprechen, sondern Rücksichten einer Partei- und Vetternwirtschaft[35] den Ausschlag geben. Und die Regierung gibt dem nach und sucht die betreffenden

---

sidi, sed comitiis deputarum a populo ius sit, tunc res est difficilior et concordia minus stabilis evadit", weshalb der Hl. Stuhl, „ne evidenti ludibrio exponatur", Konventionen in feierlicher Form nur eingehe, wenn die Regierung der Zustimmung des Parlaments sicher sei.

[33] Carl Schmitt, Verfassungslehre, S. 329; vgl. Ferrata aaO. III S. 159, 165. Die Gefahr solcher „interpellations parlementaires" zwang die Regierung zur Rücksichtnahme auf die Stimmung in der Kammer (Ferrata aaO. III S. 176, 177, 250), auf die öffentliche Meinung und die Presse (III S. 173, 177, 190 f.) und auf Politiker (III S. 218), veranlaßte zu besonderer Eile (III S. 186 f.), wurde von ihr aber auch als beliebtes Druckmittel benutzt (III S. 235, 243).

[34] Zwischen 1871 und 1914 bestand ein Kabinett durchschnittlich nur dreiviertel Jahr; H. Sacher in dem Artikel „Parlamentarisches Regierungssystem" im Staatslexikon Bd. 4 Sp. 29. — Zum Haupttext vgl. Ferrata III S. 159, 166, 176, 178, 183, 221 f., 241, 248; Stutz, Päpstliche Diplomatie, S. 114 f. Daß die häufigen Regierungswechsel auch von Vorteil sein konnten, braucht dabei nicht übersehen zu werden; Ferrata III S. 169, 245; Stutz aaO. S. 115; vgl. auch ebd. S. 128.

[35] Über Gunst und Ungunst von „députés", „sénateurs" und anderen „hommes politiques" und deren Bedeutung für das Besetzungsgeschäft Ferrata III S. 160 f., 215, 222; sie speisen sich mitunter aus den unsachlichsten Beweggründen, z. B. III S. 236: „ce prélat avait bénit le mariage de son fils".

Persönlichkeiten zu befriedigen, berichtet Ferrata, um sich deren Unterstützung in Parlamentsdebatten zu sichern[36].

Daß die traditionelle Klugheit des Hl. Stuhles und die „seltene Geschäftsgewandtheit"[37] seines Nuntius auch unter derart schwierigen Verhältnissen Erfolge buchen konnten, kann keineswegs darüber hinwegtäuschen, daß das Nominationsrecht in parlamentarischer Hand „ein Unding", „ein aus einer früheren, ganz anderen Periode einsam liegengebliebener erratischer Block" ist[38]. Das gilt aus den gleichen Gründen, wenn auch in geringerem Maße, ebenfalls von dem negativen Ausschließungsrecht[39], wie es mit Preußen, Hannover und den Staaten der oberrheinischen Kirchenprovinz vereinbart war. — Wollte die Kurie auch fernerhin den Staaten einen Einfluß auf die Besetzung der Bischofsstühle einräumen — darin liegt nicht nur eine beachtliche Orientierungsmöglichkeit für den Hl. Stuhl, sondern in Konkordatsverhandlungen unter Umständen auch ein ganz brauchbarer Stoff für Konzessionen an den Staat —, so mußte sie dafür eine neue Rechtsform finden.

3. Der Apostolische Stuhl — eine Großmacht* — Einschränkende Auslegung der Mindergenehmheit durch Gregor XVI.

Gegenüber dem „stato agnostico" und der von einer Volksvertretung beherrschten Regierungsgewalt mußte die Kurie eine andere, zurückhaltendere Stellung einnehmen als gegenüber monarchischen

---

[36] „Einer der Kultusminister gestand mir eines Tages ganz offen, daß die Regierung einen Priester einem anderen vorziehen müsse, wenn der erste vier Kammerabgeordnete und zwei Senatoren, der andere aber nur zwei Deputierte, dazu vielleicht noch von geringer Bedeutung, für sich habe." Ferrata aaO. III S. 160 f.; Stutz aaO. S. 101 Anm. 1. Dadurch wird die „rein sachliche Erledigung zur seltenen Ausnahme" gemacht; so bewertet Stutz, Nominationsrecht aaO. S. 236, allgemein und grundsätzlich das Nominationsrecht „für parlamentarisch regierte Republiken wie Frankreich . . ., in denen einer die Verantwortung auf den andern abwälzt".

[37] Benedikt XV. in der Vorrede, Ferrata aaO. I S. IV; Stutz aaO. S. 15 Anm. 2, vgl. auch S. 127.

[38] Stutz aaO. S. 101; ähnlich de la Brière, La renaissance contemporaine, aaO. S. 67 f.

[39] Stutz aaO.

*) Bismarck machte diese Feststellung aus verschiedenen Anlässen; vgl. Die gesammelten Werke, Berlin o. J., Bd. 11 S. 288 ff. und Bd. 12 S. 299 ff. (301 f.)

Staaten⁴⁰. Doch ist diese Veränderung in dem Verhältnis von Staat und Kirche mehr als kirchliche Begleiterscheinung einer staatsrechtlichen Sinn- und Machtverschiebung. Sie ist nicht nur politischen Erwägungen und Notwendigkeiten entsprungen, sondern vor allem eine Folge der mit Beginn des 19. Jahrhunderts einsetzenden „Extemporalisierung oder Spiritualisierung" der Kirche, um diese treffende, von Ulrich Stutz geprägte Bezeichnung hier zu wiederholen. Es ist ein erstaunlicher Vorgang⁴¹. Während ihre weltliche Macht und ihr reicher nationaler Besitz den Stürmen der Revolution und der italienischen Einheitsbewegung zum Opfer fallen, erlebt sie eine geistige Erneuerungsbewegung, die das Jahrhundert für sie zum bedeutendsten seit der Reformation werden läßt⁴². Während der Papst den letzten Rest seines Kirchenstaates verliert, wird er auf dem Wege der Dogmatisierung seines Rechtsprimates mit einer schrankenlosen geistlichen Gewalt bekleidet und in seiner Stellung als absoluter Monarch der katholischen Weltkirche gefestigt — im unmittelbaren Gegensatz zu der Entwicklung im staatlichen Bereich, wo der Absolutismus der Fürsten durch liberale und demokratische Kräfte eingeschränkt oder beseitigt wird.

Das mußte den Abstand beider Gewalten vergrößern, die Kirche aber immer mehr aus der staatlichen Ein- und Unterordnung befreien und sie dem Staat gegenüberstellen. Die ersten Jahrzehnte des Jahrhunderts sind durch den Neubau der innerstaatlichen Kirchenverfassungen in Anspruch genommen, wobei die nationalen Organisationen und allmählich auch ihre geistigen Hintergründe (Gallikanismus und Febronianismus) überwunden wurden. Revolution und Säkularisation gaben den äußeren Anstoß für eine planmäßige Zurücknahme ihrer Positionen aus dem Temporale und Beschränkung

---

⁴⁰ Unter den restaurierten Mächten herrschte naturgemäß das Bewußtsein einer gewissen Solidarität, trotz allen grundsätzlichen Abstands und des überlieferten Mißtrauens zwischen Kurie und den protestantischen Verhandlungs- und Vertragspartnern, ein Gefühl, das sich bewußt gegen die Revolutionsideen abhob, und das bei bestimmten Gelegenheiten, z. B. bei den Separatverhandlungen Badens mit Rom (Friedberg, Bischofswahlen, I S. 137), spürbar zum Ausdruck kam.

⁴¹ Dazu Stutz, Kirchenrecht, aaO. S. 363 ff.; ders., Bischofswahlen, S. 88 mit Anm. 2 und S. 136; Hilling, Die Reformen des Papstes Pius X. auf dem Gebiete der kirchenrechtlichen Gesetzgebung, I, Bonn 1909, S. 11.

⁴² Fleiner, Entwicklung des katholischen Kirchenrechts im 19. Jahrhundert, S. 3.

auf die Erfüllung ihrer eigensten Aufgaben. Hier aber mußte sie unbedingte Selbständigkeit und Unabhängigkeit anstreben.

Diese Tendenz der möglichsten Fernhaltung außerkirchlicher Einflüsse tritt seit dem vierten Jahrzehnt auf der ganzen Linie im Sinne einer aktiveren Art der Begegnung mit dem Staat hervor und füllt das 19. Jahrhundert. Die Absetzungsbewegung verläuft nicht unangefochten, sondern auf verschlungenen Wegen und unter heftigen Erschütterungen, bei denen Staat und Kirche ihre Machtmittel gegeneinander einsetzen. Hier interessieren nicht die Konflikte der Bischöfe mit ihren Regierungen, noch der Kulturkampf, sondern die Versuche Roms, das Vetorecht der Staaten gegen personae minus gratae im Sinne eines bloßen Erinnerungsrechtes fortzubilden[43].

Diese Bestrebungen laufen zunächst darauf hinaus, die maßgebliche Entscheidung: ob persona grata oder minus grata, der Staatsgewalt zu entwinden und dem Urteil einer kirchlichen Instanz, nämlich der Überzeugung des Kapitels, unterzuordnen. Aus Anlaß der Trierer Wahlstreitigkeiten 1836/40[44] erläuterte ein Staatssekretariatserlaß Lambruschinis an das Trierer Kapitel vom 15. 3. 1837[45], wie die Genehmheit festzustellen sei, und bediente sich dazu einer Wendung[46], die nicht auf die Entschließung des Landesherrn als solche abhebt, die Erkundigung bei der Regierung vielmehr nur als Mittel der eigenen subjektiven Gewißheit[47] des Kapitels gemeint ist. So konnten die Trierer Domherrn, hiernach mit Recht, ihre eigene Auffassung für maßgeblich halten[48].

---

[43] Gegen den staatlichen Einfluß auf die Besetzung der n i e d e r e n Kirchenämter, der sich vor allem auf zahlreiche Patronatsrechte, die in den Jahrhunderten vor der Säkularisation begründet waren, stützte, wandte sich die Würzburger Bischofsversammlung 1848; vgl. Storz, Staat und katholische Kirche in Deutschland im Lichte der Würzburger Bischofsdenkschrift, S. 34 ff.

[44] In denen die Übung der preußischen Designationswahlen endgültig scheiterte; vgl. oben S. 37.

[45] Friedberg, Bischofswahlen, I S. 230 ff und II S. 161 f.

[46] „.. investigandum rem scilicet ex publicis notitiis ex privatis percunctationibus vel apud ipsum Regium Ministerium caute ac solerter adhibitis et ex Gubernii praeterea factis arguendo."

[47] Die Streitfrage: subjektive oder objektive Gewißheit ist oben S. 31 mit Anm. 18 und 19 erörtert.

[48] Unter Berufung auf ihre Überzeugung erbaten sie unter dem 2. 5. 1839 das königliche Placet für den erwählten Domkapitular Arnoldi, obwohl der königliche Wahlkommissar diesen als persona minus grata bezeichnet hatte. Unmittelbare Verhandlungen Preußens in Rom (s. o. S. 37) und die Resignation Arnoldis ließen es hierüber zu keinen grundsätzlichen Erörterungen kommen.

3. Einschränkende Auslegung der Mindergenehmheit durch Gregor XVI.

Deutlicher drückte sich das Breve an das Kapitel von Gnesen-Posen vom 10. 4. 1844[49] aus. Auch hiernach sollte es grundsätzlich dem Gewissen des Kapitels überlassen bleiben, ob und inwieweit eine Person der Regierung minus grata sei[50]. Von einer Anfrage bei der Regierung ist hier nicht einmal mehr die Rede; außerdem läßt der Ausdruck „censeant" keinen Zweifel darüber, daß es nur auf subjektive Gewißheit des Kapitels ankommen sollte, wenngleich vorher die Bestimmung des Breve zitiert ist: „... ut Vobis c o n s t e t curabitis"[51]. Hiergegen protestierte die preußische Regierung in einem scharfen Erlaß an das Kapitel[52].

Es ist oben gezeigt worden, daß die fortschreitende Durchsetzung des Staatslebens mit liberalen und demokratischen Grundsätzen einen allmählichen, aber für die Kurie unverkennbaren Funktionswandel des Rechtes der Mindergenehmheit herbeiführen mußte; daß andererseits die Vergeistigung des Kirchenwesens, womit zahlreiche Reibungspunkte mit der weltlichen Macht fortfielen, eine Beschränkung des Staatseinflusses rechtfertigte, und das Papsttum, zur „Großmacht" aufgestiegen, sich sehr wohl stark genug fühlte, dieses durchzusetzen. Gegenüber der historischen Begründung und Erklärung solcher Sinn- und Kräfteveränderungen und der daraus entspringenden eigenmächtigen Vorstöße muß hingegen der Jurist darauf bestehen, daß geltendes vertragsmäßiges Recht auf diese Weise nur fortgebildet werden kann, wenn der Vertragspartner ausdrücklich oder stillschweigend zustimmt[53]. Pius IX ist denn auch von den in den genannten Breven niedergelegten Ausdeutungsversuchen des Rechtes der Mindergenehmheit in dem Schreiben des Kardinalstaatssekretärs Antonelli an den preußischen Gesandten vom 5. 8. 1865[54] abgerückt, in dem er das Listenverfahren guthieß[55]

---

[49] Friedberg, Bischofswahlen, I S. 244 ff., II S. 163 f.

[50] „... et Regi Serenissimo minus gratos non esse censeant, sive ea ipsa scilicet personarum indole et conditione, sive ex praecedentibus Gubernii factis sive aliis adhibitis modis ad rem cognoscendam idoneis."

[51] Das ist Friedberg aaO. I S. 245 entgegen zu halten (Sperrung nicht im Original).

[52] Friedberg aaO. I S. 246.

[53] Aus der Tatsache, daß sich die Breven formell als einseitige päpstliche Anweisungen geben, konnte nicht gefolgert werden, die Kurie allein sei befugt, den Sinn dieser Erlasse auszulegen; vgl. hierzu oben S. 28 f.

[54] Friedberg aaO. II S. 167 ff. mit I S. 257 f.

[55] Damit wurde es, wie oben S. 37 hervorgehoben, geltendes Recht für Preußen.

und damit die Pflicht des Kapitels, sich objektive Gewißheit zu verschaffen, anerkannte.

In den Erlassen an die Kapitel von Trier und Gnesen-Posen sollte das Ausschließungsrecht beschränkt werden, indem seine Rechtswirkung, den Kandidaten unbedingt zu Fall zu bringen, zugunsten der subjektiven Gewißheit des Kapitels relativiert wurde. In dem eben genannten Schreiben an den preußischen Gesandten wurde dagegen auch die inhaltliche Seite der Mindergenehmheit zum Gegenstand kurialer Einschränkungsversuche gemacht. Dazu diente die im deutschen Schrifttum viel erörterte Lehre von den „gerechten Gründen"[56]. Daß auch dieses nicht dem vereinbarten Recht entsprach, ist bereits oben (S. 31 f.) ausgeführt.

Von besonderem Interesse sind hierzu endlich die vorgesehenen päpstlichen Instruktionen an den Erzbischof von Freiburg und den Bischof von Rottenburg, in denen beide Bestrebungen vereint und mit überraschender Deutlichkeit zutage treten. Sie wurden im Zusammenhang mit den nicht ratifizierten Konkordaten für Württemberg (1857) und Baden (1859) vereinbart und sollten das der Bischofserhebung nahe verwandte Gebiet der Pfarrbesetzung regeln. Unter ausdrücklicher Bezugnahme auf das die Bischofswahl betreffende Breve für Gnesen-Posen war danach allein das Urteil des Bischofs maßgebend; die Regierung hatte „keinerlei Teil" daran[57]. Auffallend ist, daß gemäß den „Weisungen" an den Erzbischof von Freiburg[58] staatliche Erinnerungen nur aus rein bürgerlichen oder

---

[56] „Damit die Ausschließung ... gerecht und unparteiisch sei", müsse sie „einen haltbaren und gewichtigen Grund haben, entweder in Ansehung der Person selbst oder in Ansehung irgendeiner früheren Tatsache, die von solcher Natur ist, daß sich mit Fug befürchten läßt, es könnten durch dieselbe, wenn sie auf den Bischofsstuhl zu sitzen käme, die guten Beziehungen zu den beiden souveränen Mächten kompromittiert werden" (bei Friedberg, Bischofswahlen, II S. 172 f.).

[57] So schon unter Ziff. 1 in den von Kardinal Antonelli überreichten, für Baden und Württemberg gleichlautenden „Basi per la convenzione fra la Santa Sede ed il Governo Gran-Ducale di Baden"; abgedr. bei Friedberg, Gränzen, S. 897 f.; ders., Bischofswahlen, S. 317 f; Stutz, Bischofswahlrecht, S. 188.

[58] Walter, Fontes, S. 386; Maas, Geschichte der katholischen Kirche im Großherzogtum Baden, S. 317, 328 f.; ders., Die badische Convention, aaO. S. 396; Stutz, Bischofswahlrecht, S. 188 ff. Die Verbindungslinien zur Politischen Klausel des geltenden Konkordatsrecht beleuchten vor allem die Erläuterungen des Kurienkardinals v. Reisach zu Art. IV Nr. 1 der Konvention, die geradezu modern anmuten: Man berief sich „auf ein Breve Gregors XVI. vom 10. 4. 1844 an das Kapitel von Gnesen und Posen, weil aus diesem Breve hervorgeht, daß die Erwägung, ob und inwieweit eine Person dem Gubernium minus grata sei, gänzlich

3. Einschränkende Auslegung der Mindergenehmheit durch Gregor XVI.

politischen Gründen zulässig sein sollten[59]. Damit wurde schon 1855 für die Bedenken gegen mißliebige Pfarramtsbewerber die Formulierung gefunden, durch die sich 30 Jahre später die ersten Bestimmungen des modernen politischen Erinnerungsrechts gegen Bischofskandidaten auszeichnen. Schon damals wurde erkannt, daß dieses für die Verleihung der niederen Pfründen vorgesehene Recht auch das Bischofswahlrecht beeinflussen müsse[60]. Zu einer unmittelbaren Einwirkung kam es indessen nicht, weil beide Konventionen am Widerstand der Stände scheiterten und auch von der Kurie zurückgenommen wurden. Aber es waren hier die Grundzüge einer neuen Rechtsfigur geschaffen, auf die der Papst bei Gelegenheit nur zurückzugreifen brauchte[61].

---

dem Gewissen des Kapitels überlassen wird ... Die Großherzogliche Regierung sprach dagegen die Erwartung aus, daß, wenn sie gegen Bewerber von Pfründen, die der Erzbischof verleiht, erhebliche, auf Thatsachen gestützte Einwendungen in rein bürgerlichen und politischen Dingen vorbringt, der Erzbischof diese Einwendungen, sofern er sie nicht für zureichend hält, nicht schlechthin unbeachtet lasse, sondern mit der Regierung sich benehme, damit womöglich ein Einverständnis erzielt werde ... Es sei keineswegs die Absicht der Regierung, ein absolutes Veto anzusprechen und zu verlangen, daß in jedem Fall und ohne weiteres die beanstandeten Individuen von der Bewerbung ausgeschlossen werden sollten; sie verlange bloß, daß der Erzbischof den Einwendungen der Regierung das gehörige Gewicht gebe" (bei Stutz, Bischofswahlrecht, S. 190 f.; Maas, H., Geschichte der kath. Kirche im Großherzogtum Baden, Freiburg 1891, S. 328 Anm. 1).

[59] In den „Basi" ist nur von „wahrhaft politischen" Beschwerden die Rede.

[60] Friedberg, Bischofswahlen, S. 317: „Die Consequenz für die Bischofswahlen liegt doch auf der Hand"; S. 318.

[61] Erwähnung verdient noch Art. XIII des Konkordats mit Ecuador von 1881 (Mercati, Raccolta, S. 1008). Danach konnte der Bischof gewisse Kanonikatspfründen und andere Präbenden wie gemäß Art. 13 des Konkordats von 1862 (Mercati aaO. S. 989 f.) frei verleihen, seit 1881 jedoch nur an Personen, „quae Gubernio probentur, cuius erit nominatos reiicere ob politicas rationes respectivis Ordinariis communicandas" (vgl. auch Link, Besetzung, S. 389 f.).
Nach dem Konkordat mit Rußland (1847) und den Abmachungen über Malta von 1890 und Tunis von 1893 (Mercati aaO. S. 755, 1074 ff., 1083 f.) sollte die Verleihung des Bischofsamtes nur nach vorhergehendem Einvernehmen mit den zuständigen Regierungen erfolgen. Es liegt auf der Hand, daß es sich hier um keine Politischen Klauseln handelt, es dürfte aber im Wege der mündlichen Verhandlung von Fall zu Fall möglich gewesen sein, den staatlichen Einfluß auf ein erträgliches Maß zu beschränken; vgl. Mörsdorf, Besetzungsrecht, S. 11 Anm. 52; Weber, Politische Klausel, S. 22 Anm. 1; Link, Besetzung, S. 288 Anm. 155; Giannini, Concordati, I S. 18, 42 Anm. 1, der nur die Abmachung für Malta erwähnt und irrt, wenn er diese für den ersten Fall des „sistema del nulla osta preventivo" hält. — Eine gewisse Parallele weisen Art. 5 § 2 des Konkordates mit Rumänien und Art. 7 des Modus vivendi mit Ecuador auf; vgl. unten S. 177 ff.

Nachdem schon längst das moderne staatliche Bedenkenrecht in den Konkordaten mit Montenegro (1886) und Kolumbien (1887)[62] in Erscheinung getreten war, versuchte Kardinalstaatssekretär Rampolla die neuen Grundsätze auch für das Recht der Mindergenehmheit soweit als möglich fruchtbar zu machen. In dem Erlaß „Ad notitiam Sanctae Sedis" vom 20. 7. 1900[63] an die deutschen Domkapitel ordnete er an: „... Capituli partium est illos tantum adsciscere, quos ante solemnem electionis actum, inter alias dotes, ad Ecclesiam instruendam, tuendam et pacifice gubernandum requisitas, prudentiae laude, publicae quietis ac fidelitatis studio praestare, ideoque Principii non esse minus gratos constet". Hier erscheint der an sich unbegrenzte Begriff der Mindergenehmheit so erheblich eingeengt, daß er sich annähernd mit dem Begriff der politischen Bedenken des heutigen Erinnerungsrechts deckt[64]. Doch wandte sich das Schreiben nur an die Adresse der Kapitel, schuf also Recht nur für den innerkirchlichen Bereich; eine kuriale Interpretation also, die die Staaten nicht ohne weiteres zu berühren brauchte und deshalb auch das in den genannten Bullen und Breven gewährte, umfassende Ausschließungsrecht fortbestehen ließ. Trotzdem ist diese einschränkende Auslegung Rampollas sehr beachtlich. Ulrich Stutz[65] billigte die Tendenz dieses Erlasses, das Recht der Mindergenehmheit auf Fragen politischer Natur zu präzisieren, und wie er haben ihn offensichtlich auch die Staatsregierungen hingenommen, so daß seitdem das staatliche Ausschließungsrecht nach seiner inhaltlichen Seite dem modernen Bedenkenrecht praktisch sehr nahe kam. Stutz[66] hebt an diesem Schreiben Rampollas weiterhin hervor, daß es gleichzeitig „das Anerkenntnis eines von den Aufgaben der Kirche verschiedenen Staatszwecks und seine Berücksichtigungsberechtigung bei dem politisch exponierten Amt des

---

[62] s. unten S. 64 ff.

[63] AkKR 81, 1901 S. 525 und bei Stutz, Bischofswahlrecht, S. 95 ff.

[64] Rampolla selbst äußerte sich mündlich zu dem Erlaß, daß danach auch für den Begriff der Mindergenehmheit „soltanto motivi d'ordine politico" zur Geltung kommen sollten; E. Göller, AkKR 92, 1912 S. 186 (bei Stutz, Kirchenrecht, aaO. S. 449 f. Anm. 2).

[65] Bischofswahlrecht, S. 63 f. Anm. 3.

[66] aaO. S. 62.

3. Einschränkende Auslegung der Mindergenehmheit durch Gregor XVI.

Bischofs" enthält, was indessen nach dem Vorgang der bekannten Enzykliken Leos XIII. nicht sehr verwunderlich und nur eine spezielle Parallele zu den dort ausgesprochenen Grundgedanken ist.

Es ist das alles nicht Willkür oder Zufall, auch nicht bloß der Ausdruck wachsender Machtansprüche des restaurierten Papsttums oder gar des „Politischen Katholizismus" im Sinne des parteipolitischen Schlagworts, sondern der Ausdruck eines tiefen und gesetzmäßigen Zusammenhangs. Es entspricht der Wendung, die ein absolutistisches Staatswesen über die konstitutionelle Staatsform zur parlamentarischen Demokratie, die ein bewußt christlicher Staat zu einem ebenso bewußt religiös neutralen oder agnostisch-kirchenfeindlichen Staat macht. Diese allmähliche, in den einzelnen Staaten verschiedene und der verfassungsrechtlichen und weltanschaulichen Wandlung oft nachhinkende Entwicklung läßt die neuzeitliche Ausgestaltung des Verhältnisses von Staat und Kirche und die Bildung einer neuen Art staatlicher Einflußnahme auf die Besetzung der Bischofsstühle in einem besonderen Licht erscheinen.

Die besprochenen Vorstöße der Kurie konnten das deutsche Bischofswahlrecht indessen nicht grundlegend — der Rampollasche Erlaß ändert es nur faktisch — verändern. Sie hatten das Recht der Verträge gegen sich oder erlitten in den Volksvertretungen Schiffbruch und blieben deshalb im unmittelbaren Erfolg ein Schlag ins Wasser[67]. Aber sie zeigen, daß schon um diese Zeit in Rom ein ganz waches Problembewußtsein vorhanden war. Es geht nach den Triumphen der liberalen und demokratischen Gedanken darum, die vergeistigte Kirche von überlebten Bindungen an den in seiner Struktur veränderten und entchristlichten Staat zu befreien. Wie sich die Kirche im Verlauf ihrer „Extemporalisierung" aus dem bürgerlichen und politischen Bereich zurückgezogen hat, so soll sich auch der Staat auf dieses sein ureigenes Gebiet beschränken. Man will die Unterscheidung eines eigenen Kirchenzwecks vom Staatszweck. Diese sonst schwer faßbare Bewußtseinslage der Übergangszeit tritt hier — auch da erweist sich das Besetzungswesen der Bischofsstühle als das Spiegelbild, die „Skala"[68] der Veränderungen in dem Verhältnis von Staat und Kirche — in helles Licht.

---

[67] Nur der Erlaß Rampollas macht eine praktische Ausnahme.
[68] Friedberg, Bischofswahlen, I S. VII.

III. Begriff der politischen Klausel

1. Terminologische Verschiedenheiten

Die Rechtsfigur, der diese Arbeit gewidmet ist, erscheint im internationalen Schrifttum unter den verschiedensten Etiketten. Eines der jüngsten ist das hier vorzüglich verwendete der „Politischen Klausel". Sie tritt zum erstenmal in der amtlichen Begründung zum Vertrag Preußens mit den Evangelischen Landeskirchen[1] auf; die kurze und handliche Wortprägung erfreute sich schon in den lebhaften Auseinandersetzungen im preußischen Landtag[2] besonderer Beliebtheit und ist heute im deutschen[3] Fachschrifttum die am meisten gebrauchte Bezeichnung[4]. Ihre besondere Eignung liegt in der prägnanten Kürze, dem Hinweis auf eine in sich „geschlossene" Vertragsbestimmung und dem Umstand, daß sie den wissenschaftlichen Bemühungen um Klärung dieses umstrittensten Konkordatsartikels nicht vorgreift. Dieses gilt auch von dem ebenfalls gern gebrauchten Ausdruck „politisches Erinnerungsrecht" oder „Bedenkenrecht"[5]. Um den rechtlich *verbindlichen* Charakter einer staatlichen Beanstandung[6] auszudrücken, bedient man sich auch des geeigneten Terminus „Einspruchsrecht"[7]. Bei den römischen Kanonisten[8] ist der Ausdruck „ius praenotificationis officiosae" gebräuchlich, der als Sammelbegriff für auch außerhalb der Politischen Klausel vereinbarte Voranzeigen[9] verständlich ist. Es ist aber methodisch falsch,

---

[1] Drucksachen des Preußischen Landtags Bd. 11 Sp. 7016 ff.

[2] Sitzungsberichte des Preußischen Landtags Bd. 15 Sp. 21 069—21 104, 21 128 bis 21 178, 21 375—21 401.

[3] Als „clausula politica" übernommen von Perugini, Concordata vigentia, S. 183 Anm. 26, S. 211 Anm. 20; derselbe in seinen Abhandlungen über das preußische, badische und österreichische Konkordat, Apoll. 5, 1932 S. 46; 6, 1933 S. 27; 7, 1934 S. 202.

[4] Beispielsweise Aufzählung bei Link, Besetzung, S. 290 Anm. 160.

[5] Vorzugsweise bei Mörsdorf, Besetzungsrecht, S. 77, 115, 135 bzw. 80, 136 f.

[6] Beispiele s. unten S. 176 bis S. 186.

[7] Mörsdorf aaO. S. 148; Eichmann, Kirchenrecht, I S. 259, beide im Hinblick auf Art. 6 des preußischen Konkordats.

[8] Aufzählung bei Link, Besetzungsrecht, S. 288 Anm. 156.

[9] z. B. nach Art. 9 Abs. 3 des preußischen Konkordats bei Bestellung eines Geistlichen zum Mitglied eines Domkapitels oder zum Leiter oder Lehrer an einem Diözesanseminars; vgl. auch Art. 14 § 3 Satz 1 des bayerischen Konkordats, Art. 21 Abs. 2 und 3 des italienischen Konkordats, Art. XIX des polnischen Konkordats, Art. XVIII des litauischen Konkordats und Art. XII des lettischen Konkordats (Bestellung von Pfarrern); vgl. ferner Weber, Politische Klausel, S. 45 ff.

diese verschiedenen Einrichtungen terminologisch so nahe aneinander zu rücken[10]; als terminus technicus des Erinnerungsrechts gegen Bischofskandidaten verlegt er unzulässigerweise den Schwerpunkt von der staatlichen Beanstandung auf die kirchliche Anzeige[11], ein Umstand, der geeignet ist, dem Begriff eine leicht polemische Färbung zu geben. Denn auch in der überwiegenden Zahl der Fälle, wo die staatliche Erinnerung nicht den Charakter eines zwingenden Einspruchs hat, kommt den politischen Bedenken des Staates, nicht der kirchlichen Anfrage, die größere Bedeutung zu[12]. Eine angemessenere Benennung liegt in dem Ausdruck „p r i v i l e g i u m[13] v e l i u s o b i i c i e n d i" (scil. rationes ordinis politici). — Im Französischen bedient man sich der Bezeichnung „d r o i t d e r e g a r d".

Bei italienischen Juristen begegnet man außerdem der Bezeichnung „n u l l a o s t a p r e v e n t i v o", deren Berechtigung die Kurie nachdrücklich bestreitet[14], sofern sich damit die Vorstellung einer zwingenden, einem Veto gleichkommenden Wirkung der Beanstandung verbindet[15]. Doch hat auch im Italienischen der Begriff durch-

---

[10] Ebensowenig ist es zu billigen, wenn z. B. v. Kienitz, Gestalt der Kirche, S. 257, auch die in manchen Konkordaten sich findende Bestimmung über das staatliche Bedenkenrecht gegen mißliebige Pfarramtskandidaten unterschiedslos als „Politische Klausel" bezeichnet. Es besteht die Gefahr, daß dadurch die strenge Eigenart des Erinnerungsrechts gegen Bischofskandidaten verwischt wird; vgl. zu dieser Unterscheidung auch Weber aaO. S. 47.

[11] Dem Fehler unterliegt Mario Petroncelli, La provvista dell' ufficio ecclesiastico nei recenti diritti concordatari, Padova 1933, S. 189. (Weber aaO. S. 32 Anm. 3); vgl. auch unten S. 193 ff. — Ebenso Bierbaum, Inter S.S. et Borussiam solemnis conventio, aaO. S. 90.

[12] Es ist deshalb keinesfalls zu rechtfertigen, wenn Restrepo Restrepo, Concordata, S. 439 Anm. 389, sogar das Einspruchsrecht des preußischen Konkordats (dazu vgl. unten S. 179 ff.) mit dem Terminus „privilège, appellé de prénotification" belegt.

[13] Staatliche Mitwirkung beruht immer auf kirchlichem Zugeständnis (vgl. oben S. 26 f.), weshalb an der Bezeichnung „privilegium" niemand Anstoß zu nehmen braucht.

[14] z. B. Pius XI., indem er mit Schreiben an Kardinalstaatssekretär Gasparri vom 30. 5. 1929 gegen eine solche Äußerung des italienischen Justizministers Stellung nahm; AAS 1929 S. 297 (auch bei Weber, Politische Klausel, S. 35); ebenfalls Restrepo Restrepo, Concordata, S. 284 Anm. 72.

[15] In der Form der Erteilung, Versagung oder Zurücknahme des Nihil obstat genehmigt oder verbietet die Kirche ihren Geistlichen, weltliche Ämter (bzw. kirchliche Ämter an nichtkirchliche Anstalten) zu bekleiden; vgl. Art. 13 Ziff. 1 des polnischen und noch eindeutiger des litauischen Konkordats betr. Mitglieder der kathol.-theol. Universitätsfakultäten und Religionslehrer; hier ist das Nihil obstat als zwingende Anstellungsvoraussetzung auch für den staatlichen Bereich im Sinne des kirchlichen Standpunktes anerkannt.

aus keinen festen und einheitlichen Kurs[16], ebenso wie er im Konkordatsrecht in den verschiedensten Bedeutungen und Funktionen auftritt[17].

Die verschiedenen Benennungen liefern keine brauchbaren Anhaltspunkte für den Inhalt und die Tragweite der Politischen Klausel. Im Gegenteil spiegelt sich in ihnen eine gewisse Ratlosigkeit der Wissenschaft wider. Gerade dieser Umstand macht eine besondere Achtsamkeit im Gebrauch der Begriffe zur Pflicht: sie sind nicht nur imstande, Gedanken wiederzugeben, sondern entfalten ihrerseits eine gewisse selbständige Kraft, mit der sie auf den Gegenstand, den sie ausdrücken, zurückwirken und das Denken in die Kreise ihrer immanenten Konsequenzen locken. Deshalb ist es gut, vor Hemmungen und Verbiegungen der Sacherkenntnis auf der Hut zu sein, wo inadäquate Begriffe gebraucht werden.

2. Abgrenzung

Juristische Begriffe nehmen häufig ihren Inhalt nicht allein aus dem Sachverhalt, den sie darstellen wollen; mitunter werden sie zudem negativ bestimmt durch ihre Gegenbegriffe, von denen sie sich abheben wollen und zu denen sie sich in (konträrem oder kontradiktorischem) Gegensatz befinden. Das gilt vor allem dann, wenn sich ihr Sachgebiet in Auseinandersetzung und in einer Absetzungsbewegung geschichtlich gegenüber sachlich verwandten Gegebenheiten entwickelt hat[18]. Diese Rolle spielen für das politische Erinnerungsrecht das Nominationsrecht und das Ausschließungs-(Veto-)recht.

---

[16] In Widerspruch mit der päpstlichen Erklärung befinden sich selbst der Kurie nahestehende Kanonisten wie Ottaviani (Ius concordatarium Pii XI aaO. S. 288) mit der Wendung „ius praenotificationis seu nihil obstat politicum"; Capello (De natura concordatorum aaO. 8, 1928 S. 17) unterscheidet scharf zwischen dem, wie er sagt, „Nihil obstat" des Art. XI des litauischen Konkordats und einem Nominations- oder Präsentationsrecht oder einem „consensus praevie exquirendus" überhaupt: „... utrumque enim excludit praedictus articulus"; Giannini (Concordati I S. 18, 52 Anm. 1) bezeichnet das konkordatäre Bedenkenrecht geradezu als „il sistema del nulla osta preventivo", was für ihn dasselbe bedeutet wie „ragioni di carattere politico"; vgl. auch aaO. S. 77, 120, 216.

[17] Das hat Weber in seiner dankenswerten Untersuchung über das Nihil obstat in Ztschr. ges. Staatswissensch. 99, 1939 S. 193—244 geklärt.

[18] Vgl. oben S. 40 bis 55.

2. Abgrenzung

a) Die nominatio regia

Sie ist die geschichtlich häufige Erscheinung der positiven Mitwirkung der Staatsgewalt bei der Besetzung der Beschofsstühle[19]. Treffender ist die promiscue gebrauchte Bezeichnung „Präsentation", handelt es sich doch nur um das landesfürstliche Recht, dem Papst geeignete Kandidaten maßgeblich vorzuschlagen[20]. Das Amt wird nicht mit dieser Benennung, sondern erst durch die institutio canonica des Papstes übertragen[21]. Der Unterschied zu dem geltenden Bedenkenäußerungsrecht ist handgreiflich und nie in Frage gestellt.

b) Das Veto

Seit über hundert Jahren verstehen Kirchenrechtswissenschaft und Diplomatie unter „Vetorecht" die dem Irischen Wahlmodus nachgebildete Befugnis[22] der deutschen protestantischen Fürsten, eine persona minus grata aus unkontrollierbaren Gründen zwingend von der Kandidatur auf einen Bischofssitz auszuschließen.

Es heißt die Aufmerksamkeit von diesem Kern der Sache auf Zwischen- und Zweifelsfragen und Formulierungsklippen ablenken, wenn Weber[23] auf eine so akzidentelle Angelegenheit wie die Bezeichnung als persona minus grata zurückgreift und einen Unterschied der Politischen Klausel zum Recht der Mindergenehmheit darin finden will, daß sich hier die staatliche Einwendung in der Form von „politischen Bedenken" geltend macht, während im Recht der protestantischen Fürsten die Bezeichnung als „mindergenehm" den Kandidaten zu Fall brachte. Das würde natürlich nicht hindern, beide Rechtsfiguren systematisch nebeneinander zu stellen und in den „politischen Bedenken" mit Weber nicht mehr

---

[19] Vgl. darüber Stutz, Nominationsrecht, aaO. S. 229 ff.; Hinschius, Kirchenrecht, II S. 292 f.; Mörsdorf, Besetzungsrecht, S. 8 f.; Link, Besetzung, S. 60, 200 Anm. 4; Wernz-Vidal, Ius canonicum, II S. 625.

[20] Diese Unterscheidung wurde besonders in dem zwischen Kurie und französischer Regierung entbrannten Streit um das „Nobis nominavit" um die Jahrhundertwende ausgefochten; vgl. Stutz, Päpstliche Diplomatie, S. 100.

[21] Trotz absolutistischer Anmaßungen (siehe Stutz, Nominationsrecht, aaO. S. 239) definiert Weber (Politische Klausel, S. 34) mindestens mißverständlich, wenn er schreibt, der Inhaber dieses Rechts könne einen Bischofskandidaten „vorschlagen, wenn nicht gar ihn unmittelbar in das Bischofsamt einsetzen"; letzteres kann nur eine Übersetzung des in jedem Fall dem Papst vorbehaltenen, kanonischen „instituere" sein.

[22] Vgl. oben S. 31 f.

[23] Politische Klausel, S. 34.

als „im wesentlichen eine Verfeinerung und Präzisierung der Mindergenehmheit" zu sehen; denn der mindergenehme Kandidat wird „regelmäßig" auch politisch bedenklich sein und umgekehrt, obwohl gerade in dieser Aussage ein wesentlicher Unterschied zwischen dem Recht der Mindergenehmheit und dem politischen Bedenkenrecht verwischt zu werden droht: die inhaltliche U n b e g r e n z t h e i t des landesfürstlichen Vetorechts und die B e s c h r ä n k u n g auf politische Bedenken beim modernen Erinnerungsrecht[23a] — die Nebeneinanderstellung der Begriffe also nur möglich ist, wenn sie in einem landläufigen und nicht juristisch präzisen Sinne gebraucht werden. Aber auch abgesehen davon, beweisen solche am Rande liegende Begriffsverschiebungen und -vertauschungen nichts für das Wesen der Sache. Das ist eine allzu einfache Gleichsetzung auf der Grundlage einer formalen Wortargumentation, ein Spiel mit Äquivokationen, das den geschichtlich und juristisch klar umgrenzten Begriff der Mindergenehmheit auflöst und seines eindeutigen, staatskirchenrechtlichen Sinnes entleert, so daß es zu der angeführten Gleichsetzung kommen kann.

Wir hätten diese terminologischen Prozeduren mit Stillschweigen übergehen können, wenn sie nicht die Untersuchung der Rechtswirkung des politischen Erinnerungsrechts maßgeblich beeinflussen würden. Wenn z. B. im Schlußprotokoll des Reichskonkordats zu Art. 14 Abs. 2 von dem staatlichen Bedenkenrecht festgestellt wird, daß es kein Vetorecht begründen solle, so kann das nach Ausweis des anfangs umschriebenen einhelligen Sprachgebrauchs nur bedeuten: es hat keinen zwingenden Charakter. Anderer Meinung ist Weber. Um trotz dieser Aussage des Schlußprotokolls an dem verbindlichen Charakter staatlicher Einwendungen festhalten zu können, untersucht er, w e l c h e s „Veto" im Schlußprotokoll des

---

[23a] Schon W e h l i t z hatte erkannt, daß hier „eine laxe Terminologie" nur Verwirrung anrichten kann und die grundsätzliche Verschiedenheit der Politischen Klausel von der Mindergenehmheit hervorgehoben (aaO. S. 238 ff.) mit dem Ergebnis: „... aus der Gegenüberstellung mit der Mindergenehmheit ebenso wie aus der Begriffsdefinition der politischen Schwierigkeiten hatte sich ergeben, daß es sich dabei um ein verhältnismäßig b e g r e n z t e s Gebiet von Fällen handelt" (aaO. S. 261). Nicht minder deutlich war auch schon von Hans Erich F e i n e „der v i e l e n g e r e Begriff der politischen Bedenken" vom Recht der Mindergenehmheit abgehoben worden. „Diese E i n e n g u n g — auf Bedenken allgemein politischer Art und die Anfrage unter Wegfall des staatlichen Vetorechts — „kannte das Recht der Mindergenehmheit nicht" (Persona grata, minus grata, aaO. S. 83 Anm. 2 — Sperrung von mir).

2. Abgrenzung

Reichskonkordats gemeint sei, und greift damit in ein Knäuel verzwickter Begriffsbestimmungen, die in fließender und widerspruchsvoller Terminologie eine einfache Unterscheidung ausdrücken wollen: einfach negatives, d. h. „a b s o l u t e s" oder „u n b e s c h r ä n k t e s" Veto.

In den Verhandlungen der deutschen und kurialen Bevollmächtigten um den Inhalt der späteren Zirkumskriptionsbullen ging es um die Frage, ob den Fürsten ein dergestaltiges Ausschließungsrecht eingeräumt werden sollte, daß sie den einen oder anderen Mindergenehmen von der Liste beseitigen dürften[24], oder daß sie ohne jede sachliche Begrenzung und beliebig oft Kandidaten ausschließen dürften, was im Ergebnis auf die indirekte Benennung eines Favoriten hinauslaufen würde. In der hannoverschen Gesandtschaftsinstruktion vom 18. November 1918 und in den darauf erfolgten Fogli confidenziali Consalvis wird die letztgenannte Spielart des Veto übereinstimmend mit dem Begriff „unbeschränktes Veto" belegt[25]. Dieses ist niemals Gegenstand einer Vereinbarung zwischen Staat und Kirche gewesen. Demgegenüber wird in einer badischen Depesche vom 19.[26] Juni 1826 die erstgenannte Prägung unter dem Ausdruck „veto absolu" verstanden[27].

Daneben lassen sich, was Stutz nicht erwähnt, zahlreiche Belege beibringen, wo einfachhin von „Veto" die Rede ist; dann ist durchweg das absolute, nicht das unbeschränkte Veto gemeint. So vor allem der preußische Bevollmächtigte Niebuhr in einer Note vom 10. Februar 1821 an den Grafen Bernstorff: „Die zugestandene Befugnis[28] ist offenbar **mehr als das Veto**, da der Regierung

---

[24] Gegebenenfalls auch die ganze Liste zurückzuweisen berechtigt sein sollten, wenn sie mit Streichung des einen oder anderen Kandidaten nicht auskämen, da dann die Liste nicht dem geltenden Recht entspreche; so interpretiert Stutz, Bischofswahlrecht, S. 70 ff. zutreffend die Rechtslage. Das Veto bedeutet hiernach also nichts anderes, als daß der König nicht zu dulden braucht, daß eine mißliebige Person Bischof wird.

[25] Friedberg, Bischofswahlen, II S. 74 mit I S. 81 und II S. 77; auch bei Stutz aaO. S. 128 f.

[26] Nach Stutz aaO. S. 129; Friedberg aaO. II S. 154 schreibt 29. 6. 1826.

[27] Als „veto absolu" wird hier die Forderung der württembergischen Regierung angeführt, die auf Erlaß eines Breve ging, derart, „daß keine dem Regenten unangenehme Person vom Capitel gewählt und dem Papste zur canonischen Einsetzung präsentiert werden dürfe" (Friedberg aaO. II S. 155 mit I S. 178; Stutz aaO. S. 129).

[28] Gemeint ist der Vorschlag Consalvis, der später fast wörtlich in das Breve übernommen wurde. Die materielle Richtigkeit der Bemerkung interessiert hier nicht; insofern irrt Niebuhr.

keine Schranke für die Verneinung gesetzt ist"[29]. Mit nicht zu überbietender Deutlichkeit ist hier das unbegrenzte Ausschließungsrecht dem „Veto" schlechthin entgegengesetzt. Diese Äußerung ist deshalb von besonderem Gewicht, als sie von dem Bevollmächtigten herrührt, der unter den deutschen Gesandten sich am besten auf dem römischen Terrain auskannte, der auch in die Tätigkeit der übrigen deutschen Unterhändler Einblick hatte und deshalb das Sachgebiet wie kein zweiter beherrschte. — Ähnlich der Hannoveraner Leist in einer Denkschrift über die Stellungnahme der Kurie vom 2. September 1817: „... dem Landesherrn wird das jus dandi exclusivam, oder, wie es jetzt häufig genannt wird, das Veto zugestanden ..."[30] — Veto also ebenfalls im Sinne der päpstlichen Auffassung, wie sie zuerst im Irischen Wahlmodus[31] formuliert war, d. h. gleichbedeutend mit „absolutem" Veto. — Mit dem gleichen Inhalt erscheint der Begriff des Veto ohne Attribut in dem Protokoll einer Konferenz, die der hannoversche Geschäftsträger Ompteda am 4. Oktober 1817 mit Msgr. Mazio hatte[32], desgleichen in der Niederschrift über eine Konferenz des Nachfolgers von Ompteda, des Barons v. Reden und Consalvis vom 17. April 1820[33]. Im gleichen üblichen Sinn wird Veto schließlich auch von der Gesandtschaft der Staaten der Oberrheinischen Kirchenprovinz gebraucht[34]. Nach dem Sprachgebrauch sämtlicher deutschen Unterhändler ist „Veto" schlechthin und ohne Zusatz also gleichbedeutend mit begrenztem, „absolutem" Veto, sogar dann, wenn sie wie Niebuhr glauben, ein „unbeschränktes" Veto eingeheimst zu haben[35].

Die deutschen Diplomaten wußten durchweg hierin sauber zu unterscheiden und eindeutig zu formulieren. Weniger die Kirchenrechtswissenschaft des 19. Jahrhunderts in zahlreichen ihrer Ver-

---

[29] Friedberg, Bischofswahlen, I S. 58.
[30] Friedberg aaO. II S. 58.
[31] Vgl. oben S. 30 Anm. 12.
[32] Friedberg aaO. I S. 74; vgl. auch Mejer, Veto, S. 18.
[33] Friedberg aaO. I S. 85.
[34] z. B. aaO. I S. 104.
[35] Wenn man das unbeschränkte Ausschließungsrecht meint, ist die Bezeichnung „Veto" stets durch ein Attribut oder einen attributiven Nebensatz von der sonst üblichen Bedeutung abgehoben.

treter[36], die „unbeschränktes" und „absolutes" oder „unbedingtes" Veto vielfach unterschiedslos und gleichbedeutend gebrauchen. Erst Ulrich Stutz hat in einem ausführlichen Exkurs[37] unter Bezugnahme auf die erstgenannten diplomatischen Schriftstücke die Begriffe gereinigt und die Unterscheidung in das Licht gehoben[38].

Damit dürfte der Boden bereitet sein für den Versuch, demnächst vom „Veto"-Begriff und dem „Veto"-Recht her das politische Erinnerungsrecht negativ zu bestimmen, wie es das Schlußprotokoll zu Art. 14 Abs. 2 des Reichskonkordats in der eingangs angeführten Wendung unternimmt. Vor allem dürfte auch klar geworden sein, was man unter einem „echten Veto"[39] zu verstehen hat: nichts anderes als das bloß negative, „absolute" Veto.

IV. Das politische Erinnerungsrecht in den Konkordaten

1. Die ältesten Politischen Klauseln

Die Einflußnahme des Staates auf die Verleihung des Bischofsamtes beschränkt sich heute fast überall auf die Geltendmachung „politischer Bedenken" gegen einen Kandidaten, den das Kapitel bereits gewählt oder — was weitaus die Regel ist — der Papst für die Ernennung unmittelbar in Aussicht genommen hat. Die ältesten Beispiele dieses in unserem Jahrhundert gemeinkonkordatären

---

[36] So Friedberg, wenn er das „veto illimité" der Note des Baron v. Reden an Consalvi vom 16. Juli 1819 (Bischofswahlen, II S. 76) mit dem Ausdruck „absolutes Veto" wiedergibt (aaO. I S. 83) und (aaO. S. 187) diesen Begriff dahingehend erläutert: „... darunter verstanden die Staatsmänner jener Zeit das den Regenten zustehende Recht, die Wahl auf e i n e ihm genehme Person zu beschränken". — Das Gegenteil ist richtig. Weitere Nachweise bei Stutz, Bischofswahlrecht, S. 129.

[37] aaO. S. 128 ff.

[38] Diese bedeutsame Unterscheidung zwischen den zwei sich ausschließenden Begriffen ist sprachlich leider wenig glücklich gefaßt und in der Tat geeignet, Unklarheiten aufkommen zu lassen; es besteht die Gefahr, daß sie ohne Bestimmtheit und Gleichmäßigkeit angewandt und durchgeführt wird, weil „absolut" und „unbegrenzt" ihrer ursprünglichen Bedeutung nach als auch in ihrem heute landläufigen Wortsinn sich weitgehend decken. Wenngleich es schwierig ist, in diesen Sprachgebrauch mit seiner starken geschichtlichen Resonanz einzugreifen, so besteht doch kein Grund, die Formulierung starr weiterzuführen. Mindestens vermögen wir durch Zusätze wie „bloß negativ" das „absolut" näherhin zu bestimmen und einer Verwechslung mit „unbeschränkt" vorzubeugen. Am besten wäre es, wenn sich der Begriff „n e g a t i v e s Veto" einbürgern würde.

[39] Weber spricht davon (Politische Klausel, S. 98).

IV. Das politische Erinnerungsrecht in den Konkordaten

Rechts finden sich in den Konkordaten mit Montenegro (1886) und Kolumbien (1887)[1]. Darin verpflichtet sich der Hl. Stuhl übereinstimmend, den Namen des Kandidaten vor der Ernennung der Regierung von Montenegro bzw. dem Präsidenten der Kolumbischen Republik mitzuteilen, um zu erfahren, ob Gründe (Montenegro: Tatsachen oder Gründe) p o l i t i s c h e r oder b ü r g e r - l i c h e r Ordnung gegen ihn vorlägen (Kolumbien, fortfahrend: deretwegen die Kandidaten minder genehm sein könnten). In der Vereinbarung mit Kolumbien ist außerdem an die Spitze dieses hier breit ausholenden Artikels der Grundsatz des päpstlichen Institutionsrechts gestellt, das der Papst aber jeweils erst nach Feststellung der Willensmeinung des Präsidenten ausüben will. Dieser kann seine Meinung in der unmittelbaren Empfehlung geeigneter Geistlichen zum Ausdruck bringen; ergreift Rom die Initiative, so hat der Präsident, wie die Regierung von Montenegro, das Recht, Bedenken bürgerlicher oder politischer Natur zu äußern.

Eine weitere Politische Klausel enthält das Konkordat mit Serbien (1914) in bezug auf den Erzbischofsstuhl von Belgrad und den Bischofsstuhl von Skoplje (türkisch: Üsküb)[2].

Damit ist nicht nur ein neuer, konstruktiver Gedanke in das alte System der Mindergenehmheit gefügt. Wir haben es hier mit echten Politischen Klauseln zu tun[3], die den Klauseln der großen Konkordatsära des dritten und vierten Jahrzehnts unseres Jahrhunderts —

---

[1] M o n t e n e g r o , Art. 2: „Sua Santità prima di nominare definitivamente l'Arcivescovo di Antivari, parteciperà al Governo la persona del Candidato per conoscere se vi siano f a t t i o r a g i o n i d i o r d i n e p o l i t i c o o c i v i l e in contrario."
K o l u m b i e n , Art. 15: „Vicissim Sancta Sedes priusquam episcopum quem nuncupet, nomina candidatorum quos provehere animo cogitet, semper Praesidi praesignificavit eum in finem ut dignoscat num is c i v i l i s a u t p o l i - t i c i o r d i n i s causas habeat cur candidatorum personae sint ipsi minus gratae." Mercati, Raccolta S. 1048 bzw. S. 1051.

[2] S e r b i e n , Art. 4: „Sua Santità, prima di nominare definitivamente l'Arcivescovo di Belgrado ed il Vescovo di Scopia, notificherà a Regio Governo la persona del rispettivo candidato per conoscere se vi siano fatti o r a g i o n i d i o r d i n e p o l i t i c o o c i v i l e in contrario." Mercati, Raccolta, S. 1100.
Von den drei genannten Konkordaten ist nur noch die Vereinbarung mit Kolumbien in Kraft; vgl. Perugini, Concordata, S. 327 ff.; Link, Besetzung, S. 72 Anm. 108.

[3] Auch Restrepo Restrepo, Concordata, S. 11 Anm. 6, stellt die Vereinbarung mit Kolumbien, die er für die erste hält — er übersieht die Abmachung mit Montenegro — in eine Linie mit den späteren Klauseln.

nicht nur „formulierungstechnisch"[4] — als Vorbilder gedient haben. Sie weisen die beiden wesentlichen Merkmale auf, durch die das politische Bedenkenrecht von dem Vetorecht der protestantischen Fürsten sich unterscheidet: Beschränkung auf Bedenken, die für den Staat ein spezifisches Interesse haben, und Abwertung der Durchschlagskraft staatlicher Vorstellungen auf ein bloßes, unverbindliches Erinnerungsrecht[5]. In der Verbindung dieser beiden Hemmungen liegt die Eigenart der Politischen Klausel.

Daß ihre ersten Erscheinungsformen noch in der äußeren Form und dem zulässigen inhaltlichen Ausmaß der Erinnerung an das Recht der Mindergenehmheit gemahnen, aus dem sie hervorgegangen sind, wird niemanden in Erstaunen setzen, der die Zähigkeit und das Beharrungsvermögen der in den Beziehungen von Staat und Kirche gewachsenen Rechtsfiguren kennt. So kann der Ausdruck personae minus gratae in Art. 15 des Konkordats mit Kolumbien[6] nicht die Strukturverschiedenheit beider Institute verwischen. Das innere Wesen entscheidet, nicht eine formelle Ausdrucksweise. Ebensowenig darf man der Einbeziehung des ordo civilis in den Bereich, aus dem sich Bedenken zulässigerweise herleiten können, mit Werner Weber[7] eine zu große und grundsätzliche Bedeutung beimessen. Hierin äußert sich zunächst das unerfahrene und tastende Vorgehen der ersten Versuche; wenn im übrigen nach den Darlegungen des vorigen Kapitels die Politische Klausel als Reaktion gegen geistige und politische Umschichtungsvorgänge des 19. Jahrhunderts zu verstehen ist, erklärt sich das außerdem ganz einfach daraus, daß die kirchenpolitischen Folgerungen einer staatsrechtlichen Entwicklung erst in einigem Abstand nachhinken. Wenn eine Regierung auch aus bürgerlichen Gesichtspunkten sich gegen Bischofskandidaten unverbindlich[8] erklären darf, so steht das noch nicht notwendig in Widerspruch zu der „agnostischen" Natur des modernen Staates und konnte von der Kurie unbesehen hingenommen werden, weil es ihr freistand, welches Gewicht sie den Bedenken der Staatsregierungen beimessen

---

[4] Weber, Politische Klausel, S. 21.
[5] Das ist die Regel (vgl. oben S. 34 mit Anm. 30); später (S. 198 ff.) werden uns einige Ausnahmen begegnen.
[6] o. S. 64 Anm. 1.
[7] Politische Klausel, S. 21.
[8] Die drei Klauseln mit Montenegro, Kolumbien und Serbien eröffneten den Staaten nur ein unverbindliches Erinnerungsrecht, wie sich aus dem Wortlaut („per conoscere se", „dignoscat num" — dazu vgl. u. S. 186) eindeutig ergibt.

wollte⁹. Diese, wenn man will, „staatsbürgerliche Klausel" ist aber dort ein Fremdkörper, wo von dem staatlichen Zuständigkeitsbereich mit Erfolg eine staatsfreie bürgerliche Privatsphäre ebenso wie eine staatsfreie Wirtschaft und eine staatsfreie Kultur abgehoben ist. Dieser rein weltliche Vorgang wirkte nicht unmittelbar auf die kirchliche Ebene hinüber; die Kirche konnte ihn deshalb, nachdem sie seit Jahrzehnten einen beispiellosen Vergeistigungsprozeß durchgemacht hatte[10], längere Zeit unbemerkt lassen und hat für das Besetzungsrecht der drei Vorweltkriegskonkordate daraus noch keine Folgerungen gezogen.

Es mag zutreffen, daß die Kurie die neue Rechtsform an drei „Punkten ausnahmsweise schwachen Widerstandes" durchgesetzt hat[11]. Genaues ließe sich darüber nur bei Kenntnis der Noten und Verhandlungsprotokolle des Vatikans und der beteiligten Regierungen ausmachen. Der politische „Rang" dieser Staaten allein ist noch kein Beweis[12]. Es ist bekannt, daß auch kleine Staaten etwa vom Range Ecuadors[13] den Bestrebungen der Kurie erheblichen Widerstand entgegensetzen konnten. Im übrigen erklärt sich das „singuläre"[13a] Auftreten dieser neuartigen Regelung daraus, daß die „Ära" der Politischen Klausel nicht gut außerhalb einer Konkordatsära liegn kann.

Es sind vielmehr tieferliegende, staatsrechtliche Wandlungen im Sinne der oben (S. 39 ff. u. 43 ff.) herausgestellten geistigen Ent-

---

⁹ Wo das nicht der Fall war, hatte Gregor XVI. die Entchristlichung und Kirchenfeindschaft liberaler Staatsgesinnung schon sehr bald mit seinen Vorstößen gegen das landesherrliche Ausschließungsrecht beantwortet; vgl. o. S. 50 ff.
[10] Vgl. o. S. 48 f.
[11] So vermutet Weber, Politische Klausel, S. 21.
[12] Wie sehr diese Entwicklung zur Beschränkung staatlicher Einmischung im Zuge der Zeit lag, ist auch aus folgendem zu ersehen: Im gleichen Jahre, als der Hl. Stuhl die erste Politische Klausel mit Montenegro vereinbarte, versuchte Portugal, das für alle Bistümer seiner europäischen und außereuropäischen Reichsteile das Nominationsrecht besaß, vergeblich, diese auch auf die neu zu errichtenden Bistümer in Indien auszudehnen. In dem Konkordat vom 23. 6. 1886 (Mercati, Raccolta, S. 1029 ff.) wurde nur das bisherige Nominations(Patronats-)recht für die bischöflichen Stühle der Kirchenprovinz Goa mit den Suffragansitzen Damao-Cranganor, Cochim und San Tommaso di Meliapor bestätigt (Art. 4); für die Bistümer Bombay, Mangalor, Quibon und Madura wurde der Krone nur ein Präsentationsrecht gewährt, das auf einen Dreiervorschlag der Provinzialbischöfe eingeengt war (Art. 7). „Für das übrige Ostindien behielt sich der Hl. Stuhl volle Freiheit in der Besetzung der Bistümer vor" (Link, Besetzung, S. 281 f.).
[13] Vgl. Rothenbücher, Trennung, S. 371 ff.; Link, Besetzung, S. 51.
[13a] Weber, aaO.

wicklungslinien des 19. Jahrhunderts, die in den genannten drei Staaten die Vereinbarung eines politischen Erinnerungsrechts begünstigten. Keineswegs zufällig ist es, wenn eine der ersten Klauseln einem Staat eingeräumt wurde, in dem Liberalismus und Parteiwesen seit dem vierten Jahrzehnt des vorigen Jahrhunderts in zahlreichen Revolutionen blutige Orgien gefeiert und die Kirche sehr in Mitleidenschaft gezogen hatten.

K o l u m b i e n – die Politische Klausel dieses Konkordats[14] zeigt zudem in ihrer Ausführlichkeit anschaulicher als die ein Jahr frühere Vereinbarung mit Montenegro die Ungeübtheit eines frühen Versuchs – war vor allem um die Mitte des 19. Jahrhunderts das Versuchsfeld eines radikalen, kirchenfeindlichen Liberalismus. Die Verfassung von 1863 führte die Trennung von Staat und katholischer Kirche durch, zu der sich fast die gesamte Bevölkerung bekennt, und zog die Kirchengüter ein. Schon 1852 hatte Kolumbien Pius IX. Anlaß zu einem feierlichen Protest gegeben, als es allen Einwanderern unterschiedslos Kultusfreiheit gewährte[15]. – Die mit Leidenschaft ausgetragenen wechselvollen Kämpfe zwischen Liberalen und Konservativen lieferten besonders drastische Farben zu dem Bild, das sich Rom schon an Hand des französischen Parlamentarismus von einer Parteienherrschaft hatte machen müssen[16]. – Auch an der dritten, für die Ausbildung des Bedenkenrechts als maßgeblich bezeichneten Ursachen (o. S. 48) fehlte es in Kolumbien keineswegs: Zur Zeit des Konkordatsabschlusses war die katholische Kirche für dieses Land tatsächlich mehr als eine „Großmacht". Der konservative Präsident Rafael Núñez (1880–1882 und 1884–1894) hatte unter dem Schlagwort „La Regeneración" eine Neuordnung des Landes durchgeführt und die Kirche „in einem für die neuere Zeit einzig dastehenden Masse"[17] wieder zu einer maßgebenden Macht im öffentlichen Leben, d. h. zur Staatskirche, gemacht und ihre Rechte in der Verfassung vom 4. August 1886[18] und im Konkordat

---

[14] Vgl. dazu Mörsdorf, Besetzungsrecht, S. 11; Restrepo Restrepo, Concordata, S. 11 Anm. 6.

[15] Dieser Umstand veranlaßte auch die These 78 des Syllabus von 1864; vgl. Böckenhoff-Koeniger, Katholische Kirche und moderner Staat, S. 134, 38 f.

[16] Vgl. oben S. 46 ff.

[17] Rothenbücher, Wandlungen, aaO. S. 376.

[18] Posener, Staatsverfassungen des Erdballs, S. 1070 ff. Sie ist mit für diesen Zusammenhang unwesentlichen Änderungen aus den Jahren 1905, 1910 und 1930 noch heute in Geltung; ebenfalls das Konkordat; vgl. o. S. 64 Anm. 1.

von 1887[19] gesichert. Kolumbien darf somit als das klassische Beispiel für das Wirken der früher beschriebenen drei Grundkräfte bezeichnet werden.

Die Politischen Klauseln in den Konkordaten mit M o n t e n e g r o [20] (1886) und S e r b i e n (1914)[21] wären als Reflexe der gesamteuropäischen Entwicklung (deren Bannerträger die westlichen Demokratien waren und noch sind) schon genügend erklärt, zumal es für die übernationale Kurie naheliegen mußte, die in einer Reihe von Staaten gemachten Erfahrungen sich in ihren Beziehungen zu anderen Staaten auswirken zu lassen, vor allem, wenn deren Entwicklung einen ähnlichen Weg nehmen mochte. In der Tat mehrten sich im letzten Viertel des vergangenen Jahrhunderts — nicht zuletzt auf den Druck der auf dem Berliner Kongreß 1878 versammelten Großmächte — in beiden Staaten die Anzeichen, die in die gleiche Richtung wiesen. Damals waren die neuen Balkanstaaten[22] wie in die europäische Völkerrechtsgemeinschaft so auch in die geistesgeschichtliche Linie der Zeit eingeordnet worden. Montenegro wurde unter dem Fürsten Nikola (1860–1914; seit 1910 König) ein „in jeder Beziehung n e u e s Land"[23]. Serbien erlebte 1889 eine derart parlamentaristische Verfassungsreform, daß neben Belgien kein anderer monarchischer Staat in Europa eine gleich freiheitliche Charte besaß[24]. Überdies war in Serbien schon lange vor dem ersten Weltkrieg eine radikale Partei am Ruder, die unter griechisch-orthodoxem Einfluß das großserbische Ideal im Sinne der Vereinigung aller „Rechtgläubigen" zur Leitidee der serbischen Politik machte[25]. Endlich hatte der Berliner Vertrag vom 13. Juli 1878[26] für Montenegro (Art. 27) und Serbien (Art. 35)[27] den liberalen

---

[19] Die Verfassung hatte in Art. 56 einen Vertrag mit dem Hl. Stuhl vorgesehen.
[20] o. S. 64 Anm. 1.
[21] o. S. 64 Anm. 2.
[22] Neben Serbien und Montenegro wurden Bulgarien und Rumänien unabhängig.
[23] Copcevic, Geschichte von Montenegro und Albanien, S. 457 (Sperrung im Original).
[24] Sie wurde zwar 1895 durch die alte Verfassung von 1869 verdrängt, trat aber schon 1901 mit geringen Veränderungen wieder in Geltung. Posener, Staatsverfassungen des Erdballs, S. 863 ff.; Kanitz, Königreich Serbien, S. 333.
[25] Holzer, Erwin, Entstehung des jugoslawischen Staates, eine völkerrechtlich-politische Studie, Berlin 1929, S. 11 und die dort Angeführten.
[26] Recueil des traités de la France, XII S. 316 ff.
[27] Ebenfalls für Bulgarien (Art. 5) und Rumänien (Art. 44).

Grundsatz der Religionsfreiheit für alle Kulte verfügt[28] und ausdrücklich bestimmt: „... aucune entrave ne pourra être apportée... à l'organisation hiérarchique des différentes communions"[28a]. Diese Grundlagen des serbischen und montenegrinischen Staatsrechts[29] gaben dem Papst besondere Veranlassung, den orthodox-nationalistischen Bestrebungen in Serbien[30] Widerstand entgegenzusetzen, weshalb die im März 1897 mit dem Wiener Nuntius angeknüpften Verhandlungen[31] erst 1914 zur Unterzeichnung eines Konkordats führten, in dessen Art. 4 Serbien dasselbe politische Erinnerungsrecht wie Montenegro erhielt[32].

2. Übersicht über die Politischen Klauseln der großen Konkordatsära

Nach dem ersten Weltkrieg war es zunächst die französische Republik, die nach Wiederaufnahme normaler Beziehungen zum Vatikan ein politisches Erinnerungsrecht zu erlangen wußte. In einem vereinbarten „Aide mémoire" vom Mai 1921[33], das der Kardinalstaatssekretär dem französischen Geschäftsträger zugehen ließ, ist der französischen Regierung das Recht eingeräumt, gegen einen Kandidaten vom politischen Standpunkt Einwendungen zu

---

[28] Die Art. I beider Konkordate bekräftigen ebenfalls die „freie und öffentliche Ausübung der römisch-katholischen Religion" (Mercati, Raccolta, S. 1048 u. 1100).

[28a] Einen lebendigen Eindruck von dem politischen Gewicht dieser Forderung vermittelt Serge M a i w a l d, Der Berliner Kongreß 1878 und das Völkerrecht, Die Lösung des Balkanproblems im 19. Jahrhundert, Stuttgart 1948, S. 49, 62, 85.

[29] „La base de droit public" formuliert Art. 5 für Bulgarien. — Auch hier sind für unseren Zusammenhang nicht die einschneidenden völkerrechtlich grundgelegten Auflagen als solche und die daraus sich ergebenden eindeutigen Folgerungen für den „Rang" dieser Staaten von Interesse. — Das Verhältnis zum Vatikan wird, wie die Erfahrung lehrt, durch solche Qualifikationen in der Regel nicht berührt —, sondern durch die auf einer ganz anderen Ebene liegende Änderung der Staatsgesinnung in dem besprochenen Sinn.

[30] Kanitz, Königreich Serbien, S. 638; Mousset, Royaume Serbe Croate Slovène, S. 126 f.

[31] Nach einem auf den Abschluß eines Konkordats abzielenden Besuch des Königs Alexander im Vatikan am 26. 11. 1896.

[32] Auch sonst stehen sich die Konkordate mit beiden Ländern inhaltlich nahe.

[33] Mitgeteilt von Victor Martin, La Choix des evêques dans l'Eglise actuelle in der Documentation catholique, XIII 1925 Sp. 1372; bei Weber, Politische Klausel, S. 22 Anm. 2; Giannini, Concordati, S. 52 f. Anm. 1.

erheben³⁴. In knappster Form bietet sich uns hier eine echte Politische Klausel, die in der Umschreibung des maßgeblichen Begriffs der politischen Einwendungen inhaltlich mit den konkordatären Regelungen übereinstimmt³⁵.

Ein Vergleich sämtlicher Klauseln zeigt eine auffallende Ähnlichkeit oder gar Übereinstimmung der entscheidenden Formulierungen³⁶. Ohne daß wir hier schon auf die (in den Anmerkungen ge-

---

³⁴ „... c'est au cardinal Secrétaire d'Etats qu'il appartient d'interroger S. Exc. l'ambassadeur français si le Gouvernement a quelque chose à dire au point de vue politique contre le candidat choisi." Nach Martin aaO. wird abweichend von diesem Wortlaut die Anfrage durch den Pariser Nuntius an den französischen Außenminister gerichtet (bei Weber aaO.).

³⁵ Weil sie nicht in einem feierlichen Vertrag auftritt und ihr Wortlaut dementsprechend auch nicht die sonst übliche Bestimmtheit und definitive Ausführlichkeit aufweist, wird sie gemeinhin nicht in die Aufzählung der Politischen Klauseln aufgenommen, zu Unrecht, weil nicht die Verschiedenheit in der äußeren Form, sondern die Übereinstimmung in der sachlichen Bedeutung entscheidet.

³⁶ Lettland (1922) Art. IV: „Le Saint-Siège avant de nommer l'Archevêque de Riga, notifiera au Gouvernement de Lettonie le candidat qu'il a choisi, pour savoir si, du point de vue politique, le Gouvernement n'a pas d'obiections à formuler contre ce choix."

Bayern (1924) Art. 14 § 1: „In der Ernennung der Erzbischöfe und Bischöfe hat der Hl. Stuhl volle Freiheit ... Vor der Publikation der Bulle wird dieser in offiziöser Weise mit der Bayerischen Regierung in Verbindung treten, um sich zu versichern, daß gegen den Kandidaten Erinnerungen politischer Natur (obbiezioni di ordine politico) nicht obwalten."

Polen (1925) Art. XI: „Le choix des Archevêques et des Evéques appartient au Saint-Siège. Sa Sainteté consent à s'adresser au Président de la République, avant de nommer les Archevêques et les Evéques diocésains, les coadjuteurs cum iure successionis; de même que l'Evêque d'Armée, pour s'assurer que le Président n'a pas de raisons de caractère politique à soulever contre ces choix."

Litauen (1927) Art. XI entspricht wörtlich dem Art. XI des polnischen Konkordats.

Tschechoslowakei (1927) Art. IV: „Le Saint Siège avant de procéder à la nomination des Archevêques et des Evêques diocésains, des Coadjuteurs cum iure successionis ainsi que de l'Ordinaire de l'armée, communiquera au Gouvernement Tchécoslovaque le nom du candidat pour s'assurer que le Gouvernement n'a pas des raisons de caractère politique à soulever contre ce choix ... On entend par objections de caractère politique toutes les objections que le Gouvernement serait à même de motiver par des raisons qui ont trait à la sécurité de l'Etat, par exemple que le candidat choisi se soit rendu coupable d'une activité politique irrédentiste, séparatiste ou bien dirigée contre la Constitution ou contre l'ordre publique du pays ..."

Rumänien (1927) Art. V § 2: „Le Saint-Siège, avant leur (ceux qui seront appelés a gouverner les Dioceses aussi bien que leurs Coadjuteurs cum iure successionis, aussi que le Chef spirituel des Arméniens) nomination, notifiera au

2. Übersicht über die Politischen Klauseln der großen Konkordatsära

sperrte) inhaltliche Umschreibung des Begriffs der politischen Bedenken und deren Einzel- und Besonderheiten näher eingehen

Gouvernement Royal la personne à nommer pour constater, d'un commun accord, s'il n'y aurait pas contre elle des r a i s o n s d'o r d r e p o l i t i q u e."
P o r t u g a l (1928) Art. VI: „... b) per il tramite di Mgr. Nunzio Apostolico di Lisbona o della Legazione del Portogallo presso il Vaticano, la Santa Sede trasmetterà confidenzialmente a Sua Eccellenza il Presidente della Republica Portoghese il nome del candidato scelto; c) il Presidente della Republica, se il candidato non offre d i f f i c o l t à d i o r d i n e p o l i t i c o (dificuldade de ordem politica), ne presenterà ufficialmente il nome alla Santa Sede ..."
I t a l i e n (1929) Art. 19: „La scelta degli Arcivescovi e Vescovi appartiene alla Santa Sede. Prima di procedere alla nomina di un Arcivescovo o di un Vescovo diocesana o di un coadiutore cum iure successionis, la Santa Sede comunicherà il nome della persona prescelta al Governo italiano per assicurarsi che il medesimo non abbia r a g i o n i d i c a r a t t e r e p o l i t i c o da sollevare contro nomina ..."
P r e u ß e n (1929) Art. 6: „... Der Heilige Stuhl wird zum Erzbischof oder Bischof niemand bestellen, von dem nicht das Kapitel nach der Wahl durch Anfrage bei der Preußischen Staatsregierung festgestellt hat, daß B e d e n k e n p o l i t i s c h e r A r t (obbiezioni di carattere politico) gegen ihn nicht bestehen ..." Art. 7 lautet entsprechend betr. praelatus nullius und Coadjutor mit dem Rechte der Nachfolge.
B a d e n (1932) Art. III Ziff. 2: „Vor der Bestellung des vom Domkapitel zum Erzbischof Erwählten wird der Heilige Stuhl beim Badischen Staatsministerium sich vergewissern, ob gegen denselben seitens der Staatsregierung B e d e n k e n a l l g e m e i n - p o l i t i s c h e r, n i c h t a b e r p a r t e i p o l i t i s c h e r A r t (obbiezioni di carattere politico generale, rimanendo escluse quelle riguardanti il partito politico) bestehen."
D e u t s c h e s R e i c h (1933) Art. 14 Ziff. 2: „Die Bulle für die Ernennung von Erzbischöfen, Bischöfen, eines Coadjutors cum iure successionis oder eines Praelatus nullius wird erst ausgestellt, nachdem der Name des dazu Ausersehenen dem Reichsstatthalter in dem zuständigen Lande mitgeteilt und festgestellt ist, daß gegen ihn B e d e n k e n a l l g e m e i n p o l i t i s c h e r N a t u r (obbiezioni di carattere politico generale) nicht bestehen ..."
Ö s t e r r e i c h (1934) Art. IV § 2: „Bevor an die Ernennung eines residierenden Erzbischofs, eines residierenden Bischofs oder eines Koadjutors mit dem Rechte der Nachfolge wie auch des Prälaten Nullius geschritten wird, wird der Heilige Stuhl den Namen des in Aussicht Genommenen oder des Erwählten der österreichischen Bundesregierung mitteilen, um zu erfahren, ob sie G r ü n d e a l l g e m e i n p o l i t i s c h e r N a t u r (ragioni di carattere politico generale) gegen die Ernennung geltend zu machen hat ..."
J u g o s l a w i s c h e r K o n k o r d a t s e n t w u r f (1935) Art. III Abs. 3: „Avant de procéder à la nomination des Archevêques et Evêques diocèsains, comme aussi des Coadjuteurs avec droit de succession, le Saint-Siège interrogera confidentiellement le Gouvernement yougoslave, pour savoir s'il y a contre le candidat des o b j e c t i o n s d e c a r a c t è r e p o l i t i q u e g é n é r a l" (bei Link, Besetzung, S. 228 Anm. 50; da nicht ratifiziert, amtlich nicht veröffentlicht).
E c u a d o r (1937) Art. 7: „... wird der Hl. Stuhl der Regierung von Ecuador vorgängig den Namen der Persönlichkeit mitteilen, die zum Erzbischof, Bischof

könnten[37], sei doch bereits auf die hier wie auch sonst ins Auge fallenden terminologischen und syntaktischen Entsprechungen hingewiesen. Vor allem ist in sämtlichen Vereinbarungen ausdrücklich[38] oder stillschweigend vorausgesetzt, daß dem Papst das freie Besetzungsrecht gebührt[39].

Diese erstaunliche Einheitlichkeit und Folgerichtigkeit[40] in der Gestaltung des politischen Erinnerungsrechts in den 18 Konkordaten und Abmachungen aus der Zeit nach dem ersten Weltkrieg

oder Koadjutor mit dem Rechte der Nachfolge auserwählt worden ist, um sich in gemeinsamem Einvernehmen mit der Regierung (d'un commun accord) zu versichern, daß keine B e d e n k e n a l l g e m e i n p o l i t i s c h e n C h a r a k t e r s vorhanden sind, die dieser Ernennung entgegenstehen könnten (bei Link, Besetzung, S. 285 f.; im übrigen nur zugänglich in französischer Übersetzung aus dem spanischen Urtext in: La Documentation Catholique 39, 1938 S. 195—197).

P o r t u g a l (1940) Konkordat Art. X: „.. La Santa Sede, prima di procedere alla nomina di un Arcivescovo o Vescovo residenziale, o di un Coadiutore cum iure successionis, salvo quanto è disposto nei riguardi del Patronato e del Semi-Patronato, communicherà il nome della persona scelta al Governo Portoghese, per sapere se contro di essa vi siano o b b i e z i o n i d i c a r a t t e r e p o l i t i c o g e n e r a l e (objecçoes de caracter politico general)" (Acta Apostolicae Sedis, 1940, XXXII, p. 217 ss. (223 s.).

P o r t u g a l (1940) Missionsvertrag Art. 7: stimmt wörtlich mit der Politischen Klausel des Art. X des Konkordats überein, abgesehen von dem Vorbehalt zugunsten der Patronate und Semipatronate, der im Missionsvertrag fehlt (aaO. p. 239).

S p a n i e n (1941) Art. 3 Abs. 2: diese jüngste Politische Klausel ist unten S. 207 f. Anm. 2 im Rahmen der übrigen Bestimmungen dieser Konvention wiedergegeben.

Die Politischen Klauseln sind vorstehend in chronologischer Reihenfolge aufgeführt. Soweit sie bis 1934 abgeschlossen waren (einschließlich Österreich), erübrigt sich die Angabe der Fundstelle in den AAS, da sie in den von Perugini und Restrepo Restrepo veranstalteten Konkordatssammlungen leichter zugänglich sind. (Während Perugini die Originaltexte widergibt, sind bei Restrepo Restrepo sämtliche Konkordate in lateinischer und französischer Sprache dargeboten, außerdem in der Sprache der staatlichen Konkordatspartner, soweit diese die Originalfassung ist.) Die jüngere Konkordatsausgabe von Mario Nasalli-Rocca de Corneliano, Concordatorum Pii XI. P. M. Concordantiae, Roma 1940, war mir nicht zugänglich.

[37] Die späteren Darlegungen, vor allem über die materiell-inhaltliche Seite des Bedenkenrechts, werden den hier gewonnenen Eindruck der unverkennbaren Gleichförmigkeit noch wesentlich vertiefen.

[38] So in den Vereinbarungen mit Bayern, Polen, Litauen, Italien, dem Deutschen Reich, Österreich und Ecuador.

[39] Übereinstimmend Weber, Politische Klausel, S. 22 f. — In der Form macht die Regelung der Konvention mit Portugal vom 3. Mai 1928 eine Ausnahme, nicht in der Sache; vgl. unten S. 176 f.; vgl. aber die Konvention mit Spanien, unten S. 181 ff.

[40] Sie wird auch von Weber wiederholt hervorgehoben (aaO. S. 22, 25).

kennzeichnet die Politischen Klauseln als ureigene Schöpfungen der vatikanischen Diplomatie. Mit einer in einem dreiviertel Jahrtausend geübten Sachkunde im Abschluß von Konkordaten[41] und kaum beeinträchtigt durch die Unruhe und die Unrast im Leben der modernen Staaten und den Kursänderungen ihrer Politik hat sie mit den Repräsentanten der verschiedensten Völker, Sprachen, Kulturen und Regierungsformen den einmal ins Auge gefaßten Grundsatz in fast schematischer Weise vertragsmäßig festgelegt. Die Abweichungen in überwiegend unwesentlichen Einzelheiten sind vielfach auf staatsrechtliche Besonderheiten des Vertragspartners[42] oder geschichtliche Gegebenheiten[43] zurückzuführen. Von staatlicher Seite ist nur in Einzelfällen eine durchgreifende Abwandlung des von der Kurie aufgestellten Typus erreicht worden[44].

Diese Feststellung schließt von vornherein den Gedanken aus, die Politische Klausel grundsätzlich und in ihrem ganzen Sinngehalt als ein „dilatorisches Formelkompromiß"[45] zwischen Papst und Staatsregierung anzusprechen, was bedeuten würde, daß die Konkordatspartner sich in der Sache nicht geeinigt hätten; daß sie vielmehr den Dualismus ihrer sich widersprechenden Standpunkte unversöhnt in die Klausel hineingetragen und ihn durch eine mehrdeutige, allen Ausflüchten und Verflüchtigungen dienende Formel verschleiert hätten; der Kampf um die unausgeglichenen Auffassungen wäre auf spätere konkrete Fälle hinausgeschoben, so daß erst dann die wirkliche Entscheidung über die beiderseitigen Befugnisse fallen würde.

---

[41] Nach Angelo Mercati, Raccolta di Concordati, hat die Kurei von 1122 bis 1914 allein 133 Konkordate als Erfolg ihrer Diplomatie buchen können.

[42] Z. B. die Einschaltung der Reichsstatthalter nach Art. 14 Ziff. 2 des Reichskonkordats.

[43] Z. B. die Fassade eines Scheinpräsentationsrechts in Art. 6 der Konvention mit Portugal, hinter der sich nichts anderes als eine Politische Klausel verbirgt; vgl. Anm. 3.

[44] Es trifft deshalb nicht den Sachverhalt, wenn Wolfgang Becker, Die „politische Klausel", S. 48 sagt, die „Politische Klausel habe mit Zustimmung der Kirche geschaffen werden können."

[45] Diesen Begriff prägte Carl Schmitt, Verfassungslehre, S. 31 ff. (vgl. auch Hüter der Verfassung, S. 44, 48; Die neutralen Größen im heutigen Verfassungsstaat, in: Politische Wissenschaft 10, 1931 S. 52 f.) für gewisse Verfassungsbestimmungen, besonders des zweiten Hauptteils der Weimarer Verfassung. Carl Schmitt führt als Beispiel an die Art. 137 ff., die das Verhältnis von Staat und Kirche regeln.

IV. Das politische Erinnerungsrecht in den Konkordaten

Es liegt auf der Hand, daß dieses von Weber[46] vertretene Urteil der Politischen Klausel viel von ihrem praktischen Wert raubt. Es vertagt und verlegt die Sinngebung des staatlichen Bedenkenrechts weitgehend von der Ebene juristischer Auslegung in das Gebiet eben des „Politischen", d. h. in die Arena der „politischen" Auseinandersetzung, der freien, positiv-rechtlich nicht oder nur schwach gebundenen und gestützten staatlichen und kirchlichen Machtentfaltung — letzten Endes also auf eine Ebene, auf welcher der Staat sich gern als der Stärkere zu fühlen pflegt, ein Gedanke, den Werner Weber nicht zu verbergen sucht[47].

So sehr diese Ansicht den staatlichen Belangen entgegenkommt, so wenig läßt sie sich in ihrer summarischen Allgemeinheit an dem gegebenen Sachverhalt rechtfertigen. Das politische Erinnerungsrecht ist in zweierlei Hinsicht umstritten: Was den in sämtlichen Vereinbarungen inhaltlich übereinstimmenden[48] Begriff des „Politischen" anlangt, so wird später zu zeigen sein, daß die Klausel in diesem Punkt einer Konkretisierung weder bedürftig noch fähig ist, will man sie nicht zu dem Umfang einer juristischen Abhandlung anschwellen lassen. Die Rechtswirkungen, die eine staatliche Erinnerung zur Folge hat, kommen hingegen in verschiedenen Abmachungen nicht klar zum Ausdruck; wo das der Fall ist, darf damit gerechnet werden, daß die Verhandlungspartner auf eine letzte Präzisierung verzichtet haben, um den Vertragsabschluß nicht überhaupt zu gefährden[49]. Die Parteien sind dann nur soweit gebunden,

---

[46] Politische Klausel, S. 88, 25.

[47] aaO. S. 101 mit Anm. 1: es handele sich um eine Kraftprobe (S. 88: Zerreißprobe), was Weber — zu Unrecht, wie sogar die Besetzungspraxis zur Zeit des Dritten Reiches lehrt (vgl. unten S. 160 ff.) — in Überschätzung der staatlichen Brachialgewalt einem regelmäßigen Nachgeben der Kurie gleichachtet.

[48] Soweit sich das nicht schon aus den bedeutungsgleichen Formulierungen ergibt (vgl. o. Anm. 36), ist diese Auffassung unten S. 100 ff. näher zu begründen.

[49] Ebenfalls Link, Besetzung, S. 291. — Es gibt aus den Vorverhandlungen über die deutschen Zirkumskriptionsbullen und Adhortationsbreven Beispiele, in denen Diplomaten der Kurie und staatliche Unterhändler sich gegenseitig mit mehrdeutigen Formulierungen zu beschwichtigen suchten. Statt anderer vgl. die Verhandlungen um den „numerus sufficiens" zwischen Consalvi und der hannoverschen Gesandtschaft (Friedberg, Bischofswahlen, I S. 86 f., 396) und die Versuche Niebuhrs, für die östlichen preußischen Bistümer den status quo der königlichen Designationswahlen zu erhalten. Über das zu Beginn des 19. Jahrhunderts vielerorts praktizierte System der politischen Ignorierung, wenn der Einfluß des Staates kurialen Grundsätzen widersprach, und die Bedeutung dieser Übung für die Elastizität der kurialen Rechtsbegriffe vgl. Friedberg, Bischofswahlen, I S. 45,

als es sich aus dem Text ergibt. Hier ist dann der Auslegung ein bedauerlich weiter Spielraum eröffnet, in den subjektive Momente in großem Umfang eindringen können. Die juristische Interpretation müßte allerdings zur sinnlosen Spielerei werden, wenn man letzten Endes nicht doch darauf vertrauen würde, daß sich im Wortlaut eine bestimmte vertragliche Entscheidung objektiviert hätte.

Diese in der Minderzahl befindlichen Vereinbarungen (von 18 nur 5), in denen eine letzte folgerichtige Erklärung über die Tragweite staatlicher Bedenken umgangen ist[50], lassen es keinesfalls zu, die Politischen Klauseln in ihrer Gesamtheit und im vollen Umfang ihres Wortlauts als „dilatorische Formelkompromisse" anzusprechen. Sie sind vielmehr das Ergebnis einer eindeutigen geschichtlichen Entwicklung, das von der Kurie erstmalig formuliert und in die konkordatären Abmachungen mit bewundernswerter Gleichförmigkeit eingefügt, von den Staaten — mitunter mit leicht erkennbaren Abwandlungen — angenommen und in gemeinsamer Willensbildung zum Gesetz erhoben wurde. Diese sich schon aus unbefangener Textvergleichung ergebende Erkenntnis enthält eine Auslegungsregel, die nicht ohne die Gefahr folgenschwerer Mißdeutungen außer Acht gelassen werden kann.

V. Die Rechtslage des Dritten Reiches

1. Reichskonkordat und Länderkonkordate

Die Konkordate mit Preußen, Bayern und Baden hatten für den weitaus größten Teil des Reichsgebiets bereits konkordatäres Recht geschaffen, als das Reichskonkordat 1933 die meisten Sachgebiete

---

79 ff., 143 f., 222, 377; und O. Mejer, Die Propaganda und ihr Recht, Göttingen 1852/53, II S. 527 ff.

Es ist in diesem Zusammenhang von Interesse, daß Hans Meydenbauer den in zahlreichen Vereinbarungen des 19. Jahrhunderts sich findenden Begriff der vigens ecclesiae disciplina ebenfalls als allgemeine, dehnbare Formel und für die Staaten schwer durchschaubaren Vorbehalt (réserve) der Kurie versteht (Vigens ecclesiae disciplina, Berliner Diss. 1897, S. 29 ff.).

Für unseren Gegenstand besteht keinerlei Veranlassung, die Unbestimmtheiten den vatikanischen Bevollmächtigten in die Schuhe zu schieben, im Gegenteil gibt es Klarstellungen, die offensichtlich dem Bemühen des päpstlichen Verhandlungspartners zu verdanken seien; vgl. unten S. 188 f.

[50] Die Schwierigkeiten der Umschreibung des „Politischen" kommen hier gar nicht in Betracht, wie soeben hervorgehoben wurde.

einer neuen, kollidierenden Regelung unterzog. Im Gegensatz zu Art. 13 Abs. 1 der Weimarer Verfassung („Reichsrecht bricht Landrecht") ergibt sich aber aus Abs. 3 der Präambel und Art. 2 Abs. 1 des Reichskonkordats die nur subsidiäre Geltung der reichskonkordatären Bestimmungen: die Vorschriften der Länderkonkordate sollten weiterhin uneingeschränkt in Kraft bleiben[1].

Die Frage nach dem geltenden politischen Erinnerungsrecht und seinen Rechtsquellen findet hierin noch keine befriedigende Antwort. Nachdem Art. 14 Abs. 1 des Reichskonkordats auf die bis dahin länderkonkordatsfreien Bistümer Rottenburg, Mainz und Meißen die für Freiburg geltenden Bestimmungen des Art. III des badischen Konkordats erstreckt hatte, wäre demnach für die Besetzung sämtlicher deutschen Bischofsstühle eine Politische Kausel zur Verfügung gewesen. Die Regelung des Art. 14 Abs. 2 des Reichskonkordats hätte diese nur in wenigen Punkten ergänzen können: für sämtliche Diözesen des Reichs Einführung einer Frist von 20 Tagen zur Geltendmachung etwaiger Bedenken und ferner der beiderseitigen (an sich schon in der Natur der Sache liegenden) Pflicht zur Wahrung voller Vertraulichkeit während des Verfahrens; für Bayern wäre außerdem als Ergänzung zu nennen: die Ausdehnung des Erinnerungsrechts auf die Koadjutoren mit dem Recht der Nachfolge, die aber nach richtiger Ansicht[2] auch ohne ausdrückliche Erwähnung der Politischen Klausel des Art. 14 § 1 des bayrischen Konkordats unterstanden hätten.

Für den Kern des im Reichskonkordat formulierten staatlichen Bedenkenrechts aber, den die eingehenden Bestimmungen des Art. 14 Abs. 2 Ziff. 2 nebst Schlußprotokoll darbieten, ergäbe sich hieraus die groteske Folge, daß ihm keinerlei Anwendungsgebiet zugeordnet wäre: ein gesetzgeberischer Widersinn, der keinem der Verhandlungspartner mit Recht zugeschrieben werden dürfte. Es lag zweifellos nicht in ihrem Sinn, aus irgendwelchem bloß theoretischen Interesse für das politische Erinnerungsrecht eine neue For-

---

[1] Vgl. z. B. Weber, Das Reichskonkordat in der deutschen Rechtsentwicklung, aaO. 5, 1938 S. 533 f.; Conrad, Reichskonkordat, Reichsrecht und Landesrecht, aaO. 39, 1934 S. 321 f.

[2] Mörsdorf, Besetzungsrecht, S. 78; Weber, Politische Klausel, S. 23 Anm. 2; vgl. Perugini, Inter S. S. et Borussiae Rempublicam solemnis conventio, aaO. 5, 1932 S. 46 f.; Link, Besetzung, S. 317 ff., der hinsichtlich der tatsächlichen Übung mit dem Besagten übereinstimmt, die Rechtsfrage aber unentschieden läßt. Anderer Auffassung Bednorz, Concordat de Pologne, S. 83 (bei Weber aaO.).

mulierung zu finden, sondern sie wollten, daß **die neue Klausel gelte**.

Den Ausweg aus dieser Sackgasse hat Werner Weber[3] gewiesen, indem er mit überzeugender Begründung darlegte, daß nicht nur die aufgezählten Randbestimmungen, sondern der **gesamte** Inhalt der Politischen Klausel des Reichskonkordats als „Ergänzung" im Sinne der Präambel und des Art. 2 Abs. 1 aufzufassen ist. In dem zweiten Gleichschaltungsgesetz vom 7. 4. 1933[4] manifestierte sich eine Entwicklung, die den Ländern den in der Weimarer Verfassung umschriebenen Rest staatlicher Autonomie nahm und die Zuständigkeit vor allem für politische Fragen beim Reich konzentrierte. Diese im Zuge befindliche Reichsreform ließ das politische Erinnerungsrecht der Länderregierungen alsbald überholt erscheinen, da diese nicht mehr befugt waren, politische Bedenken zu äußern. Dem trug das Reichskonkordat bereits Rechnung, indem es die kirchliche Anfrage an den Reichsstatthalter und nicht mehr an die Regierungen der Länder gelangen ließ, und besonders, indem es an die Stelle der durch die tatsächliche Entwicklung untergrabenen und erschütterten Formulierungen der Länderkonkordate die eine und neue Klausel des Reichskonkordats setzte. Diese hat somit die Klauseln der deutschen Länderkonkordate verdrängt.

2. Die dem Reich seit 1938 angegliederten Gebiete — Das Schicksal der Konkordate im Fall der Staatensukzession

Von den seit 1938 dem Reich einverleibten Ländern Österreich, Sudetenland, Memelland, Danzig und den vorher zu Polen gehörenden Gebieten[6] waren Danzig und das Memelland[7] schon vor ihrer

---

[3] Politische Klausel, S. 39—43; vor Weber bekannten sich zum gleichen Ergebnis: Eichmann, Kirchenrecht, II S. 458, Ebers, Artikel „Konkordat" im Handw. d. Rechtswiss. VIII, Berlin und Leipzig 1937, S. 337; Roedel-Paulus, Reichskirchenrecht, S. 22, 79.

[4] RGBl. I 1933 S. 173.

[5] Es kann sich hier nur darum handeln, die in diesem Zusammenhang maßgeblichen Grundsätze darzustellen. Eine breitere Abhandlung und ein Eingehen auf sämtliche möglichen Sukzessionsfälle würde die Grenzen dieser Arbeit weit überschreiten.

[6] Nach dem Führererlaß vom 8. 10. 1939 (RGBl. I S. 2042) waren das im wesentlichen die Reichsgaue Danzig-Westpreußen und Posen sowie die Regierungsbezirke Kattowitz und Zichenau (Weber, Politische Klausel, S. 36 Anm. 1).

[7] Das litauische Konkordat war in das autonome Recht des Memellandes nicht aufgenommen (Weber aaO.).

Angliederung konkordatsfrei. Über das Bestehen oder Erlöschen der in den übrigen neuen Reichsteilen bis dahin geltenden Konkordate mit Österreich, Polen bzw. des Modus vivendi mit der Tschechoslowakei sind die allgemein anerkannten Regeln des Völkerrechts[8] über die Staatensukzession zu befragen.

Mit dem Untergang eines Staates[9] entfallen auch die von ihm abgeschlossenen völkerrechtlichen Verträge, die den Gebietsnachfolger als res inter alios actae nicht berühren[10]. Es findet darum grundsätzlich[11] keine Rechtsnachfolge in Staatsverträge des Vor-

---

[8] Über ihre Anwendung auf Konkordate vgl. oben S. 1 f. Anm. 3.

[9] Das Erlöschen der betreffenden Konkordate hat deshalb seinen Rechtsgrund im Sukzessionsrecht, keineswegs aber in dem politischen Umstand, den Weber mit Rücksicht auf das Protektorat hervorhebt: daß keine Bestimmung in den sechs Artikeln des Modus vivendi „mit dem gegenwärtig herrschenden Regime auf dem Gebiet der ehemaligen Tschechoslowakei in Einklang gebracht" werden könne (Politische Klausel, S. 37). Dieses „Mißverhältnis" hätte — die Fortgeltung des Modus vivendi vorausgesetzt — höchstens die Berufung auf die clausula rebus sic stantibus und eine darauf gestützte Kündigung rechtfertigen können. Ebenso „politifiziert" ist die Auffassung Webers zur Frage nach dem Bestand des österreichischen Konkordats (vgl. Neues Staatskirchenrecht, S. 69).

Dem gleichen Irrtum unterliegt Keith, Österreichisches Konkordat, aaO. S. 481, wenn er das Konkordat von der politischen (anstatt von der juristischen) Kontinuität des staatlichen Partners abhängig sein läßt, eine Betrachtungsweise, die der gesamten juristischen Überlieferung zu dieser Frage ins Gesicht schlägt. Zu Unrecht reklamiert Keith für seine Ansicht Garner, Questions of state succession raised by the german annexation of Austria, aaO. S. 437, dessen Ausführungen sich eindeutig auf die „generally recognized rules of international law", namentlich des Sukzessionsrechts, stützen und sich für die politische Kontinuität mit keinem Wort interessieren.

Die von Weber und Keith vertretene Meinung findet auch bei Ernst Rudolf Huber keine Stütze. Huber sieht die Konkordate als einen „besonderen Typus des koordinationsrechtlichen Vertrages" an (Verträge, S. 84) und läßt sie, wie die subordinationsrechtlichen Staatsverwaltungsverträge (aaO. S. 144), mit der Masse des privaten und öffentlichen Rechts (aaO. S. 142) auf den Nachfolgestaat übergehen (aaO. S. 144 ff.). Auch nach Huber ist der Verschiedenheit der neuen politischen Ordnung gegenüber der alten als solche nicht imstande, die Geltungskraft der Konkordate zu beeinträchtigen. Sie kann lediglich für beide Vertragspartner Veranlassung sein, auf Grund der clausula rebus sic stantibus den Vertrag zu kündigen (aaO. S. 147 f.).

[10] Statt vieler v. Lizt-Fleischmann, Völkerrecht, S. 273 f.; zum Ganzen vor allem Wagnon, Concordats S. 329—361. Strupp, Grundzüge, S. 59; Schoenborn, Staatssukzessionen, S. 92; Sanders, Einfluß der Staatsukzession, S. 101 f., ausdrücklich für die Konkordate: S. 104; Schneider, Rechtsnatur, S. 84; zur Rechtslage des ehemaligen Protektorates auch Hoyer, Das Schicksal des tschechoslowakischen Modus vivendi, aaO. S. 389.

[11] Über hier nicht interessierende Ausnahmen (Verträge mit absoluter territorialer Beziehung) u. a. v. Liszt-Fleischmann aaO. S. 277; Sanders aaO. S. 102; Schoenborn aaO. S. 43.

2. Das Schicksal der Konkordate im Fall der Staatensukzession

gängers statt. Hinsichtlich der Konkordate entspricht dem auch die amtliche kirchliche Auffassung, wie sie in der oft angeführten Konsistorialansprache Benedikts XV. vom 21. November 1921 zum Ausdruck kommt[12]. Werden solche Verträge tatsächlich fortgeführt[13], so handelt es sich stets um neue Vereinbarungen zwischen dem erwerbenden Staat und dem Vertragsgegner seines Vorgängers[14], die auch durch konkludente Handlungen abgeschlossen werden können. Eine Rechtspflicht zum Neuabschluß besteht nicht[15].

In Übereinstimmung mit diesen allgemein anerkannten Regeln des Völkerrechts und der soeben[16] angezogenen Auffassung der

---

[12] „... Etenim nemo est, qui ignoret, post recens immane bellum vel novas natas esse Respublicas vel Respublicas veteres provinciis sibi adiunctis crevisse. Iam vero, ut alia omittamus, quae huc possumus affere, patet, quae privilegia pridem haec Apostolica Sedes per pactiones solemnes conventionesque aliis concesserat, eadem nullo iure posse hasce Respublicas sibi vindicare, cum res inter alios acta neque emolumentum neque praeiudicium ceteris afferat. Item Civitates nonnullas videmus ex hac tanta conversione rerum funditus notatas extitisse, adeo ut, quae nunc et, non illa ipsa possit haberi moralis, ut aiunt persona, quacum, Apostolica Sedes olim convenerat. Ex quo illud natura consequitur, ut etiam pacta et conventa, quae Apostolicam Sedem et eas Civitates ante hoc intercesserant, vim iam suam omnes amiserint" (AAS XIII S. 521 f.); vgl. auch Ottaviani, Institutiones, S. 357 ff.; Wagnon, Concordats, S. 356: „.. le concordat de l'état disparu doit nécessairement cesser avec lui"; vgl. auch aaO. S. 345. Zur Auffassung der Kurie in dem angegliederten Österreich vgl. unten S. 80 f.

[13] Berühmte Beispiele aus dem Konkordatsrecht sind die Weitergeltung der hannoverschen bzw. der oberrheinischen Zirkumskriptionsbullen in den 1866 von Preußen erworbenen Gebieten (Sanders, Einfluß der Staatensukzession, S. 123 ff.; dort weitere Beispiele). Zur Frage der Weitergeltung des napoleonischen Konkordats in Elsaß-Lothringen nach der Vereinigung mit Deutschland 1871 und wiederum nach der Abtretung an Frankreich 1919 vgl. Mörsdorf, Besetzungsrecht, S. 159 ff.; Sanders aaO. S. 117—123 und vor allem Adalbert Erler, Das Napoleonische Konkordat im Elsaß und in Lothringen, Mainz 1948. Seine Darstellung stützt sich auf die einschlägigen Akten des Oberpräsidenten, Straßburg, und des Reichskanzleramtes, Berlin, die 1920 an Frankreich ausgeliefert werden mußten und 1940 vorübergehend wieder in deutsche Hände gelangten.

Nach Erler haben sich Kurie und Reich 1872 von dem Konkordat losgesagt; nach 1918 sei es nicht wieder aufgelebt, der Conseil d'Etat habe vielmehr in einer Entscheidung vom 24. 1. 1925 den Konkordatsinhalt als kirchenpolitische Marschroute innezuhalten" und nur das staatsrechtliche „régime concordataire" als fortbestehend bezeichnet: „Le Conseil d'Etat ... est d'avis: que le régime concordataire tel qu'il résulte de la loi du 18. germinal an X est en vigueur dans les départements du Haut-Rhin, du Bas-Rhin et de la Moselle" (Journal officiel vom 4. 2. 1925 S. 545, bei Erler, Das Napoleonische Konkordat, S. 44 f.).

[14] Wagnon, Concordats S. 153 f. Sanders aaO. S. 102 f. 108; Schoenborn aaO. S. 47 f., 94.

[15] Sanders aaO. S. 103, 109; Schoenborn aaO. S. 48.

[16] in Anm. 12.

Kurie und namhafter Kanonisten hatten deshalb die Konkordate mit Österreich und Polen und der Modus vivendi mit der Tschechoslowakei seit dem Augenblick der Eingliederung dieser Länder in das Reich als erloschen zu gelten[17], weil die staatlichen Konkordatspartner untergegangen waren[18]. Diese Rechtsfolge ist ohne Mißachtung der angeführten völkerrechtlichen Grundsätze nicht zu bestreiten, es sei denn, daß man die Fortexistenz der betreffenden Staaten als Völkerrechtssubjekte behauptet. Es war zu erwarten, daß dieses in Österreich, Polen und der Tschechoslowakei geschieht, um daraus heute für die 1945 wieder ins Leben getretenen Staaten günstigere Anknüpfungspunkte zu gewinnen. Die Völkerrechtslehre ist jedoch nicht befugt, dort für die Weiterexistenz von Staaten einzutreten, wo ein konstitutives Staatselement, die selbsteigene Staatsgewalt, vollkommen ausgelöscht ist[19]. Für Österreich, Polen und die Tschechoslowakei dürfte es indessen nicht gelingen, für die Zeit ihrer Zugehörigkeit zum Großdeutschen Reichsverband das Fortdauern einer österreichischen, polnischen und tschechischen Staatsgewalt glaubhaft zu machen; noch weniger hätte man vor 1945 aus einer solchen Konstruktion positiv-rechtliche Folgerungen auf die Konkordatslage der ostmärkischen Reichsgaue, des Protektorats oder des Generalgouvernements ziehen können. Denn an die Stelle der Gebietsvorgänger war voll und ganz die Staatsgewalt des Deutschen Reiches getreten.

In Anbetracht dieser Rechtslage konnte nur ein Neuabschluß der erloschenen Konkordate die in ihnen verbrieften beiderseitigen Rechte und Pflichten auch für die Zukunft verbindlich machen. In diesem Sinne darf man vielleicht eine an die Reichsregierung ge-

---

[17] Davon scheinen auch Hilling, Besprechung von Weber, Politische Klausel, aaO. S. 137 und Huber, Staat und Bischofsamt, aaO. S. 163 f. auszugehen.

[18] Für die Tschechoslowakei mit eingehender Begründung Hoyer, Das Schicksal des tschechoslowakischen Modus vivendi aaO. S. 388 ff. Im Falle Polen ist es zweifelhaft, ob das Generalgouvernement als besetztes oder annektiertes Gebiet zu betrachten war. Die NS-Völkerrechtslehre vertrat letztgenannte Auffassung („Nebenland des Reiches" mit einer „aus der Reichshoheit abgeleiteten" eigenen Finanz- und Zollhoheit); dem dürfte auch die tatsächliche Lage an ehesten entsprochen haben.

[19] Dabei ist es nicht ausgeschlossen, daß die Staatenpraxis ein Fortbestehen tatsächlich untergegangener Staatswesen fingiert, um so einen wirksameren Schutz der Belange solcher Nationen zu ermöglichen, um ein Wiedererstehen dieser Staaten zu erleichtern oder weil man ihre Vernichtung nicht billigt. Dem Vernehmen nach bestehen zur Zeit noch diplomatische Vertretungen der in der Sowjetunion aufgegangenen baltischen Staaten.

2. Das Schicksal der Konkordate im Fall der Staatensukzession

richtete Note des Vatikans[20] verstehen, in der er für die Rechtskraft des österreichischen Konkordats eingetreten ist[21]. Es ist nicht zu verwundern, daß staatlicherseits an einer Weitergeltung dieses Vertrages[22] kein Interesse bestand und man auf die Note der Kurie nicht reagierte[20].

Trotzdem nimmt Weber[23] auch für die angegliederten Gebiete ein politisches Erinnerungsrecht des Reiches und zwar das des Reichskonkordats — „mangels anderer Anhaltspunkte und auch aus dem Gedanken der Rechtseinheit im Großdeutschen Reich" in entsprechender Anwendung[24] — in Anspruch. Die Ableitung von Regeln für diesen Sachverhalt ist wiederum keine spezifisch konkordatsrechtliche oder gar einseitig staatsrechtliche Aufgabe; das von Weber dargetane Verlangen besteht zu Recht, wenn es mit den einschlägigen völkerrechtlichen Bestimmungen in Einklang steht.

Hier ist nach der Geltung des Reichskonkordats überhaupt zu fragen: ob es sich ohne weiteres, ex proprio vigore, auf die erworbenen Gebiete erstreckt hatte. Nach Sanders[25] müßte diese Frage bejaht werden, da er das sogen. Prinzip der beweglichen Vertragsgrenzen[26] auch auf die Verträge zwischen Papst und Staatsregierun-

---

[20] Diese Auskunft stellt mir das Erzbischöfliche Ordinariat Wien entgegenkommenderweise zur Verfügung. Für die Haltung des Vatikans mag der Umstand mitbestimmend gewesen sein, daß das österreichische Konkordat der katholischen Kirche größere Rechte und Freiheiten als das Reichskonkordat garantierte, und die Reichsregierung zu einer Ausdehnung des Reichskonkordats auf Österreich wohl kaum die notwendige Zustimmung gegeben hätte. Dessen ungeachtet brachte die Kurie hierdurch auch unmißverständlich zum Ausdruck, daß sie die Annexion Österreichs nicht anerkenne. Der Heilige Stuhl gab hiermit ein Beispiel seiner vielgerühmten politischen Weitsicht; weniger erstaunlich ist die posthume Rechtsauffassung österreichischer Juristen, die den „Anschluß" heute ebenfalls als deutsche Besetzung deklarieren, welche die Staatspersönlichkeit Österreich nicht berührt habe.
[21] Den genauen Inhalt der Note konnte ich nicht in Erfahrung bringen.
[22] Dasselbe hat für das polnische Konkordat und den tschechischen Modus vivendi zu gelten.
[23] Politische Klausel, S. 37 ff.
[24] aaO. S. 38 f.
[25] aaO. S. 104.
[26] Es besagt, daß von dem erwerbenden Staat geschlossene Verträge sich infolge und im Augenblick einer Angliederung auch auf das Sukzessionsgebiet erstrecken, und daß umgekehrt die Verträge eines verkleinerten Staates trotz des Gebietsverlustes bestehen bleiben; vgl. v. Liszt-Fleischmann, Völkerrecht, S. 276. Die in der Völkerrechtslehre herrschende Meinung erkennt diesen Grundsatz an; vgl. außerdem Sanders aaO. S. 101 und die dort Angeführten. Wagnon, Concordats S. 343.

gen angewandt wissen will[27]. Dieser völkerrechtliche Grundsatz unterliegt jedoch der allgemein anerkannten[28] Beschränkung, daß die Erstreckung eines Vertrages auf erworbene Gebiete dann nicht vermutet werden darf, wenn die Vertragspartner die Absicht hatten, ihn auf das zur Zeit des Vertragsabschlusses vorhandene Staatsgebiet zu begrenzen[29]. Dieser Wille braucht im Wortlaut nicht einmal zu eindeutigem Ausdruck gekommen zu sein. Er muß beispielsweise unterstellt werden, wenn die Voraussetzungen des Vertrages in den Gebieten, die sich der eine Vertragsteil später angegliedert hat, ganz und gar nicht vorhanden sind[30]. Der Vertragsgegner des erwerbenden Staates braucht alsdann eine Ausdehnung nicht zu dulden[31].

Es bedarf keines besonderen Nachweises, daß für die Behandlung von Konkordaten in entsprechenden Fällen das gleiche zu gelten hat. Ohne Rücksicht auf solche Ausnahmefälle muß aber darüber hinaus als eine allgemeine Besonderheit der Konkordate überhaupt anerkannt werden, daß sie sich keinesfalls ohne Zustimmung des einen Vertragspartners auf neuerworbenes Staatsgebiet erstrecken können. Das folgt aus denselben, soeben dargelegten Gründen. Denn es ist die Eigenart der Konkordate, daß in ihnen der Staat zwar Bindungen außenpolitischer Art eingeht, die den Grundsätzen des Völkerrechts unterstehen[32], daß sie ihre wesentlichen Wirkungen aber auf innerpolitischem Gebiet entfalten. Indem sie die Organisationsformen des religiösen Lebens festlegen und die Möglichkeiten geist-

---

[27] Ebenfalls Schneider, Rechtliche Natur, S. 84; grundsätzlich auch Wagnon, Concordats, S. 357 ff. (bei Keith, Österreichisches Konkordat, aaO. S. 482).

[28] Vgl. Schoenborn aaO. S. 43 Anm. 1; Garner, Questions of state succession, aaO. S. 434 f. mit Anm. 37 unter Berufung auf angelsächsische und französische Autoren.

[29] Diese Einschränkung läßt auch Wagnon, Concordats, S. 360, für die Verträge zwischen Staat und Kirche gelten, indem er den Vorbehalt einer „décision contraire des Hautes Parties contractantes" macht (bei Keith, Österr. Konkordat, aaO. S. 482).

[30] Garner, Questions of state succession, aaO. S. 434, verdeutlicht das an dem Beispiel, daß ein Industriestaat rein landwirtschaftliche Gebiete annektiert. Dritte Staaten würden dann keinesfalls geneigt und verpflichtet sein, die dem erwerbenden Staat in Handelsverträgen eingeräumten Zollvergünstigungen auch ohne weiteres für das neugewonnene rein landwirtschaftliche Staatsgebiet einzuräumen.

[31] Garner verallgemeinert schließlich seine Auffassung zu der „conclusion", „that an annexing state has no right to extend its treaties to the territory of an annexed state if the other parties to those treaties object to the extension" (aaO. S. 438).

[32] Vgl. oben S. 11 Anm. 4.

2. Das Schicksal der Konkordate im Fall der Staatensukzession

licher Einwirkung erweitern oder sicherstellen und sich dabei von örtlichen Bedürfnissen und geschichtlichen Gegebenheiten leiten lassen, stehen sie wie kein anderer Staatsvertrag in einer engen und eigentümlichen Beziehung zu einem bestimmten, historisch geprägten und limitativ konstanten Gebiet und seinen Bewohnern[33]. Das rechtfertigt freilich nicht, sie den mit absoluter Wirkung auf ein gewisses Gebiet radizierten völkerrechtlichen Verträgen zuzuzählen[34], weil die Person des abschließenden Staates keineswegs gleichgültig ist; es zeigt sich aber, daß sich die Konkordate in die Alternative: personale oder reale Verträge nicht einfangen lassen. Sie sind weder so eng dem Gebiet verhaftet, daß sie im Sukzessionsfall vom Nachfolgestaat übernommen werden müßten, noch so einseitig auf die betreffende Staatsperson bezogen, daß diese wie die Reichweite ihrer Souveränität auch den Geltungsbereich eines Konkordats beliebig durch Annexionen erweitern dürfte. Dazu ist stets die Zustimmung des andern Konkordatspartners erforderlich[35,36].

Dieses Ergebnis steht mit der staatlichen und kirchlichen Praxis in Einklang und hat vor anderen den Vorzug, geschichtliche Vorgänge nicht auf die Unkenntnis der Völkerrechtssätze seitens der Vertragspartner zurückführen zu müssen.

---

[33] Vor allen von Sanders aaO. S. 105 über Gebühr herausgestellten Einheitstendenzen überwiegt deshalb regelmäßig das Bestreben, das konkordatäre Recht bestimmter Gebiete aufrechtzuerhalten, selbst wenn diese in einer größeren Einheit aufgehen. Vgl. außer den oben S. 79 Anm. 13 genannten Beispielen noch aus neuester Zeit Abs. 3 der Präambel des Reichskonkordats mit ebenda Art. 2, die trotz stärksten Zentralisierungseifers des Dritten Reiches die Länderkonkordate aufrecht erhalten und sogar den Neuabschluß solcher — im Einvernehmen mit der Reichsregierung — vorsehen, sowie die Bemühungen der Kurie, das österreichische Konkordat auch nach 1938 noch aufrechtzuerhalten (vgl. o. S. 81).

[34] Vgl. oben S. 78 Anm. 11. Diese Auffassung vertritt Cznika, Staat und katholische Kirche in Jugoslawien, aaO. S. 125 f. — E. R. Huber kommt auf Grund seiner mit der herrschenden Lehre in Widerspruch stehenden Ansicht über die Rechtsnatur der Konkordate (vgl. o. S. 78 Anm. 9) dazu, die Verwandtschaft mit den lokalisierten Staatsverträgen zu überbetonen (Verträge, S. 144).

[35] Die lokalen Bestandteile eines jeden Konkordats würden selbst im Falle einer selbständigen Ausdehnung eine Fühlungnahme beider Parteien notwendig machen. Darauf macht auch Hoyer, Schicksal des tschechoslowakischen Modus vivendi, aaO. S. 392, aufmerksam bei Erörterung der Frage, ob sich das Reichskonkordat auf das Protektorat ausgedehnt habe; vgl. auch aaO. S. 398. Im Ergebnis übereinstimmend Sélosse, Traité de l'annexion, S. 218 f. (Sanders, Einfluß der Staatensukzession, S. 105 f.).

[36] Auch nach der amtlichen Auffassung des Hl. Stuhles, wie sie in der o. S. 83 Anm. 2 angeführten Konsistorialansprache Benedikts XV. („... Respublicas veteres provinciis sibi abiunctis crevisse...") eindeutig zum Ausdruck kommt, sind Konkordate nur für den derzeitigen Besitzstand eines Staates abgeschlossen.

Nach feststehender Auffassung der Kurie bezog sich das französische Konkordat von 1516 nur auf den Gebietsumfang, den Frankreich in diesem Jahre besessen hatte[37]. Die Frage wurde regelmäßig brennend, wenn vakante Bischofsstühle in neuerworbenen Diözesen zu besetzen waren und der König sein Nominationsrecht auch auf diese ausgedehnt wissen wollte[38]. Paul III. (1534—1549) versagte so die Erstreckung des Konkordats auf die Bretagne, gab aber schließlich dem Drängen der französischen Regierung nach, indem er durch I n d u l t seine Zustimmung gab[39]. Bei späteren Gebietserwerbungen holten die französischen Könige ebenfalls die Zustimmung des Papstes ein, die wiederum durch Indulte erteilt wurde[40]. Kurie und französische Regierung waren somit von der Notwendigkeit beiderseitiger Zustimmung überzeugt[40a]; daß der päpstliche Erlaß sich stets in die Form des Indultes kleidete, zeigt außerdem, daß man — zumindest in Rom — die Ausdehnung des Konkordats als Abweichung vom gemeinen Recht empfand.

Das napoleonische Konkordat von 1801[41] kam in den von Napoleon eroberten deutschen Gebieten zwar faktisch zur Anwendung. In Paris wußte indessen die erste geistliche Kommission, daß das Konkordat dort „rechtlich noch nicht gültig"[42] war; sie hielt dazu die Zustimmung des Papstes ebenfalls für erforderlich. Deshalb verhandelte man mit dem Hl. Stuhl, um sein Einverständnis zur Ausdehnung des Konkordats zu erwirken. Der Vorgang ist eindeutig und beweist die gleiche Rechtsauffassung, wie sie Jahrhunderte vorher in bezug auf das französische Konkordat von 1516 mehrfach zum Ausdruck kam.

Als weiteres Glied in der Kette dieser Vereinbarungen zwischen Kirche und Staatsführung, die der Erstreckung von Konkordaten auf neuerworbene Provinzen voraufgingen, stellen sich die wieder-

---

[37] Friedberg, Bischofswahlen, I S. 468.
[38] (Lemere), Recueil des actes, titres et mémoires concernant les affaires du clergé de France, Paris 1749, 14 Bände (Friedberg zitiert mißverständlich „Mém. du clergé"), Bd. 11 S. 67 ff.
[39] (Lemere), Recueil, Bd. 10 S. 559 f. (Friedberg aaO. I S. 468 Anm. 3).
[40] (Lemere), Recueil, Bd. 11 S. 1570 ff. (Friedberg aaO. I S. 468 Anm. 3).
[40a] Dazu vgl. auch Wagnon, Concordats, der nach Darlegung der Vorgänge übereinstimmend zusammenfaßt: „Le concordat de 1516 était donc une convention dont les parties avaient déterminé d'avance les limites territoriales d'application".
[41] Mejer, Zur Geschichte der römisch-deutschen Frage, I S. 395 f.; Schneider, Rechtsnatur, S. 85.
[42] So zutreffend auch Mejer aaO. S. 398.

2. Das Schicksal der Konkordate im Fall der Staatensukzession

holten Ansuchen Napoleons III. dar, das Konkordat von 1801 auf die 1860 von Sardinien an Frankreich abgetretenen Gebiete Savoyen und Nizza auszudehnen; Pius IX. gab dazu mit Breve vom 31. Dezember 1860 seine Zustimmung[43].

Aus jüngster Vergangenheit scheinen die österreichischen kirchenpolitischen Verhältnisse in der Zeit seiner Vereinigung mit dem Deutschen Reich in die gleiche Richtung zu deuten. Von einer mit dem Anschluß ohne weiteres eintretenden Ausdehnung des Reichskonkordats konnte keine Rede sein. Die österreichischen Kirchenbehörden haben sich nie auf das Reichskonkordat berufen[44]. Ebensowenig ist bekannt, daß man staatlicherseits ausdrücklich darauf abgehoben hätte.

Die aufgeführten Beispiele finden keine Erklärung bei Sanders[45], Wagnon[46] und Schneider[47], die den für die völkerrechtlichen Verträge sonst allgemein anerkannten Grundsatz der beweglichen Vertragsgrenzen auch auf die Konkordate anwenden wollen. Sanders, der nur von der faktischen Ausdehnung des napoleonischen Konkordats und den mit Pius VII. gepflogenen Verhandlungen spricht[48], will dafür die Unkenntnis der französischen Regierung über die anzuwendenden Völkerrechtssätze verantwortlich machen; auch seien die bei Staatensukzessionen geltenden Regeln erst in jüngster Zeit schärfer entwickelt worden[49]. Sanders scheint sich hier die Regeln des Völkerrechts nach Analogie innerstaatlichen Gesetzesrechts vorzustellen, das möglicherweise ohne Beteiligung der Rechtsunterworfenen erlassen ist und durch deren Unkenntnis und Verstöße nicht in seiner Geltung beeinträchtigt zu werden pflegt. Anders die Grundsätze des Völkerrechts! Sie verdanken nur in den selteneren Fällen einer ausdrücklichen Rechtssetzung[50] ihr Dasein, sondern sind ursprüng-

---

[43] Wagnon, Concordats, S. 359 mit Anm. 3; wo außerdem vermerkt ist, daß im Jahrhundert vorher Clemens XIII. zu einer — übrigens beschränkten — Ausdehnung des Konkordats mit Sardinien auf neuerworbene Staatsgebiete mit fast den gleichen Worten seine Einwilligung erklärt habe (Mercati, Raccolta, S. 381 f.).
[44] Laut einer Mitteilung des Erzbischöflichen Ordinariats Wien.
[45] Einfluß der Staatensukzession, S. 104.
[46] Concordats, S. 357.
[47] Rechtsnatur, S. 84.
[48] Ein Beispiel, das seine eigene Auffassung stützen könnte, vermag keiner der drei Gelehrten anzuführen. Schneider verweist zwar auf die Erstreckung des napoleonischen Konkordats, ohne aber den entscheidenden Umstand der Verhandlungen Napoleons III. mit der Kurie zu erwähnen.
[49] Sanders aaO. S. 113; auch Wagnon aaO. hebt u. a. darauf ab.
[50] Zwischenstaatliche Vereinbarungen und Schiedsgerichtsurteile.

lich und in weitestem Maße der völkerrechtlichen Gewohnheit, der Rechtsüberzeugung der Beteiligten, entsprungen[51]. Eine solche opinio iuris sive necessitatis treffen wir in verschiedenen Jahrhunderten bei der römischen Kurie wie bei der französischen Regierung an, wenn sie anläßlich französischer Gebietserwerbungen immer wieder miteinander Fühlung nehmen, um sich über die Ausdehnung der konkordatären Rechte und Pflichten auf neue Staatsteile zu verständigen. Diese mit Rechtsbewußtsein geübte Gewohnheit hat ohne Rücksicht auf andere völkerrechtliche Verträge für Vereinbarungen zwischen Papst und Staatsregierungen die Rechtsregel begründet, daß sie nur mit Zustimmung beider Vertragspartner auf neugewonnenes Staatsgebiet ausgedehnt werden können. Natürlich könnte dieses konkordatäre Sonderrecht durch völkerrechtliches Gemeinrecht derogiert werden. Zu dieser Annahme besteht jedoch keinerlei Veranlassung. Es läßt sich weder ein praktischer Fall dafür anführen, noch könnte diese Neuerung — was für internationale Rechtsbildungen ausschlaggebend ist — als zweckmäßig empfunden werden[52]. Auch würde dieses in Anbetracht der gegebenen Sachlage kaum dem Erfordernis internationaler Rechtssicherheit entsprechen. Die schon mehrfach erwähnte Beharrungstendenz der staatlichkirchlichen Rechtsbeziehungen bestärkt uns vielmehr in der Überzeugung, daß heute wie früher der Geltungsbereich der Konkordate nur mit dem Einverständis beider Partner erweitert werden kann.

Was im übrigen die neuen Gaue des Großdeutschen Reiches betraf, so hatte die Reichsregierung unmißverständlich zu erkennen gegeben, daß sie eine Erstreckung des Reichskonkordats auf Österreich — und damit implicite auch auf die übrigen neuerworbenen Gebiete — nicht wünsche[53]. Art. 14 Abs. 2 des Reichskonkordats — die Politische Klausel — hat deshalb hier nie Geltung erlangt[54].

---

[51] Vgl. dazu statt anderer v. Liszt-Fleischmann, Völkerrecht, S. 116 ff.; v. Verdross, Völkerrecht, S. 71—79.
[52] Vgl. oben S. 83 Anm. 35.
[53] Keith, Österreichisches Konkordat, S. 482.
[54] Zum gleichen Ergebnis kommt Hilling, Besprechung von Weber, Politische Klausel, aaO. S. 137, wenn er feststellt, daß die Reichsregierung nur durch eine neue Vereinbarung mit dem Hl. Stuhl einen rechtlichen Einfluß auf die Besetzung kirchlicher Ämter in den angegliederten Reichsteilen erlangen konnte. — Huber, Staat und Bischofsamt, aaO. S. 164, hielt es immerhin für „ein juristisches Problem, ob man ohne Zustimmung des Vertragspartners eine ausdehnende Erstreckung solcher Vereinbarungen annehmen kann". — Link, Besetzung, S. VI, stimmt diesen Bedenken zu. — Hoyer, Schicksal des tschechoslowakischen Modus vivendi, aaO. S. 392, stellt die Erstreckung des Reichskonkordats auf das Protek-

2. Das Schicksal der Konkordate im Fall der Staatensukzession

Diese R e c h t s lage, die sich aus hier allein maßgeblichen Völkerrechtssätzen herleitet, hat Weber leider nicht beschäftigt. Er befaßt sich nicht mit der Geltung oder Nichtgeltung des Reichskonkordats als Ganzem[55], obwohl, wie bereits E. R. Huber[56] bemerkte, es nicht angängig ist, das politische Erinnerungsrecht aus dem „Gesamtzusammenhang der staatskirchenrechtlichen Verhältnisse" zu lösen und einer isolierenden Betrachtung zu unterwerfen. Für Weber genügen die p o l i t i s c h e n [57] Belange des Reiches, um in den konkordatsfreien Gebieten ein Erinnerungsrecht des Staates zu konstituieren. Das Erfordernis „politischer Zuverlässigkeit" und Genehmheit der hohen kirchlichen Amtsträger und die privilegierte Stellung der Kirche hält er für ausreichend, um ein Bedenkenrecht also solches nachweisen zu können. Die Rechtseinheit des Großdeutschen Reiches muß dann „mangels anderer Anhaltspunkte" dafür herhalten, um die „entsprechende Anwendung" der im Altreich geltenden Politischen Klausel zu motivieren.

Es hält schwer, aus Webers Ausführungen, die sich mehr auf die staatspolitischen Notwendigkeiten als auf das vereinbarte Konkor-

---

torat Böhmen und Mähren ebenfalls in Abrede. Zu der uns hier beschäftigenden Besetzung der Bistümer sagt Hoyer unter Bezugnahme auf das innerstaatliche Recht des Protektorats, daß sie in den Formen des kanonischen Rechts zu erfolgen habe (aaO. S. 395). Auch spricht er sich mit grundsätzlich übereinstimmender Begründung gegen eine selbsttätige Ausdehnung des Reichskonkordats auf die vom Protektorat zu unterscheidenden Gebiete des Sudetenlandes aus, die zum Teil in die Länder Bayern, Ober- und Niederösterreich und Preußen eingegliedert, zum Teil zu drei eigenen Regierungsbezirken zusammengefaßt waren. Hoyer verweist die Konkordatspartner für diese Reichsteile auf eine Verständigung im Rahmen der Freundschaftsklausel (aaO. S. 398). — Wenn Garner, Questions of state succession, aaO. S. 438 von dem Reich sagt, „... might refuse to extend the German concordat...", so ist das richtig; es bleibt nur noch hinzuzufügen, daß auch der Vatikan das Recht hat, seine Zustimmung, die eine unumgängliche Voraussetzung wäre ebenso wie die des Reichs, zu versagen.

[55] Daß Weber selbst an anderer Stelle (Das Reichskonkordat in der deutschen Rechtsentwicklung, aaO. S. 534) es „zweifelhaft" fand, „ob die Ausdehnung des Reichskonkordats auf Österreich sinnvoll wäre", und ein automatisches oder einseitig verfügtes Wirksamwerden „schon wegen seiner vertraglich festgelegten Begrenzung auf das alte Reich" für unstatthaft hielt, ist eine Stütze für meine obigen Ausführungen, aber ein praktisches Bedenken gegen seine Klausel-Prätentionen, das hier nicht weiter verfolgt werden soll.

[56] Staat und Bischofsamt, aaO. S. 164.

[57] Vgl. oben S. 78 Anm. 9. Die allgemeine Schwerpunktverlagerung vom Recht auf die Politik, vom Erkennen auf das Tun und von der Wahrheit auf die Macht, die das gesamte Staatshandeln des Dritten Reiches und seine Weltanschauung kennzeichnet, tritt auch im Blickfeld dieser Untersuchung immer wieder ins Licht.

datsrecht beziehen, einen juristisch einwandfreien Kern zu entwickeln und zu verstehen. Dabei soll nicht auf einzelne Widersprüche seiner Beweisführung näher eingegangen werden: daß er z. B. nur die bedeutungsvollsten Befugnisse des Staates aus dem Gedanken der Rechtseinheit ableiten will, daß er aber nicht daran denkt, in gleicher Weise die selbstverständlichsten staatlichen Verpflichtungen mit zu übernehmen[58], daß es ferner mit dieser Rechtseinheit seine eigene Bewandtnis hatte, der Gesetzgeber nämlich in jeder anderen Hinsicht ein höchst unterschiedliches Rechtsgepräge aufrecht erhielt und sogar schuf[59], weil er manches geltende Reichsrecht — darunter auch das Konkordat[60] — für zu reformbedürftig hielt, als daß er ihm noch einen neuen Geltungsbereich hätte erschließen wollen[61]. Das nach den Regeln des Völkerrechts zu behandelnde zweiseitige Konkordatsproblem wird so denaturiert[62]. Ja es stellt sich letzten Endes überhaupt bloß als Frage der Politik dar. **Weil es die Staatsraison zu erfordern scheint**, deshalb hat die Klausel auch in den angegliederten Gebieten zu gelten[63].

---

[58] Im Gegenteil berichtete Weber selbst schon 1939 (ZAkDR S. 450) über „Neues Staatskirchenrecht in der Ostmark und im Sudetenland", namentlich über die Beseitigung sämtlicher Staatsleistungen, wodurch die Kirchen auf Vereinsbeiträgen ähnelnde Privatleistungen angewiesen waren, womit „die Trennung von Staat und Kirche für sie nahezu vollständig durchgeführt" schien.

[59] Vgl. Anm. 58.

[60] Die NS-Presse hatte es schon 1933 als kurzfristige Übergangslösung angesehen; vgl. unten S. 187 mit Anm. 58.

[61] Vgl. Steinwenter, Das neue Reichsrecht in der Ostmark und sein Verhältnis zum Allgemeinen Bürgerlichen Gesetzbuch (Ztschr. d. Akad. f. Dtsches Recht, 7, 1940, S. 441).

[62] Wenn überhaupt, dann darf man hier von der „Apologie einer vorgefaßten Meinung" sprechen; Weber macht diesen Vorwurf der von ihm sog. vatikanischen Jurisprudenz (Politische Klausel, S. 92).

[63] Dieser Anspruch hat staatlicherseits nach der Angliederung Österreichs in Rechtsverordnungen seinen Niederschlag gefunden. Die Sechste Verordnung über die Übertragung von Aufgaben und Befugnissen des Reichsstatthalters in Österreich (Österreichische Landesregierung) vom 11. 1. 1940 (RGBl. I S. 60) bestimmte „auf Grund der §§ 16 und 18 des Gesetzes über den Aufbau der Verwaltung in der Ostmark (Ostmarkgesetz) vom 14. 4. 1939 (RGBl. I S. 777):
„§ 1. (II) Aus dem Geschäftsbereich des Reichstatthalters in Österreich ... werden übertragen: ...
II. Auf den Reichsminister für die kirchlichen Angelegenheiten ...
7. Die Wahrnehmung der staatlichen Rechte bei der Besetzung der bischöflichen Stühle ..."
Auf Grund dieser Verordnung bestimmte der 6. Erlaß des Reichsministers für die kirchlichen Angelegenheiten, betr. die Staatsaufsicht in kirchlichen Angelegenheiten, vom 19. 3. 1940:

Ernst Rudolf Huber[64] hat Webers Erörterung folgerichtig zu Ende gedacht. Er wirft die Frage auf, ob die staatskirchenrechtlichen Grundsätze — dazu zählt die Politische Klausel — „Bestandteil der fundamentalen Institutionen der politischen Grundordnung" sind. Wenn ja, treten auch die neugewonnenen Reichsteile notwendig unter diese Grundordnung. Wie dieses mit dem konkordatären **Vertragsrecht** zu vereinbaren sei, ist dann nur noch eine „konstruktive Schwierigkeit". Es gibt nur einen Ausweg[65]: das politische Erinnerungsrecht „einseitig aus der Kirchenhoheit des Reiches" abzuleiten. Die **Hoheit des Reiches** über das innerstaatliche Kirchenwesen — ausgeweitet bis auf die maßgebliche Beteiligung des Staates bei Besetzung der Bischofsstühle! — dieses Dogma ist die nicht wegzudenkende Voraussetzung von Webers Gedankengang! Nach diesem **Rückfall in ein antiquiertes Staatskirchentum**[66] in einer Arbeit über das **moderne** politische Erinnerungsrecht wird sich der Leser nur wenig wundern, wenn er in der Ausdeutung der Politischen Klausel ähnliche staatskirchliche Auffassungen entdecken wird.

„... 2. Die Anzeige von der Erledigung eines Bischöflichen Stuhles oder eines gleichgestellten kirchlichen Amtes ist durch das betreffende Domkapitel oder, soweit ein solches nicht vorhanden ist, durch das betreffende Generalvikariat an mich und an den örtlich zuständigen Reichsstatthalter zu richten. Das gleiche gilt von der Wahlanzeige des Kapitelvikars und der Anzeige der bevorstehenden Amtsübernahme durch einen neuernannten Bischof (Apostolischen Administrator). Im übrigen bleibt die **Wahrnehmung staatlicher Rechte bei der Besetzung der bischöflichen Stühle der Deutschen Reichsregierung vorbehalten**", (Die Sechste Verordnung bei Pfeifer, Die Ostmark, S. 637, 639; der Erlaß des Kirchenministers im AkKR 120, 1940 S. 285 ff.).

Der Hl. Stuhl hat der Reichsregierung keine Gelegenheit gegeben, die Anwendung der Politischen Klausel in Österreich zu erzwingen. Weil die Konkordatslage nicht geklärt war, wurden seit der Angliederung 1938 bis zum Zusammenbruch 1945 in der Ostmark keine Bischofsernennungen vollzogen, obwohl in diesem Zeitraum solche in Gurk und Linz fällig gewesen wären. Es waren dort Kapitelvikare mit Bischofsrang und den Vollmachten eines Ordinarius tätig — ein taktisch kluges Umgehen der staatlichen Ansprüche (vgl. dazu den Fall Aachen unten S. 166 ff.). Die Ernennungen wurden erst 1946 vollzogen. (Die Kenntnis dieses Sachverhalts verdanke ich einer Mitteilung des Erzbischöflichen Ordinariats Wien.)

[64] Staat und Bischofsamt, aaO. S. 163 f.
[65] Huber weist in Frageform auf ihn hin.
[66] So deutet auch Hilling, Besprechung von Weber, Politische Klausel, aaO. S. 137, die oben dargelegten Konstruktionsversuche dieses Verfassers.

VI. Zur deutschen Konkordatslage der Gegenwart*

Die Fortgeltung der deutschen Konkordate hängt an dem Schicksal der staatlichen Partner. Damit haben wir uns deshalb eingehend zu befassen.

Das Deutsche Reich als Staatsperson ist nicht untergegangen, sondern hat seine militärische Niederlage überlebt und besteht fort. Seitdem Hans Kelsen in zwei bedeutungsvollen Aufsätzen kurz vor und nach dem Zusammenbruch[1] aus der bedingungslosen Kapitulation der deutschen Wehrmacht und der Niederschlagung (abolition) der Regierung Dönitz den Untergang des deutschen Staatswesens folgern wollte, hat die deutsche und ausländische Völkerrechtslehre das Problem aufgegriffen und mit wachsender Intensität erörtert. Es ist hier nicht der Ort und erübrigt sich für den Zweck der vorliegenden Untersuchung, in die Diskussion einzutreten, sie kann auch im wesentlichen als abgeschlossen gelten. In zahlreichen wissenschaftlichen Arbeiten des In- und Auslandes, in den Entscheidungen deutscher, schweizer, österreichischer und britischer Gerichte sowie in offiziellen Äußerungen englischer und schweizer Regierungsstellen spricht sich bei variierender Begründung die in Deutschland weitaus herrschende und auch im Ausland zusehends an Boden gewinnende Auffassung aus: daß der deutsche Staat noch fortbesteht[2]. Deutschland, „Germany as a whole", „l'ensemble de l'Allemagne" — Formulierungen der Berliner Deklaration vom 5. Juni 1945[3] — ist deshalb nicht nur ein bloß territorialer oder ethnischer Begriff, auch nicht nur ein bequemer Sammelbegriff für Einzelpersonen, Gruppen jeder Art und Gebietskörperschaften, die sämtlich durch die alliierten Forderungen in Anspruch genommen

---

* Soweit die konkrete Gestaltung der gegenwärtigen Beziehungen von Staat und Kirche in Frage steht, konnten nur die Verhältnisse der Westzonen berücksichtigt werden.

[1] American Journal of International Law, Bd. 38 (1944) S. 689 ff. und Bd. 39 (1945) S. 518 ff.

[2] Vgl. hierzu den Bericht von Eberhard Menzel, zur völkerrechtlichen Lage Deutschlands, Europa-Archiv, 2 (1947) S. 1009 ff. und die dort angeführte Literatur; außerdem K. E. von Turegg, Deutschland und das Völkerrecht, Köln 1948, und vor allem Rolf Stödter, Deutschlands Rechtslage, Hamburg 1948.

[3] Abgedruckt im Europa-Archiv 1 (1946) S. 213 ff., vgl. hierzu auch G. A. Zinn, das staatsrechtliche Problem Deutschland, SJZ (1947) Sp. 8.

werden, sondern meint darüber hinaus Deutschland als Staatswesen, als Träger von Rechten und Pflichten. Deutschland ist weiterhin Völkerrechtssubjekt.

Daraus folgt die grundsätzliche Weitergeltung der vom Reich abgeschlossenen völkerrechtlichen Verträge. Der Oberste Finanzgerichtshof in München sprach sich in diesem Sinne für den Fortbestand der mit dem neutralen Ausland geschlossenen Handelsverträge aus[4], das Obergericht des Kantons Zürich und die schweizer Bundesregierung (der Chef der Justizverwaltung) für die Fortgeltung des Haager Zivilprozeßabkommens im Verhältnis der Schweiz zu Deutschland[5]. Die Konkordate, ebenfalls völkerrechtliche (nach einigen Autoren quasi-völkerrechtliche) Verträge, machen hiervon keine Ausnahme. Das R e i c h s k o n k o r d a t ist somit nach wie vor geltendes Recht und für Staat und Kirche verbindlich. Dieser Konsequenz kann sich die wissenschaftliche Meinung nicht verschließen, und nachdem so beachtenswerte Stimmen wie Erler[6], dem wir die erste bedeutungsvolle Studie zu unserem Thema verdanken, Figge[7], Hollós[8] und neuerdings Werner Weber[9] für die Weitergeltung eingetreten sind, wird diese theoretisch kaum noch bestritten.

Von den staatlichen Vertragspartnern der drei L ä n d e r k o n ’ k o r d a t e ist Preußen, dessen Existenz durch die Neugründung von Ländern aus seinem Territorium schon in Frage gestellt war, durch das Kontrollratsgesetz Nr. 46 endgültig zerschlagen, Bayern hat infolge der gegenwärtigen Zonenabgrenzung die Pfalz[10] verloren, und

---

[4] Abgedruckt im Jahrbuch für internationales und ausländisches öffentliches Recht, 1 (1948) Heft 1.

[5] Urteil vom 1. 12. 1945, abgedruckt in der Schweizerischen Juristenzeitung, 1946 S. 89 ff., vgl. auch DRZ 2 (1947) S. 31 ff.

[6] Die Konkordatslage in Deutschland, SJZ 2 (1947) S. 31 ff.

[7] Die Bedeutung des Reichskonkordats von 1933 für die praktische Rechtspflege, DRZ III (1948)) S. 12 f.

[8] Die gegenwärtige Rechtsstellung der katholischen Kirche in Deutschland auf Grund des Reichskonkordats und der Länderkonkordate, Würzburg 1948.

[9] Die Ablösung der Staatsleistungen an die Religionsgesellschaften, Stuttgart 1948, S. 25—33.

[10] In dem zur französischen Zone gehörenden bayerischen Kreis L i n d a u gilt nach wie vor das bayerische Landesrecht; vgl. K. Wolfart, Die staatsrechtliche Entwicklung und Lage des Kreises Lindau, DRZ, III, 1948, S. 55 ff.

Baden ist aus dem gleichen Grunde in zwei Teile gespalten: Nordbaden ist mit Nordwürttemberg zu einem besonderen Staatswesen verbunden, während Südbaden noch die badische Eigenstaatlichkeit repräsentiert. Mit den früheren Konkordatsländern sind gegenwärtig also nur Bayern und (Süd)Baden in ihrem verkleinerten Gebietsumfang identisch; die Konkordate der beiden Länder gelten hier eo ipso fort. Art. 182 der bayerischen Verfassung stellt das für Bayern ausdrücklich fest. Für den Fall der vorgesehenen Vereinigung von Württemberg, Baden und Hohenzollern zu dem sogen. Süd-West-Staat sieht der Entwurf eines Staatsvertrags die Anerkennung des badischen Konkordats für das ehemals badische Gebiet vor.

Zur Beurteilung der Rechtslage ist zwischen der vertraglichen Bindung des Staates nach außen und der auf Staatsgesetz beruhenden innerstaatlichen Geltung der Konkordate zu unterscheiden. Das durch den Gesetzgeber in innerstaatliche Normen transformierte, auf Behörden und Staatsbürger erstreckte konkordatäre Recht geht im Fall der Staatensukzession mit der Masse des öffentlichen und privaten Rechts auf den Nachfolgestaat über. In den gesamten früheren Geltungsbereichen des preußischen, des bayerischen und des badischen Konkordats bleibt deshalb trotz der erheblichen Grenz- und Herrschaftsveränderungen in diesen Räumen das in den Konkordaten grundgelegte Staatskirchenrecht solange bestehen, als es nicht von Staats wegen abgeändert oder aufgehoben wird. Die Vermutung spricht für die Weitergeltung des konkordatären Rechts.

Eine andere Frage ist es, inwieweit heute die deutschen Nachfolgestaaten durch die von ihren Gebietsvorgängern eingegangenen Konkordate gebunden sind. Sie findet ihre Lösung in der Tatsache, daß trotz der schmerzlichen Zerreißung in ein West- und ein Ostdeutschland das Reich nach dem Willen des deutschen Volkes über allen Grenz- und Herrschaftsverschiebungen im deutschen Raum als Staatsperson und somit als Subjekt völkerrechtlicher Verträge fortlebt und von den im Spiel befindlichen Mächten weiterhin als fortexistierend anerkannt wird. Das Reichskonkordat steht deshalb auch heute noch in Geltung und ist für die Vertragsparteien verbindlich; und mit ihm die drei Länderkonkordate in allen ihren bisherigen Anwendungsgebieten. Letztere wurden nämlich durch Art. 2 Abs. 1

des Reichskonkordats[11] in ein großes, das ganze Reich überspannendes konkordatäres Rechtssystem eingeschlossen. Die in den Länderkonkordaten niedergelegten Rechte und Freiheiten der Kirche wurden so reichsrechtlich garantiert; sie wurden in ihrem gesamten Umfang übernommen und dadurch zu Reichskonkordatsrechts gestempelt[12]. Mit dem Fortbestand des Deutschen Reiches ist mithin die Weitergeltung dieses gesamten staatskirchenrechtlichen Gefüges von Reichskonkordat und Länderkonkordaten gesichert, soweit sich nicht etwa eine der Vertragsparteien auf Grund der clausula rebus sic stantibus auf eines der vom Reichskonkordat rezipierten Länderkonkordate zurückziehen kann. Die Fortgeltung der Länderkonkordate ist infolgedessen, soweit ihr Inhalt in das Reichskonkordat übernommen wurde, von der Weiterexistenz des jeweiligen staatlichen Vertragspartners unabhängig. Diese Feststellung ist in erster Linie für das preußische Konkordat bedeutsam, da Preußen durch das Kontrollratsgesetz Nr. 46 zerschlagen ist. Die auf dem ehemals preußischen Staatsgebiet neuentstandenen Länder sind mit ihm nicht identisch[13]. Bayern ist mit dem Konkordatspartner gleichen Namens nur in seinem heute verkleinerten Gebietsumfang identisch, und als Konkordatsnachfolger des früheren Baden darf vom formaljuristischen Standpunkt aus wohl nur das heutige Südbaden angenommen werden[14], so daß für das bayerische und badische Konkordat ähnliches wie für das preußische Konkordat zu sagen ist. Denn die linksrheinischen ehemals bayerischen Gebiete und das mit Nordwürttemberg vereinigte Nordbaden sind wie aus dem Staatsverband der alten Konkordatspartner auch aus deren konkordatären Rechtsordnung ausgetreten; die früheren Staatsverträge der Länder haben deshalb für diese Gebiete ihre Wirkung verloren[15]. Trotzdem darf auf Grund

---

[11] „Die mit Bayern (1924), Preußen (1929) und Baden (1932) abgeschlossenen Konkordate bleiben bestehen und die in ihnen anerkannten Rechte und Freiheiten der katholischen Kirche innerhalb der betreffenden Staatsgebiete unverändert gewahrt. Für die übrigen Länder greifen die in dem vorliegenden Konkordat getroffenen Vereinbarungen in ihrer Gesamtheit Platz. Letztere sind auch für die oben genannten drei Länder verpflichtend, soweit sie Gegenstände betreffen, die in den Länderkonkordaten nicht geregelt wurden oder soweit sie die früher getroffene Regelung ergänzen."
[12] Erler, Konkordatslage, aaO. S. 199.
[13] Übereinstimmend Erler, Konkordatslage, aaO. S. 199.
[14] Erler aaO.
[15] Kraft Sukzessionsrechts, vgl. oben S. 82 ff. Das ist auch die Rechtsauffassung der Kurie, wie sie in der berühmten Konsistorialansprache Benedikts XV. (oben S. 79 Anm. 12) ausgesprochen ist. Erler bezweifelt aaO. die Weitergeltung, ohne sich indessen für die hier vorgeschlagene Lösung eindeutig zu entscheiden.

des Art. 2 des Reichskonkordats auch die Fortgeltung der drei Länderkonkordate in dem gesamten bisherigen Anwendungsgebiet behauptet werden.

Das Reichskonkordat ist also imstande, auch die drei Länderkonkordate ohne Rücksicht auf das Fortbestehen des jeweiligen staatlichen Vertragspartners zu tragen. Dieses bedeutet nun keineswegs, daß der Wegfall des Reichskonkordats notwendig auch das Ende der Länderkonkordate zur Folge haben müßte. Art. 2 des Reichskonkordats ist nicht so zu verstehen, daß er die mit den Ländern getroffenen Abkommen als Landesrecht vernichtet und gleichzeitig als Reichsrecht hätte in Geltung treten lassen. Sie blieben vielmehr als Länderkonkordate bestehen, war doch in Art. 2 Abs. 2 sogar die Möglichkeit des Abschlusses weiterer Länderkonkordate offen gelassen, nur daß solche neuen Übereinkommen von der Zustimmung der Reichsregierung abhängig gemacht waren. Die Länderkonkordate wurden indessen zusätzlich mit weiteren, reichsrechtlichen Garantien versehen und in ein umfassendes reichskirchenrechtliches System eingefügt. Mit Erlöschen des Reichskonkordats wären diese als Rechtsgrundlage der Beziehungen zwischen Kirche und Staat im deutschen Raum untergegangen, und die Länderkonkordate würden, nunmehr wieder auf sich allein gestellt, auch weiterhin gelten.

Diese unveränderte Weitergeltung des reichskonkordatären Rechtssystems ist zufolge der oben dargelegten Fortexistenz des Reiches rechtlich gesichert. Auch Erler scheint diese Auffassung für die am besten begründete und zweckmäßigste zu halten[16]. Falls diese Annahme nicht zutrifft, möchte er die Konkordate wenigstens als kirchenpolitische Richtlinien für die Verwaltungspraxis aufrechterhalten wissen[17], einen tatsächlichen Zustand also, dessen vertragliche Stützen entfallen wären und der einseitig vom Staat gehalten und von ihm auch zurücknehmbar wäre, soweit er nicht durch alte Rechtstitel und Gewohnheitsrecht gebunden ist. – Die heutige Verhältnislage von Staat und Kirche ist aber keinesfalls von Staates Gnaden. Keine der beiden Gewalten würde das als sachgerecht empfinden können. Staat und Kirche fühlen sich vielmehr in vollem Umfang an die alten Vereinbarungen gebunden.

---

[16] Konkordatslage aaO. S. 199.
[17] Wie es nach Ansicht Erlers nach 1913 in Elsaß-Lothringen der Fall war; vgl. oben S. 79 Anm. 13.

VI. Zur deutschen Konkordatslage der Gegenwart

Nicht nur die Theorie, auch die staatliche und kirchliche Praxis hat inzwischen eindeutig Stellung bezogen, und selbst dort, wo man glaubte, die Entscheidung vertagen und das Problem der deutschen Konkordatslage auf Jahre in der Schwebe halten zu können, waren die tatsächlichen Verhältnisse stärker und erzwangen eine hinreichend deutliche Stellungnahme. Zu der apriorisch-deduktiven Beweisführung, die die Geltung der Konkordate auf die Fortexistenz des Deutschen Reiches gründet, sind dadurch noch stärkere Stützen und überzeugendere Beweise getreten. In erster Linie ist hier die Besetzung der bischöflichen Stühle von Münster und Limburg im Herbst 1947 zu nennen. In beiden Fällen haben die Kapitel ihrer Landesregierung den gewählten Kandidaten notifiziert und angefragt, ob gegen denselben Bedenken politischer Natur beständen. Beide Regierungen antworteten negativ. Beide Regierungen nahmen auch den Treueid der Bischöfe ab[18]. Außer diesen feierlichen Staatsakten könnten noch weitere, weniger solenne, aber für die Fortgeltung der Konkordate nicht weniger beweiskräftige Tatsachen angeführt werden, z. B. das uneingeschränkte Festhalten an den beiderseitigen konkordatären Verpflichtungen auch bei der Ernennung von Domkapitularen und hinsichtlich der Dotationen, die — auf Konkordaten oder sonstigen Rechtstiteln beruhend — allgemein durch Zahlung praktisch anerkannt sind.

Diese Präzedenzfälle bringen auch Licht in die schwierige Frage, wer auf staatlicher Seite die zuständige Stelle ist. Auf dem Gebiet des fortbestehenden Reichs üben die Besatzungsmächte die Staatsgewalt aus; die deutschen Landesregierungen sind von ihnen delegiert. Die Vierteilung der Staatsgewalt auf vier heterogene Interventionsmächte und die undurchsichtige und keineswegs einheitliche Zuständigkeitsverteilung zwischen deutschen und Besatzungsinstanzen machen es schier unmöglich, generell zu bestimmen, wer in Konkordatsfragen zuständig ist. Die deutschen völkerrechtlichen Verträge fallen, soweit sie „Germany as a whole" betreffen und die Regelung der auswärtigen Beziehung Deutschlands nicht den vier Außenministern vorbehalten ist, in den Aufgabenbereich des Kontrollrats. Dieser hat sich 1947 auch mit der Frage des Reichskonkordats befaßt, offensichtlich aber ohne sich über dessen Anerkennung zu

---

[18] Das bedeutende präjudizierliche Moment wurde nicht dadurch ausgeschlossen, daß die Hessische Landesregierung betonte, zur Konkordatslage nicht Stellung nehmen zu wollen.

einigen. An seiner Stelle dürften deshalb die vier Zonenbefehlshaber zuständig sein, vollends, nachdem der Kontrollrat nicht mehr zusammentritt und so im Augenblick praktisch kein gemeinsames Organ da ist, das die oberste Gewalt in Deutschland ausübt, und jede Zone von der zuständigen Besatzungsmacht regiert wird. Nun haben die Militärregierungen der drei Westzonen in der Tat konkordatsfreundliche Äußerungen abgegeben, woraus indessen noch nicht allgemein vermutet werden darf, daß damit den Landesregierungen verbindliche Weisungen erteilt werden sollten[19]. Denn die Gestal-

---

[19] Für die US-Militärregierung bestimmten 1945 die „Written Laws for Germany":

„§ 59 b. The terms of the Konkordat of 1933 will be respected by the occupying powers and will be strictly observed."

In den „Regulations" der US-Militärregierung Ausgabe 1947 finden sich folgende Bestimmungen:

„Title 8—962. Status of Concordat between Germany and the Vatican State. The terms of the Concordat of 1933 remain technically binding and will be respected unless declared inoperative in whole or in part by the Allied Control Authority. Title 8—963. Status of Laender Concordats. The terms of the Concordats between the Holy See and Bavaria (1924), Prussia (1929) and Baden (1932), which are confirmed by the Article 2 of the Concordat of 1933, will be respected by Military Government unless the appropriate section of the 1933 Concordat is declared inoperative by the Allied Control Authority."

Vgl. ferner die Erziehungsinstruktion der britischen Militärregierung vom 14. 1. 1946, Abschnitt IV: „Das Konkordat 1933, Gegenwärtige Lage:

b) Die Militärregierung hat die Frage des Konkordats im allgemeinen und im besonderen in Verbindung mit den sich hieraus für das Erziehungswesen sich ergebenden Folgerungen erwogen.

c) Sie hat entschieden, daß das Konkordat, soweit es das Gebiet der britischen Besatzungszone betrifft, als zeitweilig außer Kraft befindlich betrachtet werden muß. Dies bedeutet nicht, daß es hinfällig geworden ist; man ist vielmehr der Ansicht, daß es wohl imstande ist, wieder aufzuleben und in Kraft zu treten, wenn die erforderlichen geeigneten Voraussetzungen bestehen, die zur Zeit nicht gegeben sind.

d) Obgleich die Militärregierung das Konkordat als zeitweilig außer Kraft befindlich betrachtet und deshalb seine Bestimmungen nicht d u r c h s e t z e n will, wird sie doch selbst soweit wie angängig sich nach den darin enthaltenen Bestimmungen richten, und sie wird auch den deutschen Behörden nahelegen, sich in ähnlicher Weise danach zu richten."

Die französische Militärregierung hat noch unter dem 10. Mai 1948 in ähnlicher Weise Stellung genommen:

„Le Concordat de 1933 n'a pas été reconnu par les alliés. Mais il n'a pas été abrogé. Les alliés ont convenu de le considerer comme „suspendu", laissant à chaque Commandant en Chef la liberté d'en appliquer les dispositions dans sa zone. Le Gouvernement Militaire Français a, jusqu'ici, respecté des clauses de

tung der Rechtsbeziehungen zu den Religionsgesellschaften ist bereits weitgehend Sache der deutschen Spitzenbehörden, wie aus Präzedenzfällen unschwer zu erkennen ist.

Das gilt namentlich für die Frage nach dem Adressaten der kirchlichen Anzeige: Welche politische Behörde übt das Erinnerungsrecht aus? Wenn hier auch grundsätzlich zu sagen ist, daß die Wahrnehmung von Rechten und Pflichten aus völkerrechtlichen Verträgen Sache der obersten Besatzungsbehörden, der deutschen Landesregierungen nur kraft Delegation, ist, so haben die Bischofserhebungen in Münster und Limburg gerade gezeigt, wie sehr letzteres bereits der Fall ist. Doch hängt das nicht allein von der innerdeutschen Kompetenzregelung zwischen deutschen und alliierten Spitzenbehörden ab, sondern ist ebenso aus dem Geist der Konkordate und den berechtigten Interessen des Vertragsgegners zu folgern. Eine Nachfolge der Alliierten in die Konkordate oder einzelne ihrer Bestimmungen würde aber ebenso sehr der kirchlichen Auffassung (vgl. die schon mehrfach genannte Konsistorialansprache Benedikts XV.[20]) wie auch den kirchenpolitischen Ansichten der Besatzungsmächte, zumal der Angelsachsen, widersprechen[21]. Der zulässige Inhalt einer Erinnerung — das sei hier schon vorweggenommen — bestimmt sich deshalb nach wie vor allein aus den Gegebenheiten des deutschen Staatslebens, zu dem heute allerdings die Anwesenheit und die Funktionen der Besatzungsmächte zählen.

Eine besondere Schwierigkeit in der Handhabung des Bedenkenrechts ergab sich unmittelbar nach dem Zusammenbruch aus dem Fehlen jeder diplomatischen Beziehung zwischen Deutschland (besser gesagt: den in Frage kommenden politischen Spitzeninstan-

---

Concordat dans la mesure où la nouvelle situation crée par l'effondrement de l'Allemagne lui en laissait la possibilité."

Eine russische Verlautbarung war für mich nicht erreichbar.

Die angeführten amtlichen Erklärungen stimmen mit dem oben im Text Gesagten überein. Die Anerkennung der Konkordatslage durch den Kontrollrat scheiterte an der uneinheitlichen Auffassung der Besatzungsmächte. Man hat das Reichskonkordat für „suspendu", für „zeitweilig außer Kraft befindlich" erklärt, was aber keinesfalls heißen sollte, daß es „abrogé" „hinfällig" geworden sei. Man wollte mit diesem juristisch schwer zu fassenden Kompromiß die Zuständigkeit der Zonenbefehlshaber an Stelle der des Kontrollrats begründen. In den drei Westzonen ist die Konkordatslage von der jeweiligen Besatzungsmacht in praxi durchweg als fortbestehend anerkannt.

[20] Oben S. 79 Anm. 12.
[21] Erler, Konkordatslage, aaO. S. 199.

zen) und dem Vatikan, seitdem auf Verlangen der Besatzungsmächte der Apostolische Nuntius wie alle neutralen Diplomaten zurückgezogen werden mußte. Die Anbringung der Anzeige, soweit sie durch den Hl. Stuhl erfolgt (nur nach preußischem Recht geschieht sie durch die Kapitel), und besonders die im Falle politischer Einwendungen notwendigen Verhandlungen setzen das Vorhandensein diplomatischer Beziehungen voraus[22]. Durch die Ernennung von Bischof Muench zum Apostolische Delegierten für Deutschland ist diese Schwierigkeit alsbald behoben worden.

---

[22] So zutreffend Weber, Politische Klausel. S. 49, 50 mit Anm. 1 unter Berufung auf Ottaviani, Institutiones, I S. 502; Petroncelli, La provvista (ausführlich zitiert unten S. 193 Anm. 3), S. 189; P. Ciprotti, La notifica preventiva delle nomine ecclesiastice, Il diritto ecclesiastico, 48, 1938 S. 219 f.

B. Die Rechtsnatur der Politischen Klausel

I. Die inhaltliche Seite des politischen Erinnerungsrechts

1. Bedenken „politischer Art"

Politik ist Staatshandeln. Das „Politische" meint den Gegenstand dieses Staatshandelns, seine Breite und Tiefe, seine Wurzeln, seinen Bereich und seine Atmosphäre[1].

Der Staatszweck, der nach den verschiedenen Staatsauffassungen sehr begrenzt oder sehr umfassend ist, kann[2] sich grundsätzlich auf die denkbar verschiedensten Gegenstände und Lebensbereiche werfen. Sobald nun ein Ding in den Interessenkreis des Staates fällt, ist es „politisch". Grundsätzlich kann also alles irgendwie „politisch" werden. Wenn man will, kann man deshalb von einer p o t e n t i e l -
l e n „Totalität des Politischen" sprechen[3].

Wenn Staat und Kirche in gemeinsamem Einvernehmen einen politischen und einen kirchlichen Bereich unterscheiden und in den Konkordaten eine mehr oder weniger deutliche Grenze zwischen beiden Ordnungen festlegen, so haben sie nicht diesen Begriff des Politischen. Denn dieser Begriff ist selber unbegrenzt, „total", und

---

[1] In einer allgemeinen Bedeutung kann jeder Mensch, jede Gruppe, jede Macht sich irgendwie politisch verhalten. — Hier kann, wenn eine Verständigung möglich sein soll, „politisch" dem Wort und der Sache nach nur auf den Staat bezogen sein.

[2] Das ist nicht im Sinne einer juristischen oder gar ethischen Würdigung, sondern als rein tatsächliche Möglichkeit ausgesprochen; übereinstimmend Ipsen, Politik und Justiz, S. 169 f.

[3] Das ist vorerst nicht anders als im Sinn einer historisch-phänomenologischen Feststellung zu verstehen.

Nach Carl Schmitt, der den „Begriff des Politischen" in einer gleichnamigen Schrift zum Gegenstand einer glanzvollen Untersuchung gemacht hat, ist die politische Einheit total, weil von ihr der Mensch selbst „ganz und existentiell erfaßt wird"; und sie ist souverän, „nicht in irgendeinem absolutistischen" oder zentralistischen Sinn, sondern insofern die maßgebende Entscheidung über den Konfliktsfall, über den Ernst- und Ausnahmefall „begriffsnotwendig immer bei ihr steht". „Sind die wirtschaftlichen, kulturellen oder konfessionellen Gegenkräfte so stark, daß sie die Entscheidung über den Ernstfall von sich aus bestimmen, so sind sie eben in die neue Substanz der politischen Einheit eingegangen" (S. 21 f.).

kann deshalb auch keine Grenze markieren. In den Vereinbarungen zwischen Kirche und Staat m u ß deshalb — das ist eine logische Notwendigkeit — das Wort „politisch" einen anderen Sinn haben. Es gibt allerdings keine bessere Methode, die Grenzsteine zu verrücken, als den Begriff des Politischen, so wie er in den Konkordaten steht, zu verdunkeln und ihm einen fremden Sinn zu unterschieben. Am gefährlichsten ist dieses, wenn ihm eine totale Bedeutung beigelegt wird. Denn dann steht das Heiligtum dem kirchenräuberischen Leviathan[4] offen, der mit seinen Tatzen ergreifen kann, was e r will. —

Diese schon aus Gründen einer elementaren Logik notwendige Abwehr einer totalitären Sinngebung des politischen Elements im Bedenkenrecht hat zwar eine begriffsimmanente Begrenzung vollzogen, die aber keineswegs fest bestimmt ist. Es bleibt der Auslegung noch ein so weiter Spielraum, daß in ihr die verschiedensten Auffassungen über das Verhältnis von Bischof und weltlicher Obrigkeit, Kirche und Staat, Religion und Politik ein breites Tummelfeld finden[5], so daß persönliche Haltungen und Denkweisen bei der Beurteilung dieses positiven Rechtssatzes ein ausschlaggebendes Gewicht erhalten können.

a) Grundsätzliches

In dieser wenig ermutigenden Lage bietet sich dem wissenschaftlichen Bemühen ein Auslegungsprinzip von nicht zu überschätzender Bedeutung und Brauchbarkeit an, auf das oben (S. 72 f.) bereits hingewiesen wurde. Die Politische Klausel ist die späte Frucht einer staatskirchenrechtlichen Entwicklung, die von einem innigen Verwobensein der kirchlichen und staatlichen Aufgabenkreise zu allmählicher Lösung und Entfremdung führte, bis zum „Kulminationspunkt der Trennung" (der hingegen schon seit Jahrzehnten wieder überwunden zu sein scheint)[6]. Aus diesen ideegeschichtlichen Ent-

---

[4] Im mythischen Bilde des Leviathan zeichnet Thomas Hobbes den totalen Staat; er zeichnet ihn als Tier und als Maschine, als großen Menschen und als deus mortalis, dem durch den Schrecken (terror) seiner Macht alles unterworfen ist. Vgl. Carl Schmitt, Der Leviathan in der Staatslehre des Thomas Hobbes, Sinn und Fehlschlag eines politischen Symbols, Hamburg 1938. — Daß die Motive der Hobbesschen Staatskonstruktion andere sind als die der modernen Staatspraxis und auch nicht ohne weiteres kirchenräuberisches Gepräge haben, sei hier nur am Rande vermerkt.

[5] Darauf macht auch Link, Besetzung, S. 298 aufmerksam.

[6] Vgl. Stutz, Päpstliche Diplomatie, S. 54 Anm. 2.

wicklungslinien, die an bestimmten politischen Vorgängen aufgezeigt wurden und ihrerseits zur Herausbildung dieser Rechtsfigur geführt haben, lassen sich Art und Richtung jener Einschränkung ablesen, die darin liegt, daß der Staat nur Bedenken politischer — nicht jedweder — Art äußern darf.

Wie die Kirche sich weitgehend aus dem Temporale zurückgezogen und vergeistigt hat, ja in diesem ihr ureigenen Bereich zur Großmachtstellung aufgestiegen ist, so soll auch der vielfach laisierte, agnostische Staat im allgemeinen und erst recht bei Einwendungen gegen Bischofskandidaten sich auf spezifisch staatliche Gesichtspunkte beschränken. „Politisch" im Sinne des konkordatären Bedenkenrechts gewinnt so eine Bedeutung, die der Grundbedeutung dieses Terminus sehr nahe kommt. „Politisch" ist danach, was in einer eigentümlichen Wesensbeziehung zum Staat steht, nicht solches, das heute den Staat berühren und das ihn morgen gleichgültig lassen kann. In den neueren Konkordaten und Abmachungen wird dieser Sinngehalt durch die Formulierung „allgemeinpolitisch" bekräftigt, was unbestritten so viel wie „staatspolitisch" besagen soll.

Die parlamentarischen Verfassungsverhältnisse Frankreichs und die darin begründeten Schwierigkeiten bei der Auswahl geeigneter Bischofskandidaten sowie die allgemeinen staatsrechtlichen Entwicklungstendenzen des 19. Jahrhunderts[7] haben uns weiterhin darüber belehrt, daß es der Sinn eines politischen Erinnerungsrechts sein müsse, parteipolitischem Störungsfeuer entzogen zu sein — ein geschichtlich vorgegebener Begriffsinhalt der politischen Bedenken, der überdies in ihrem allgemeinpolitischen" Charakter grundgelegt ist.

Die neueren Konkordate konkretisieren diesen Begriff der politischen Bedenken, indem sie die ursprüngliche Formulierung „Bedenken politischer Art" zu „Bedenken allgemeinpolitischer Natur" oder noch durch den Zusatz „aber nicht parteipolitischer Natur" abwandeln[8]. Aus dem Gesagten ergibt sich, daß hierin nicht eine

---

[7] Vgl. oben S. 40 ff. und S. 37 ff., 48 ff.

[8] Es ist eine methodische Erleichterung, sich hierdurch den Gang der Untersuchung vorzeichnen zu lassen, indem 1. die Frage nach den politischen Bedenken grundsätzlich aufgeworfen und nach ihrer positiven Seite beantwortet wird, 2. die Klärung durch eine negative Umgrenzung fortgeführt wird und 3. die in der neuzeitlichen Demokratie praktisch schwierige Unterscheidung von Bedenken politischer und parteipolitischer Natur versucht wird.

restriktive Tendenz zu erkennen ist, die das staatliche Bedenkenrecht noch einer weiteren Einschränkung hätte unterwerfen wollen, sondern daß der in der früheren Wendung „politischer Art" schon vorgegebene Sinn und Inhalt nur eine terminologisch näher bestimmte Ausprägung erfahren hat. Wenn deshalb beispielsweise das lettische Konkordat (Art. IV) dem Staat die Geltendmachung von „objections du point de vue politique" einräumt, das badische (Art. III) demgegenüber „Bedenken allgemeinpolitischer aber nicht parteipolitischer Natur"[9] zuläßt, so ist damit nicht eine materielle Verschiedenheit zwischen dem lettischen und dem badischen Erinnerungsrecht beabsichtigt, vielmehr ist der gleiche Begriffsinhalt dort abstrakt, hier konkreter ausgedrückt. Trotz dieser und geringerer Abweichungen im Wortlaut[9] sind s ä m t l i c h e P o l i t i s c h e n K l a u s e l n i n h a l t l i c h v o l l k o m m e n g l e i c h. Der Hl. Stuhl hat mit allen Staaten, die in neuerer Zeit mit ihm konkordierten, ein materiell in gleicher Weise begrenztes Erinnerungsrecht vereinbart. Der Bereich, aus dem Bedenken gegen Bischofskandidaten rechtmäßig hergeleitet werden können, hat in allen Abmachungen einen grundsätzlich gleichen Umfang[10].

Dennoch können in den einzelnen Staaten die in Frage kommenden Tatbestände voneinander abweichen. Was politischer (d. h. staatspolitischer) Natur ist, bestimmt sich im einzelnen nicht nach unanschaulichen Überlegungen und abstrakten Definitionen, sondern aus dem höchst differenzierten Charakter des jeweils betroffenen Staates[11].

---

[9] S. oben S. 70 ff. Anm. 36.

[10] Diese auffallende Eigenart des politischen Erinnerungsrechts ist im deutschen Fachschrifttum, soweit ich sehe, bisher nur von Roedel-Paulus, Reichskirchenrecht, S. 78 f., hervorgehoben worden. Petroncelli, Polemica aaO. S. 4 stellt vor allem im Hinblick auf die spanische Konvention vom 7. Juni 1941 (darüber unten S. 181 ff.) übereinstimmend fest, daß in dieser Vereinbarung und den Nachkriegskonkordaten die staatlichen Bedenken keine formalen Unterschiede aufweisen.

Den entgegengesetzten Standpunkt in der Auslegung der politischen Bedenken nimmt zu der hier vertretenen Auffassung Werner Weber, Politische Klausel, S. 63 ein. Er unterstellt zwar ebenfalls, daß die neueren Formulierungen „keine Modifikation gegenüber der schlichteren Formel ‚politische Bedenken‘" bedeute, sondern allenfalls in Erinnerung bringe, „daß es sich um spezifisch politische Einwendungen handeln muß". Was Weber aber unter „politisch" versteht, ist nämlich das Gegenteil unseres „staatspolitisch", wie sich später (S. 117 ff.) zeigen wird.

[11] Dieser Grundsatz ist unten S. 110 ff. eingehend zu begründen.

b) Die Tatbestände des tschechoslowakischen Modus vivendi (Art. IV Abs. 2)

Im Mittelpunkt aller möglichen Klauselfälle[12] werden hingegen immer Tatbestände stehen, wie sie Art. IV Abs. 2[13] des tschechoslowakischen Modus vivendi in ihrer schwerwiegendsten und eindeutigsten Art umschreibt. Es ist dieses die einzige Abmachung, in der die bereits sechzigjährige Vereinbarungspraxis eine faßbare Inhaltsbestimmung der politischen Bedenken hervorgebracht hat. Denn während die obengenannten näheren Umschreibungen — Bedenken allgemeinpolitischer aber nicht parteipolitischer Natur — noch so allgemein sind, daß sie neue Quellen zahlreicher Streitfragen eröffnen[14], hat die Kurie mit der tschechoslowakischen Regierung feste Tatbestände vereinbart, die in erster Linie eine staatliche Bedenkenäußerung rechtfertigen sollen. Danach sollen unter Erinnerungen politischen Charakters alle Einwendungen verstanden sein, die die Regierung begründen könne durch Tatsachen, die sich auf die Sicherheit des Staates beziehen; z. B. diese, daß sich der Kandidat einer solchen politischen Tätigkeit schuldig gemacht habe, die irredentistisch, separatistisch oder gegen die bestehende Verfassung oder die öffentliche Ordnung des Landes gerichtet sei[13][15]. Es geht hier also allein um die Sicherheit des Staates, d. h. um Fragen der staatlichen Existenz, wie sich denn auch aus der Aufzählung der Tatbestände ergibt, die zwar nicht abschließend, aber doch beispielhaft und kennzeichnend sein wollen.

c) „Verfassung" und „Sicherheit"

Was im einzelnen als Verfassung zu gelten hat, bestimmt sich nach dem jeweiligen staatlichen Recht[16]. Dabei ist von den wirklichen Verfassungsverhältnissen auszugehen, die sich mit dem Inhalt eines von der Nationalversammlung beschlossenen Staatsgrundgesetzes nicht immer zu decken brauchen; so zählt zu dem

---

[12] Ebenso wie vom „Bündnisfall" kann man auch vom „Klauselfall" sprechen.
[13] S. oben S. 70 Anm. 36.
[14] Wie sich unten S. 135 und S. 138 ff. zeigen wird.
[15] Link, Besetzung, S. 220 Anm. 36 weist darauf hin, daß Schwierigkeiten bei der Ernennung von Dr. Jantausch zum Apostolischen Administrator von Tyrnau (Trnava) — die Regierung erhob damals (1922) Bedenken parteipolitischer Natur, die der Hl. Stuhl nicht berücksichtigte — diese Erläuterung mitverursacht haben.
[16] Nicht nach staatlicher Willkür; der andere Vertragsteil hat ein unbestreitbares Recht, sich den Sachverhalt vorlegen zu lassen. Vgl. unten S. 151 ff.

hier geschützten Gut der „Verfassung" ebenso selbstverständlich auch alles ungeschriebene Recht, das aus der den Staat tragenden politischen Gesamtentscheidung einer Nation hervorgegangen ist[17]. Aber nur die r e c h t l i c h e Grundordnung! Keinesfalls aber ein tatsächlicher M a c h t zustand[18], die augenblickliche Herrschaft einer Regierungspartei oder dergleichen Wie der Bischof durch den Treueid[19], wo ein solcher vorgesehen ist, auf die Verfassung verpflichtet wird zunächst ohne Rücksicht auf ihren moralischen oder politischen Wert, ihr legales Zustandekommen usw., in dem gleichen Maße ist sie, ohne daß die genannten Umstände von Belang wären[20], gegen eine revolutionäre „activité politique" geschützt. Damit ist aber — von dem Geistlichen ebensowenig wie von jedem anderen Staatsbürger — nicht eine Festlegung auf eine grundsätzlich starre und bis ins Letzte absolut unabänderliche Norm gefordert. Ein Volk kann seinen status revidieren und reformieren und tut es tatsächlich, indem es durch fortschreitende Auslegung und gegebenenfalls durch Änderung der Verfassung im Rahmen der gleichen staatsrechtlichen Grundordnung sich neue Formen seiner politischen Existenz gibt. Der Geistliche und Bischof hat als Staatsbürger teil an diesem „pouvoir constituant", und selbst eine auf Verfassungsänderung hinzielende Tätigkeit kann keinesfalls politische Bedenken begründen, wenn dazu nur ein verfassungsmäßig vorgesehener Weg

---

[17] Das Verfassungsrecht des Dritten Reiches war z. B. in zahlreichen Gesetzen und Verordnungen niedergelegt. Es gab keine formellen Verfassungsgesetze. — Dieser Verfassungsbegriff deckt sich mit dem des Strafrechts; vgl. die Ausführungen des deutschen Reichsgerichts im Sächs. Archiv 3 S. 366 (bei Nagler, Hoch-, Landes- und Volksverrat, in der Sammlung Gürtner, Das kommende deutsche Strafrecht, Bericht über die Arbeit der amtlichen Strafrechtskommission, Besonderer Teil, Berlin 1935, S. 82).

[18] In Übereinstimmung hiermit sogar noch der Bericht der NS-Strafrechtskommission 1935; vgl. Nagler aaO. Dagegen sträubt sich Huber, Der Schutz der Verfassung, ZAkDR 1938 S. 79 ff.

[19] Ebenso wie bei der Auslegung der politischen Bedenken überhaupt würde gerade hier der Eid als Verfassungseid gute Aufschlüsse geben. Soweit es der Rahmen dieser Arbeit zuläßt, kommen wir demnächst bei Besprechung des Treueides hierauf zurück (unten S. 127 ff.).

[20] Dafür bietet gerade die Verfassung der Tschechoslowakischen Republik vom 29. Februar 1920 ein bemerkenswertes Beispiel: Sie war nicht durch eine nach den Grundsätzen des allgemeinen Wahlrechts berufene Nationalversammlung, sondern nur von den Delegierten der tschechischen und slowakischen Parteien beschlossen und oktroyiert worden. Von den 13,6 Millionen Einwohnern waren fast 5 Millionen (alle nicht-slawischen, insbesondere die deutschen Volksgruppen) nicht vertreten. Eine Ratifikation durch Volksabstimmung ist ebensowenig erfolgt. Vgl. Adler, Tschechoslowakische Verfassung, S. 10 f.

eingeschlagen wurde[21]. Nicht die gewollten inhaltlichen Veränderungen — und seien sie noch so tiefgreifend — kennzeichnen die Bestrebungen als verfassungsmäßig („immanent") oder verfassungswidrig („transzendent"), sondern allein die Art und Weise, auf die sie herbeigeführt werden sollten. Eine Revisionsklausel verbürgt in allen Fällen die Verfassungsmäßigkeit. Nur die Anwendung illegaler Kampfmittel gegen die Verfassung kann eine zulässige Begründung für eine politische Erinnerung abgeben.

Enthält eine Verfassung keine Befugnis zu ihrer Änderung, so haben solche Bestrebungen grundsätzlich einen revolutionären Charakter und laufen auf Verfassungsbruch hinaus[22], rechtfertigen also, wenn es sich um eine ausgesprochene „activité politique"[23] handelt, staatliche Einwendungen. Doch wird man hier eine Einschränkung machen müssen. Eine Tätigkeit gegen die Verfassung als solche liegt dann noch nicht vor, wenn außerhalb der grundlegenden politischen Gesamtentscheidung über Art und Form des Staates andere Bestimmungen[24] angegriffen werden, Verfassungsbestimmungen also, die von der entscheidenden Koalition der Nationalversammlung vielleicht nur deshalb in die Verfassung aufgenommen wurden, um ihre Abänderbarkeit zu erschweren. Das gilt vor allem, wenn ihre Änderung in einer besonderen abnormen Lage, nach Wegfall wesentlicher Voraussetzungen, aus unabdingbaren Erfordernissen spezifischer kirchlicher Lebensbedürfnisse[25] oder im Interesse der religiösen oder politischen Existenz des Ganzen für notwendig gehalten werden darf[26]. Es ist nicht einzusehen, daß Bestrebungen im Sinne solcher nationaler oder religiöser Lebensbedürfnisse allein deshalb staatsfeindlich sein sollen, weil die Verfassung mit einem formalen Mangel behaftet ist und nicht die Möglichkeit einer Änderung vorsieht. Die Gefahr des Mißbrauchs dieser

---

[21] Zum folgenden vgl. Merkl, Das Problem der Rechtskontinuität und die Forderung des einheitlichen rechtlichen Weltbildes, aaO. S. 513.

[22] Merkl aaO.

[23] Auf „Tätigkeit" liegt der Nachdruck; bloße Gesinnung und Haltung mögen sie auch in die Öffentlichkeit hineinwirken, genügen nicht.

[24] Solche, die nicht die „Substanz" der Verfassung ausmachen, z. B. die Schulbestimmungen.

[25] Für diese Auffassung liefert das „sicut decet episcopum" der Treueide ein unabweisbares, unten S. 133 ff. näher zu würdigendes Argument.

[26] Dem entspricht beim Treueid der mögliche Konflikt zwischen Treue zu Volk und Nation einerseits und Loyalität gegenüber der Verfassung (und der verfassungsmäßig gebildeten Regierung) andererseits, in dem der Treupflicht der Vorrang gebührt; vgl. unten S. 132.

Grundsätze hat bei ihrer Würdigung außer Ansatz zu bleiben. Sie kann nicht hindern, daß auch in diesem Ausnahmefall eine staatliche Erinnerung nicht gerechtfertigt ist.

Diese Überzeugung liegt auch den Erörterungen im preußischen Landtag über die Politische Klausel des Vertrags mit den evangelischen Landeskirchen vom 11. Mai 1931 zugrunde[27], deren diesbezügliche Übereinstimmung mit dem katholischen Konkordat ausdrücklich festgestellt wurde[28].

Von diesem an der Verfassung des Staates ausgerichteten, „normativ" gebundenen Teil der authentischen Umschreibung der politischen Bedenken im tschechoslowakischen Modus vivendi hebt sich unverkennbar die Gruppe der verbleibenden Tatbestände ab: „irredentistische" und „separatistische" Tätigkeit sowie Störung der öffentlichen Ordnung richten sich gegen die Sicherheit des Staates[29] und zwar nicht gegen Sonderwerte der Rechtssicherheit, Verkehrssicherheit und sonstige, vielleicht bürgerlichem Sekuritätsbedürfnis dienende „Sicherheiten", sondern gegen die Staatssicherheit schlechthin, die Sicherung der staatlichen Existenz. Hier lassen sich keine Normen angeben, die die Art und Weise ihrer Gefährdung näherhin umschreiben könnten; ihr Gewicht wird deshalb mehr als

---

[27] So führte z. B. der Abg. Hestermann aus, daß der Staat „an der Spitze eines hohen kirchlichen Amtes nicht einen a b s o l u t e n Gegner der Verfassung" zu dulden brauche. „Ich hoffe auch, daß nicht etwa deshalb Bedenken staatspolitischer Art erhoben werden können, weil sich irgendein Geistlicher oder eine andere Persönlichkeit innerhalb der Kirche bemüht, in vollkommen l e g a l e r W e i s e durch Tätigkeit in einer politischen Partei oder in einem politischen Verein B e s t i m m u n g e n   d e r   R e i c h s v e r f a s s u n g   z u   ä n d e r n. Bis weit in die Kreise der Mitte hinein wird z. B. die Notwendigkeit anerkannt, die Reichsverfassung in der Richtung zu ändern, daß der Reichspräsident eine stärkere Stellung bekommt. Aus solchen Bestrebungen kann man selbstverständlich nicht Bedenken staatspolitischer Art gegen irgend jemand herleiten, der sich mit ihnen auf durchaus legale Weise identifiziert. Selbstverständlich kann der Staat an einer Stelle, die er subventioniert, niemand dulden, der die heutige Reichsverfassung m i t   G e w a l t   u m s t ü r z e n will. (Sitzungsber. des pr. Landtags 15, 1931 Sp. 21 165 — Sperrungen nicht im Original.)

[28] Vgl. die amtliche Begründung zu Art. 7 des Vertrages mit den evangelischen Landeskirchen, Nr. 7312 der Drucksachen des Preußischen Landtags, Bd. 11 Sp. 7016 ff.

[29] Obwohl im Wortlaut des Art. IV Abs. 2 des Modus vivendi, die „sécurité de l'Etat" als Oberbegriff verwandt wird, bezeichnet „Sicherheit" in einem engeren Sinn treffend die durch diese Handlungen besonders gefährdete staatliche Existenzweise.

eine „Tätigkeit" der erstgenannten Art durch die besonderen Verhältnisse des Staates im konkreten Fall bestimmt[30].

d) Bedeutung dieser authentischen Interpretation für die Auslegung sämtlicher Politischen Klauseln

Die in der Wissenschaft überwiegende Neigung[31] möchte diese einzig dastehende Verdeutlichung des politischen Erinnerungsrechts auch für die Auslegung der übrigen Politischen Klauseln verwerten, was Hilling[32] und mit besonderem Nachdruck Weber[33] bestreiten. Beiden ist zuzugeben, daß der Modus vivendi als Vertrag zwischen dem Vatikan und der Tschechoslowakei nur unter diesen Partnern Rechte und Pflichten begründet, die authentische Interpretation unmittelbar auch nur für dieses Rechtsverhältnis gilt und nicht sklavisch in die Auslegung anderer Abmachungen übernommen werden darf[34]. Andererseits stehen sich aber sämtliche Politischen Klauseln in inhaltlicher Hinsicht weitaus näher als etwa die von Weber[35] zum Vergleich angeführten Institute des bürgerlichen oder des Handels- und Wirtschaftsrechts innerhalb des abendländischen Rechtskreises. Zwar sind die Konkordate nicht Teile ein und desselben politischen Rechtssystems; aber nicht einmal die verschiedenen staatlichen Rechtsordnungen sind Welten für sich, sondern stehen in vielfältigen tatsächlichen Zusammenhängen, die das praktische Leben stets zwischen ihnen schafft. Das gilt erst recht für die verschiedenen Vereinbarungen der Staaten mit der Kurie, bei denen die eine Vertragspartei stets dieselbe ist. Wenn hier ganz gleiche Fragen immer wieder in der gleichen Form und Ausdrucks-

---

[30] Vgl. unten S. 110 ff. — Die hier vorgeschlagene Unterscheidung zwischen „Verfassung" und „Sicherheit" findet außerhalb dieser vereinbarten Erläuterung der politischen Bedenken ihre Rechtfertigung in dem Aufbau der staatlichen Bischofseide, die nach dem Treuegelöbnis in ihrem Sachgehalt eine bemerkenswerte Zweigliedrigkeit aufweisen. Dazu unten S. 131.
[31] Perugini, Concordata vigentia, S. 123 Anm. 81, S. 148 Anm. 15, S. 183 Anm. 26, S. 269 Anm. 20; Eichmann, Kirchenrecht, I S. 260 Anm. 1; Koeniger, Konkordate, S. 168 Erl. 32 c; zurückhaltender sprechen sich dafür aus Mörsdorf, Besetzungsrecht, S. 150 f.; Ders., Der neueste Stand, aaO. S. 730 Anm. 29; Bednorz, Concordat de Pologne, S. 67 f. (bei Weber, Politische Klausel, S. 53 Anm. 1); Link, Besetzung, S. 221 f. und 292 f.
[32] Besprechung von Mario Petroncelli, La provvista (ausführlich angeführt unten S. 193 Anm. 3), AkKR 113, 1933 S. 686.
[33] Politische Klausel, S. 24 u. 53 f.
[34] So ebenfalls Link, Besetzung, S. 221 f. u. 292.
[35] aaO. S. 54.

weise geregelt werden, dann ist nicht anzunehmen, daß sich hinter der gleichlautenden Wortfassung ein verschiedenartiger Sinn verbirgt. Wenn Weber meint, das Ringen des staatlichen und des kirchlichen Standpunkts um die Abstimmung von Hoheitsrechten habe zu verschiedenen Ergebnissen geführt, so trifft das zwar für die T r a g w e i t e in wenigen Fällen[36], aber auch nur hier, zu. Wenn ebenfalls hinsichtlich der i n h a l t l i c h e n Bedeutung des politischen Erinnerungsrechts einige Staaten ihre Auffassung besser als andere hätten zur Geltung bringen können, dann hätte das im Wortlaut der Klauseln irgendwie zum Ausdruck kommen müssen. Das ist aber mitnichten geschehen[37]. Die unleugbare, auch von Weber mehrfach bemerkte Gleichförmigkeit[38] gerade des materiellen Gehalts schließt die Annahme aus, daß die Verhandlungspartner bewußt eine in früheren Konkordaten festgelegte und im tschechoslowakischen Modus vivendi authentisch interpretierte Klausel übernommen hätten, um damit einen ganz anderen Sinn zu verbinden, diese Abweichung aber mit keinem Wort zur Darstellung gebracht hätten. Der richtige Standpunkt wird sich vielmehr dadurch gewinnen lassen, daß Bestimmungen, die mit dem bisherigen Konkordatsrecht übereinstimmen, auch in dessen und seiner herrschenden Lehre Sinn zu verstehen sind[38a]. Der tschechoslowakische Modus vivendi hebt durch beispielhafte Namhaftmachung gewisser kennzeichnender Tatbestände den inhaltlichen Kernbereich der politischen Bedenken ins Licht. Daß dieser die einzige Inhaltsgrundlage für das Bedenkenrecht dieser Regierung war[39], besagt noch

---

[36] Vgl. unten S. 176—186.

[37] Daß dafür nicht Umschreibungen wie „allgemeinpolitischer Natur" oder „nicht parteipolitischer Art" herangezogen werden können, ist oben S. 101 f. ausgeführt.

[38] Vgl. oben S. 70—72, bes. S. 72 Anm. 40.

[38a] Denselben Gesichtspunkt legt Weber seiner scharfsinnigen Studie über die Ablösung der Staatsleistungen an die Religionsgesellschaften zugrunde: Mit der fast wörtlichen Wiederholung der Ablösungsklausel (Art. 138 Abs. 1) der Weimarer Verfassung in den Länderverfassungen von Hessen, Thüringen, Sachsen usw. „ist ein großer Teil dessen, was die Rechtslehre, die Judikatur und die Verwaltungspraxis an Grundsätzen, Auslegungsregeln und Präzedenzentscheidungen zu Art. 138 Abs. 1 WRV entwickelt hatten, in den neuen Rechtszustand übernommen" (aaO. S. 16 f.).

[39] Die Kurie hatte nach den vorangegangenen anhaltenden Spannungen (vgl. auch oben S. 103 Anm. 15) und üblen Erfahrungen mit der tschechoslowakischen Regierung, die zur plötzlichen Abreise des Nuntius im Jahre 1925 führten (vgl. Link, Besetzung, S. 24 mit Anm. 34 und die dort Angeführten), hier besondere Veranlassung, mit Zugeständnissen zurückhaltend zu sein.

nicht, daß auch die Befugnisse der übrigen Regierungen, die durch keine authentische Interpretation verdeutlicht sind, ebenfalls auf die dort aufgeführten Gesichtspunkte festgelegt sind. Aber es ist hier doch ein Grundmotiv angeschlagen, das irgendwie den Charakter jeder Politischen Klausel bestimmt. Es wird dadurch in Übereinstimmung mit unseren entwicklungsgeschichtlichen Überlegungen durch diese ergänzend klargestellt, daß „politisch" im Sinne dieser Konkordatsbestimmung nur ein Prädikat solcher Sachverhalte sein kann, die in einer existentiellen Beziehung zum Staat stehen.

Das eigentliche Problem der politischen Bedenken fängt dort an, wo die Tatbestandsumschreibung dieses Modus vivendi aufhört; daß mit ihr der Begriffsumfang nicht erschöpft ist, wird nicht bezweifelt, zumal sie sich selbst als nicht abschließend betrachtet[40].

e) Stellungnahme des Fachschrifttums

Es fehlt nicht an Versuchen, eine genauere Bestimmung der politischen Bedenken zu geben, die aber trotzdem selten über die Umgrenzung des Modus vivendi und die unten[41] zu besprechende Unterscheidung „allgemeinpolitischer" und „parteipolitischer Natur" hinausgehen[42]. Das ist auch keineswegs verwunderlich; zu-

---

[40] Die Aufzählung wird eingeleitet durch die Wendung „par exemple"; der Satz enumeratio ergo limitatio ist deshalb hier nicht am Platz.

[41] S. 135 ff. und S. 138 ff.

[42] M ö r s d o r f : „Bei den politischen Bedenken handelt es sich hiernach um Fragen der hohen Staatspolitik: Die Sicherheit des Staates, der Bestand seiner Verfassung soll geschützt werden ... Die Vorbringung politischer Bedenken ist schlechthin gerechtfertigt bei denen, die sich irgendwie separatistischer oder landesverräterischer Handlungen schuldig gemacht haben. Nur aus diesen und ähnlich liegenden, die Einheit, Unversehrtheit und Sicherheit des Staates unmittelbar berührenden Anlässen und unter Beiseiteschiebung aller persönlichen Beweggründe darf das politische Bedenkenrecht ausgeübt werden" (Besetzungsrecht, S. 151).

E i c h m a n n : „Diese politischen Bedenken wären von der Regierung zu begründen: also z. B. der Kandidat ist Separatist, Landesverräter, Vorkämpfer einer anderen (monarchischen bzw. republikanischen) Staatsform" (Kirchenrecht, I S. 259).

O t t a v i a n i : „Sane sub his verbis pronum est intelligere rationes quae unitatis nationalis tuitionem, integritatis territorii atque pacis socialis conservationem respiciant, non autem quaevis rationes aut facta quae ad ordinem politicum quidem referuntur, sed respiciunt tantummodo v. g. differentias opinionum inter diversas factiones politicas quae intra ambitum legum constitutionalium agunt" (Institutiones I S. 503 [bei Weber, Politische Klausel, S. 56]).

B e d n o r z : will nur Einwendungen gegen einen Kandidaten zulassen, „qui aurait travaillé contre l'ordre public, contre la Constitution ou contre l'intégrité

nächst, weil die bedeutendsten Schwerpunkte staatlicher Existenz: Sicherheit, territoriale Integrität, Verfassung und öffentliche Ordnung in den Tatbeständen enthalten und diese Begriffe andererseits so vielsagend und so umfassend sind, daß in aller Regel damit auszukommen ist, um die lebenswichtigen Belange des Staates zu schützen; außerdem aber, weil eine allgemeine Darstellung des positiven Inhalts der Bedenken politischer Art an Grenzen gebunden ist, die mit diesen Aussagen beinahe erreicht sind. Es ist eben die Schwäche alles Abstrakten, nicht im voraus das Konkrete restlos erfassen zu können.

Der Sinngehalt der politischen Bedenken ist also schwieriger im Sinne technisch-juristischer Bemühung — die Wissenschaft muß abstrahieren und typisieren, will sie sich nicht selbst verleugnen — als im effektiv-praktischen Sinn der Politik zu fassen. Aber auch juristisch läßt sich derartigen Rechtsfiguren gerecht werden, indem man sie als Generalklauseln wertet[43], d. h. als Tatbestand, dessen Grenzen flüssig sind, der sich den verschiedenartigsten individuellen Staatsnotwendigkeiten anpassen kann.

f) Das jeweils „Staatspolitische" als Individuationsprinzip der politischen Bedenken

Der bisherige Verlauf der Erörterung hatte zum Ziel, eine absolute, für alle Staatswesen allgemeingültige Bestimmung der „Bedenken politischer Art" zu geben. Dazu wurde der abstrakte Begriff „staatspolitisch" entwickelt und an Hand des Art. IV Abs. 2 des tschechoslowakischen Modus vivendi durch Aufzählung und Beschreibung einzelner Kerntatbestände verdeutlicht. Das Ergebnis dieses und gleichlaufender Erklärungsversuche im Fachschrifttum wird aber, wie bereits hervorgehoben wurde, nicht sämtlichen denkbaren politischen Gegebenheiten gerecht. Es fragt sich, wie ein Konstruktionsprinzip gefunden werden kann, das auch den äußersten und seltensten Fällen Rechnung trägt.

Es gilt also, den allgemeinen Begriff „staatspolitisch" für die konkrete Situation zu erschließen. Die entscheidende „Öffnung" in

---

territoriale même de l'Etat" (Concordat de Pologne, S. 69 [bei Weber, Politische Klausel, S. 57]).

Weber: Seine stark abweichende Auffassung wird unten S. 117 ff. besonders gewürdigt.

[43] Im einzelnen dazu unten S. 115 ff.

dieser Richtung stellt der Begriff selbst in der einen Komponente „Staat" zur Verfügung, die nicht ein abstraktes Phänomen meint, sondern den jeweils hier und dort, in dieser bestimmten Epoche, mit seinen eigentümlichen Gefährdungen existierenden Staat in den Begriff hineinhebt. Wie überhaupt die Bestimmung des hier gemeinten Politischen im Bereich des Staates zu suchen ist[44], so ist, besonders in Grenz- und Zweifelsfällen, aus dem Gesichtswinkel des jeweilig betroffenen Staates zu beurteilen, ob die gegebenen Umstände staatsauflösende Kräfte entbinden können und deshalb politische Bedenken rechtfertigen. So sind denn die geschriebene oder ungeschriebene politische Grundordnung des betroffenen Staates, seine „Verfassung" und seine besonderen existentiellen Sicherheitsbedürfnisse das jeweilige Individuationsprinzip der politischen Bedenken. Anders ausgedrückt: Jeder erhebliche Umstand in der Person des zum Bischof Ausersehenen kann grundsätzlich[45] staatliche Einwendungen rechtfertigen, sobald er ernsthaft das Lebensmark des Staatsganzen angreift. Die Schädigungen existentieller Staatsbelange braucht nicht notwendig Wesensmerkmal dieses Umstandes zu sein; es genügt, daß äußere und zufällige Folgen die bezeichnete Wirkung haben.

Damit gewinnen die politischen Bedenken einen durchaus subjektiven Zug, der Vergleichspunkte mit dem „Politischen Delikt" des Auslieferungsrechts zuläßt[46]. Bei beiden kommt es darauf an, daß eine Relation zum Politischen (bzw. „Staatspolitischen") be-

---

[44] Die Tatbestände des tschechoslowakischen Modus vivendi sind denn auch ganz aus staatsrechtlichem Material gebaut. Barion, Über doppelsprachige Konkordate, aaO. S. 249, trifft hierzu eine interessante Feststellung, wenn er mit Bezug auf die deutschen Konkordate bemerkt, daß die staatsrechtlichen und staatskirchenrechtlichen Begriffe unverkennbar im deutschen Text, die kirchenrechtlichen im italienischen Text genauer herausgearbeitet sind, und daß sich „die Terminologie des deutschen Staatsrechts und Staatskirchenrechts der Übertragung in die lateinische oder italienische Sprache nur schlecht fügt". — Zum ganzen vgl. aber oben S. 103 Anm. 16 und unten S. 146 ff.

[45] Es wurde bereits hervorgehoben, daß in aller Regel sich in der politischen Wirklichkeit nichts außerhalb der Tatbestände des tschechoslowakischen Modus vivendi angeben läßt, was den Staat so nahe berühren würde, daß aus ihm Bedenken hergeleitet werden könnten.

[46] Darauf hat in einem anderen Zusammenhang schon Werner Weber, Politische Klausel, S. 53 aufmerksam gemacht.

steht⁴⁷. Diese aber kann grundsätzlich von jedem Bereich aus gesetzt werden⁴⁸. Dieser formalen Ähnlichkeit beider Institute stehen tiefgreifende Unterschiede gegenüber: Es steht ganz im Belieben der Regierung (oder anderer innerstaatlicher Instanzen, z. B. damit befaßter Gerichte)⁴⁹, ob sie die Straftat eines auf ihr Staatsgebiet geflüchteten Ausländers als „Politisches Delikt"⁵⁰ bewerten will und deshalb seine Auslieferung an den darum ersuchenden Heimatstaat verweigert. Diese streng subjektive staatliche Befugnis ist dem politischen Erinnerungsrecht fremd. Was politische Bedenken sind, haben die Konkordatspartner nach Ausweis der Geschichte, des Wortlauts und der immanenten Logik dieser Rechtsfigur weitgehend objektivieren wollen: nur gegen die Verfassung gerichtete Handlungen des Kandidaten und in ihm begründete, die Sicherheit des Staates gefährdende Umstände sind geeignet, staatlichen Bedenken das erforderliche Gewicht zu verleihen. Welchen Gegebenheiten allerdings im konkreten Fall diese maßgebende Bedeutung zukommt, bestimmt sich aus der individuellen Natur des betreffenden Staates.

Wenn auch kaum vorstellbar ist, daß die mit der Tschechoslowakei vereinbarten Tatbestände für ein Staatswesen einmal nicht Fragen von existentiellem Rang wären, so trifft Bednorz⁵¹ grundsätzlich doch das Richtige, wenn er zwischen den osteuropäischen Staaten (Polen, Litauen, Rumänien, Teschoslowakei), die nach dem ersten Weltkrieg ihr Gebiet durch Hereinnahme beträchtlicher völkischer Minderheiten vergrößert hatten, und den alten westeuropäischen Ländern unterscheidet; bei den erstgenannten, so führt er aus, stelle die „intégrité territoriale" einen besonders kritischen Punkt dar, weshalb hier die Regierung ein besonderes Interesse daran habe, solche Geistliche von der Beförderung auf Bischofsstühle ausgeschlossen zu sehen, die sich mit der Existenz dieser

---

⁴⁷ Für das „Politische Delikt" vgl. Hermann Siebenhaar, Der Begriff des Politischen Delikts im Auslieferungsrecht, bes. S. 26 ff.

⁴⁸ Denn das Politische „kann seine Kraft aus den verschiedensten Bereichen menschlichen Lebens ziehen" (Carl Schmitt, Begriff des Politischen, S. 21).

⁴⁹ Siebenhaar aaO. S. 88 ff.

⁵⁰ Ein „Politisches Delikt" ist nach Siebenhaar aaO. S. 74 „ein Delikt, das für den (um Auslieferung) ersuchten Staat aus politischen Gründen nicht strafwürdig erscheint", weshalb er dem Täter Asyl gewährt.

⁵¹ Concordat de Pologne, S. 69 f. (bei Weber, Politische Klausel, S. 57 f.).

Staaten nicht befreunden könnten[52,53]; in den westeuropäischen Staaten kämen dagegen solche Gesichtspunkte überhaupt nicht in Betracht[54], so daß sich hier die politischen Bedenken auf den Fall der „activité contre la Constitution ou contre l'ordre public du pays" beschränkten. Dem ist nur noch hinzuzufügen, daß in solchen Staaten, deren Einigkeit durch nationale, soziale oder sonstige Frontbildungen zerrissen und deren politische und territoriale Integrität dadurch ernstlich gefährdet wird, auch schon schwächere Indizien zur Begründung politischer Bedenken ausreichen; daß hier vielleicht schon Sachverhalte spezieller wie volkstums- oder sozialpolitischer Natur in eine besonders gefährdete Lage führen können, oder daß nicht erst eine „Tätigkeit", wie der tschechoslowakische Modus vivendi annimmt, sondern schon offenkundige Bestrebungen eines Bischofskandidaten für den Staat zu Fragen von existentiellem Rang werden.

Wir würden in eine praktisch unmögliche Detaillierung hineingeraten, wollten wir nur damit beginnen, mit der Absicht möglichster Vollständigkeit einen Katalog denkbarer Tatbestände zusammenzustellen und mit Bezug auf die verschiedensten Staatswesen mit sehr differenzierter innenpolitischer Struktur sämtliche in Betracht kommenden Möglichkeiten darzulegen, gegen einen Kandidaten gerechtfertigte politische Bedenken vorzubringen. Wie die erwähnten Beispiele zeigen, haben wir vor allem den Gedanken fern-

---

[52] Vgl. auch de la Brière, La renaissance contemporaine du Droit canonique, aaO. S. 68.

[53] Es ist schwer einzusehen, wie Weber von diesen juristisch einwandfreien Darlegungen des Abbé Bednorz behaupten kann: der Vatikan werde hier „in keiner geringeren Rolle als der des Garanten des status quo von Versailles vorgestellt und die Politische Klausel als das Mittel, das er im Rahmen dieser Rolle" gewähre (Politische Klausel, S. 58). Zwar waren die Konkordate und nicht zuletzt die Politischen Klauseln für die Oststatten, die sich infolge der fremdnationalen Bevölkerungsteile vor eine innenpolitisch hochgespannte Lage gestellt sahen, auch Mittel in dem System der Legitimierung und Stabilisierung ihres politischen status quo. Das bedeutet aber noch keineswegs, daß der Papst zur Konstruierung oder auch nur zur Rechtfertigung dieser Staatskonstruktionen seine Hand geboten hätte. Es ging vielmehr darum, in den einmal geschaffenen Staatswesen die Loyalität des hohen und nicht selten zu anderem Volkstum als dem führenden gehörenden Klerus zu gewährleisten. Im gleichen Sinn betont Gefaeller, Kirchenrechtliche Änderungen, S. 59, daß von einer „kirchlichen Sanktion der politischen Grenzen" keine Rede sein könne.

[54] Wenngleich wir Bednorz im Grundsatz zustimmen, so ist diese Folgerung, wie gesagt, doch außergewöhnlich gewagt und kann heute, zumindest für Kontinental-Europa, nicht aufrechterhalten werden.

zuhalten, daß diese mannigfaltigen Sachverhalte der normativen Geschlossenheit nach Art des Straf- oder Prozeßrechts unterworfen werden könnten. Die subtilen Gegebenheiten und erforderlichen Rücksichten eines friedlichen Zusammenlebens von Staat und Kirche entziehen sich einer starren Normierung. Eine konkordatäre Regelung k a n n hier nicht mehr tun, als die groben und allgemeingültigen Umrisse dieses weiten und heiklen Gebietes abstecken und höchstens — wie im tschechoslowakischen Modus vivendi — einige Schwerpunkte herauszuheben. Zwischen diesen Schwerpunkten und den aus dem Wortlaut und der Natur der Sache sich ergebenden Grenzen sind mannigfache und juristisch nicht auszuschöpfende Möglichkeiten verborgen, und selbst im Grenzgebiet bleibt noch ein weiter Spielraum. Hier tritt an die Stelle der Rechts l e h r e die Rechts a n w e'n d u n g in der Politik, die Kunst der Verwirklichung der von der Rechtswissenschaft herausgearbeiteten Grundsätze[55]: die D i p l o m a t i e.

Die Rechtstheorie ist nicht in der Lage, der Rechtspraxis in einer Politischen Klausel geschliffene Tatbestände an die Hand zu geben. Die politische Auseinandersetzung bedarf ihrer aber auch nicht. Ja, es wäre nicht einmal gut, wenn die Konkordatspartner hier alle Einzelheiten normiert hätten. Ob in diesem oder jenem Fall mit Recht Bedenken gegen einen Vertreter des Alten oder des Neuen, gegen einen Revolutionär oder einen Konservativen, gegen den „aktiven" Angehörigen einer völkischen Minderheit oder einer sozialen Klasse geltend gemacht werden, läßt sich nur in eben diesem Fall entscheiden und wird sehr wesentlich von der in einem solchen Augenblick gegebenen, gespannten oder beruhigten innenpolitischen Lage abhängen. Die historisch-politische Verumständung, das positive Recht, die Frage nach der Legalität oder Legitimität, die tatsächlichen Machtverhältnisse und andere hineinspielende Faktoren werden jeweils verschieden gedeutet, beantwortet und bewertet und würden sehr bald eine näher umschriebene Norm zerbrechen. Vor allem in Zeiten politischer Umwälzungen würde jede auf Einzelheiten festgelegte Regelung immer wieder problematisch werden.

---

[55] Es ist keine Frage, daß Politik interessen- und machtgebunden ist. Aber ihre entscheidenden Positionen darf sie nicht bei sich selber suchen wollen, sondern hat sie sich doch vom Recht anweisen zu lassen, muß sich die Diplomatie von der Jurisprudenz entleihen, wenn sie nicht zu einer Afterpolitik und Afterdiplomatie werden sollen, deren Grundnorm der vermeintliche Nutzen ist.

g) Die Politische Klausel – eine Generalklausel

α) Die Politische Klausel entgeht der Gefahr, durch geschichtliche Umwälzungen überholt zu werden, weil sie eine Generalklausel ist. Alle existentiellen Belange der hohen Staatspolitik, alle wirklich das Lebenswerk eines Staatsganzen berührenden Rücksichten finden durch sie Eingang in die Begründung staatlicher Einwendungen gegen Bischofskandidaten; sie ist die ewig junge Form für die sich wandelnden und häufig unvorhergesehenen Staatsnotwendigkeiten und wird neuen Schwerpunktbildungen politischer Macht ebenso gerecht wie der je spezifischen „Achillesverse" eines Staates; sie ist die große Glocke über den mannigfaltigen Lebensbedürfnissen der verschiedenen Staatsindividuen. Deshalb – und nicht, weil sie ein „dilatorisches Formelkompromiß" wäre[56] – marschiert sie in allen neueren Konkordaten und Vereinbarungen zwischen Papst und Staatsregierungen. Nicht ein einzelner Staat und schon gar nicht jene ersten weltlichen Vertragspartner – Montenegro und Kolumbien – haben diese Rechtsfigur geschaffen, sondern die vatikanische „Großmacht", die zweitausendjährige römische Dynastie. Sie ist nicht aus den Erfahrungen einer staatlichen Rechtsordnung geformt, sondern denen des vatikanischen Rechts, dessen ungeheurer, von keinem anderen Recht auch nur entfernt erreichter Geltungsbereich Angehörige verschiedenster Rassen, Sprachen, Nationalitäten und Kulturen umfaßt. Die politische Klausel trägt verwandte Züge, ohne die sie nicht begriffen werden kann[57].

β) Wir verdanken der Studie des Zivilrechtlers Hedemann[58] und nicht weniger den Erfahrungen, die wir mit der Rechtspflege des NS-Regimes gemacht haben, die Erkenntnis, daß jede Generalklausel einen Januskopf hat. Neben ihren gepriesenen Vorzügen hat sie unverkennbare, **gefährliche Schwächen**, und es ist eine bemerkenswerte Erfahrung, daß die Klauseln des privaten und des öffentlichen, ja des internationalen, konkordatären Rechts vielfach die gleichen Nachteile aufweisen: Die Generalklausel ermöglicht gegebenenfalls ein „Verwischen aller Grenzen" objektiver Maßstäbe,

---

[56] Vgl. dazu oben S. 73 ff.

[57] Darauf wurde bereits im Zusammenhang der terminologischen Befundnahme, oben S. 75, aufmerksam gemacht.

[58] Die Flucht in die Generalklauseln, eine Gefahr für Recht und Staat, Tübingen 1933.

an deren Stelle weitgehend subjektives Empfinden treten kann[59]; woraus lähmende „Unsicherheit, innere und äußere"[60] erwächst; denn wenn eine Generalklausel aufhört, Maßstab zu sein, wird sie zur „einseitig und unkontrollierbar zu führenden Waffe"[61]. Das gibt ihr einen unheimlich verführerischen Reiz; sie frißt sich weiter[62], obwohl nach Hedemann ihre „Grenze funktionell dahin zu bestimmen" ist, daß sie „nur zur Abwehr" der ihrem Geist widersprechenden Sachverhalte berufen ist, „nicht aber umgekehrt zum Angriff"[63]. Zum Angriff aber bietet sie selbst dem Überlasteten und dem Müden[64] — und man könnte hinzufügen: dem, der mit schwachen Rechtsgründen kämpft — verlockende Möglichkeiten: mit ihr kann er, wie auf einem „bequemen Polster"[64] zugkräftige Trümpfe ausspielen und im öffentlichen Recht kann er mit ihr wie mit einem leichten Hebel „die Verteilung der politischen Macht" regeln[65], zu Recht oder Unrecht, zu Gutem oder Bösem. Gefährlich ist es, wenn der Staat sich ihrer so bedient. Doch brauchen Generalklauseln in der Politik nicht notwendig zu Gewalttat und Unrecht zu führen. Hedemann weiß eine Möglichkeit, die Gefahr zu bannen. Er stellt sie uns in einer Formulierung vor, die — und das ist verblüffend — sich vollständig mit dem deckt, was oben zur Erläuterung des politischen Erinnerungsrechts gesagt wurde. Hedemann sagt: „Die Lösung sehe ich in folgendem. Der jeweilige Träger der Macht wird sich den Unterschied zwischen den wirklich staatsnotwendigen Fragen und dem übrigen Teil der Rechtsordnung vor Augen halten müssen"[66]. Das wollen wir festhalten! Generalklauseln aber in der Hand der „Usurpatoren, Diktatoren, Eroberer der Weltgeschichte" — das ist „die äußerste Gefahr der Generalklauseln"! Dann „fließt der Beweglichkeitsfaktor mit dem Machtfaktor in eins zusammen"[67]; dann „steigt

---

[59] Hedemann, Generalklauseln, S. 68. Bei schlagwortartigen Zitaten gibt die Anmerkung nur die Fundstelle bei Hedemann wieder, ohne besonders hervorzuheben, wenn Hedemann fremde Äußerungen anführt.

[60] Hedemann aaO. S. 67.

[61] aaO. S. 52.

[62] aaO. S. 7.

[63] aaO. S. 56.

[64] aaO. S. 67.

[65] aaO. S. 61.

[66] aaO. S. 73; Sperrung wie im Original.

[67] aaO. S. 51.

Byzanz empor und die Zeichen weisen auf Niedergang"[68]!

Soweit die Theorie. Und Hedemann glaubte 1933 trotz seines klaren Blicks — wie viele aufrechte Deutsche — „noch weit entfernt von solchen Dingen" zu sein[69]. Wir brauchen heute nicht aus einer jahrhunderteweiten Ferne Byzanz und Byzantinismus herzubemühen. Wir sind auch der Notwendigkeit enthoben, hier konkrete Folgerungen aus diesen geradezu bedrohlichen Seiten jener Generalklausel zu ziehen, um ähnliche oder gleiche Feststellungen für die Politische Klausel zu treffen. Solcher Mühe hat uns Werner Weber enthoben, der, was rechtstechnisch durchaus im Bereich der Möglichkeit liegt, seine Auslegung der Politischen Klausel auf ihren, von Hedemann und hier sogenannten gefährlichen Potenzen aufbaut.

h) Die Deutung Werner Webers

Nach der Auffassung Werner Webers sollen politische Bedenken alle die Einwendungen sein, „die aus dem Bereich der Lebensvorgänge (und zwar sämtlicher Lebensvorgänge) in Volk und Staat erhoben werden, und die daran anknüpfen, daß der beanstandete Bischofskandidat diesen Lebensvorgängen gegenüber nicht mit Sicherheit eine Haltung beobachten wird, wie sie von der Treuepflicht gegenüber Staat und Volk gefordert wird"[70]. Selbst aus „**Anliegen des kirchlichen Lebens**" soll der Staat Gründe für eine politische Erinnerung schöpfen dürfen, „soweit Staat und Volk von ihnen berührt werden"[70]. In Wirklichkeit gibt es aber kaum eine innerkirchliche Frage, die nicht irgendwie auch als zufällige oder unvermeidbare äußere Folge und Nebenwirkung Interessen des Staates berührt[71], so daß den staatlichen Einwirkungen — unsere jüngsten Erfahrungen berechtigen uns zu sagen: dem Leviathan — praktisch der gesamte Kirchenraum geöffnet wäre. Darüber können auch nicht die beschwichtigenden Versicherungen hinwegtäuschen, daß „das staatskirchenrechtliche System der Gegenwart — mindestens im Verhältnis zwischen Staat und katholischer Kirche auf deutschem Reichsgebiet — grundsätzlich keine

---

[68] aaO. S. 74; Sperrung wie im Original.
[69] aaO. S. 75.
[70] Politische Klausel, S. 75 (auch die Klammer bei Weber).
[71] Womit sie aber noch keineswegs aufhört, eigene Angelegenheit der Kirche zu sein; vgl. auch o. S. 24 mit Anm. 67 und Ebers, Staat und Kirche, S. 259.

Konfundierung innerkirchlicher Zielsetzungen und staatlicher Anliegen im Sinne der Erscheinungsformen des Staatskirchentums mehr zulassen" wolle[72]. Genau das Gegenteil lehren bereits die kirchenpolitischen Prozeduren des NS-Regimes seit den ersten Eingriffen in das Rechtsleben der evangelischen Kirche (seit 1934), sämtlich notorische Ausschreitungen eines modernen Staatskirchentums[73], die Werner Weber nicht hätten entgehen dürfen. In der bei ihm angezogenen Formulierung Ernst Forsthoffs „Separation der Zwecke"[74] vermögen wir nicht viel weniger als das liberale Trennungsprinzip in lateinischem Gewande zu erblicken; diese Ausdrucksweise mochte wegen ihrer liberalen Untertöne sehr geeignet für beruhigende Erklärungen sein, war aber eben deshalb ein nicht praktisch gewordener[75] Fremdkörper im NS-System[76]. Webers Erläuterung der politischen Bedenken kennzeichnet sich dadurch als durch den anfangs[77] zurückgewiesenen totalen Begriff des Politischen bestimmt, der bei Weber eine absolutistische Färbung an-

---

[72] Politische Klausel, S. 75.

[73] Vgl. Gurian, Der Kampf um die Kirche im Dritten Reich, S. 68—76.

[74] Forsthoff, Verträge zwischen Staat und evangelischer Kirche, aaO. S. 148; das Zitat bei Weber aaO. S. 75.

[75] Diese Feststellung wird auch nicht durch Vorgänge entkräftet wie etwa die Umstellung der katholischen und evangelischen Kirche Österreichs und des Sudetenlandes von Staatszuschüssen auf private (Vereins-)Beiträge (im einzelnen hierzu Weber, Neues Staatskirchenrecht in der Ostmark, aaO.).
Schon die tiefgreifende Staatsaufsicht der kirchlichen Finanzgebarung hebt diese Maßnahme von liberalen „Trennungsgesetzen" ab. Derartige äußere Ähnlichkeiten mit den Trennungsgedanken des 19. Jahrhunderts entspringen vielmehr rein zufällig dem Hauptunterschied zwischen NS-Staatskirchentum und dem Staatskirchentum josephinischer, bayerischer oder gallikanischer Prägung: letztgenannte Erscheinungsformen erkannten die Kirche durchaus in ihrem Eigenwert an und suchten sie, vor allem unter Maximilian I., nach Kräften zu fördern und so nach ihrer Überzeugung auch dem Staatszweck am besten zu dienen. Das Hitlerregime wies demgegenüber aus brutalem und mißverstandenem Staatsegoismus der Kirche als dem „Weltfeind Nr. 2" in seiner Freund-Feind-Konstellation einen Platz in der unmittelbaren Nachbarschaft des Bolschewismus zu.

[76] Dieser Widerspruch ist schon von Huber, Staat und Bischofsamt, aaO. S. 165, bemerkt worden: Weber habe den Versuch, die Politische Klausel „durch den Ausschluß ‚kirchlicher Bedenken' zu begrenzen, preisgegeben; die politische Klausel wird von der ‚Totalität des Politischen' und nicht von der ‚Separation der Zwecke' her interpretiert, und das politische Erinnerungsrecht hat keinen festumrissenen Inhalt mehr, sondern bedeutet eine Generalklausel, deren Inhalt durch eine Art staatlicher Kompetenz-Kompetenz in der konkreten Situation bestimmt wird".

[77] Oben S. 99 f.

1. Bedenken „politischer Art"

genommen hat[78]. Für das staatliche Erinnerungsrecht gibt es hiernach keine inhaltliche Grenze mehr; der Begriff „politische Bedenken" ist absolut offen und geeignet, alle denkbaren Gesichtspunkte aus den Lebensvorgängen in Volk und Staat in sich aufzunehmen.

Zur Stütze dieser allein dastehenden Auffassung beruft sich Weber[79] auf die „Totalität des Politischen", eine These, die seinen Ausführungen eine letzte, allerdings weniger juristische als eben politische Unwiderleglichkeit geben soll. Vor allem zitiert er den in feinsinniger Untersuchung herausgearbeiteten „Begriff des Politischen" von Carl Schmitt und läßt darüber keinen Zweifel, daß er dieses „Politische" mit dem „Politischen" im Sinne des Bedenkenrechts identifiziert. Damit vermengt er zwei Größen, die nur den Namen gemeinsam haben, die aber völlig verschiedenen Denkweisen entsprungen und verschiedenen Ordnungen zugehörig sind[80].

Nach Carl Schmitts bekannter Studie ist es ein p o l i t i s c h e r „Begriff des Politischen". Sein Wirkbereich ist die Ebene des Politischen; hier leistet er vortreffliche Dienste als Leitgedanke einer bestimmten Staatsauffassung und daraus abgeleiteter staatlicher Prätentionen: ein politisches Konstruktionsprinzip von hohem Rang. Der von Carl Schmitt[81] hervorgehobene „polemische Sinn" aller politischen Begriffe weist ihm seinen Standort ausdrücklich in dem vom Recht zu unterscheidenden Gebiet des Politischen an, d. h. auf jener Ebene, auf welcher sich von positiv-rechtlichen Bindungen des Staates abstrahieren läßt[82]. Es hieße jedoch m. E. die interessante Untersuchung mißdeuten, wenn man in ihr die Verdichtung des Begriffs des Politischen zu einem Rechtsbegriff zu finden glaubte, der mit den vertraglich vereinbarten Konkordatsnormen in Konkurrenz treten müßte. Auch einem Staat, der als „totale" und

---

[78] Es erscheint uns deshalb schon aus diesem Grunde nicht gerechtfertigt, wenn sich Weber hierzu auf jenen „Begriff des Politischen" beruft, den Carl Schmitt in der gleichnamigen Schrift in glänzender Weise zur Darstellung gebracht hat. Schmitt weist auf der von Weber angeführten S. 22 jede Konfundierung mit irgendwelchen absolutistischen Gedanken irgendwelcher Art mit Nachdruck zurück; vgl. oben S. 99 Anm. 3.

[79] Politische Klausel, S. 74, 76.

[80] Ein ähnliches Mißverständnis unterlief Weber bereits bei der Auslegung des von Ulrich Stutz gebrauchten Begriffs „politisch"; vgl. oben S. 32 ff.

[81] Begriff des Politischen, S. 13.

[82] Vgl. Petraschek, Philosophie des Staates und des Völkerrechts, Zürich-Leipzig 1938, S. 48, 407.

„souveräne" politische Einheit dasteht, wäre deshalb weder die Möglichkeit genommen, sich vertraglich gegenüber einer anderen sozialen Einheit zu binden, noch wäre die Verbindlichkeit solcher Vereinbarungen in Frage gestellt, und schon gar nicht wäre etwas über die Auslegung solcher Abmachungen gesagt. Gegenstand jener Untersuchung sind ausgesprochenermaßen[83] nicht „Normativitäten", sondern „die seinsmäßige Wirklichkeit und reale Möglichkeit" des Politischen, d. h. nach Carl Schmitts berühmter Definition: der Freund-Feind-Unterscheidung, weshalb positives Recht und Gesetzmäßigkeit nicht zu den Kategorien dieser Schrift zählen.

Das konkordatäre Bedenkenrecht hat einen ganz andersartigen Begriff des Politischen. Durch Aufnahme in den Text der Politischen Klausel ist er zu einem positiven Normbegriff objektiviert, der überdies seiner Entstehung und dem Wortlaut nach auf einen umschriebenen Sachbereich: das Allgemein- oder „Staatspolitische" eingegrenzt ist. Er verträgt deshalb nicht den Schmuck jener suggestiven und faszinierenden Gloriole, die dem „Politischen" als Idee, als Leitgedanken und Konstruktionsprinzip eignet[84]. Er ist staatskirchenrechtlich normiert und relativiert, steht damit im Rahmen einer bestimmten positiv-rechtlichen Ordnung und ist Teil einer geschichtlichen, unverwechselbaren, jahrzehntealten Rechtsgestalt, eben des politischen Erinnerungsrechts, und infolgedessen von dessen Geist und Zweck durchdrungen und bestimmt. Allein aus diesem Sinnzusammenhang kann deshalb eine maßgebliche Deutung gewonnen werden; ihn außer acht lassen heißt, den nervus rerum verfehlen.

Es ist deshalb ein arges Mißverständnis, wenn sich Weber zur Auslegung eines positiven Rechtsbegriffs einer politischen, d. h. polemischen Idee bedient und diese ganz disparaten Komplexe miteinander vermengt, die beide unter der nur zufällig gleichen Flagge eines und desselben grammatischen Ausdrucks segeln. Durch diese Begriffsverwechslung gelingt es Weber, die Erörterung auf die schiefe Ebene eines totalen Begriffs des Politischen zu bringen, auf der sich mühelos und mit dem Anstrich von Selbstverständlichkeit alle erwünschten Befugnisse dem Staat in den Schoß schieben lassen.

---

[83] Begriff des Politischen, S. 9 f.
[84] Vgl. indessen unten S. 202.

i) Exkurs: Zur Totalität des Politischen

Im übrigen halte ich die Redensart von der „Totalität des Politischen" im Verhältnis von Staat und Kirche für nicht am Platze und für durchaus ungeeignet, einen auf dieser Ebene strittigen Sachverhalt für die alleinige Zuständigkeit des Staates zu reklamieren. Denn in der gleichen Weise und mit dem gleichen Recht läßt sich von einer — quantitativ nicht unterschiedenen — Totalität des Kirchlichen (Religiösen) sprechen[85], so daß hiermit für eine sachgemäße Abgrenzung der beiderseitigen Hoheits- und Einwirkungsbereiche noch nichts gewonnen ist. In solchem Zusammenhang ist diese Formel nur brauchbar für die Verfechter einer omnipotenten und totalitären Staatsgewalt zur Formulierung ihrer gegen den kirchlichen Bereich gerichteten, politischen Bestrebungen[86].

---

[85] So selbst Weber, Politische Klausel, S. 74; auch Huber, Verträge, S. 37, gibt zu, „daß Angelegenheit der Kirche alles das ist, was nach dem Wesen der Kirche in ihren Aufgabenkreis fallen k a n n , und es darf nicht übersehen werden, daß die Kirche ein Verband mit universalem Zweck ist, daß also nach ihrem Wesen alles Erdenkliche zur kirchlichen Angelegenheit werden kann".

[86] Damit ist nichts über die sonstige Eignung dieses Begriffs gesagt, vor allem wenn die darin ausgedrückten Ansprüche sich gegen Bereiche wenden, die nicht mit dem Anspruch auf Totalität auftreten können.

Außer der Kirche, die dem Staat nebengeordnet ist, lassen sich zwei Gebiete unterscheiden, die den Staatszweck begrenzen: „Nach unten" ist es der Privatbereich, der nach liberaler Auffassung außerordentlich weitreichend ist und auch Wirtschaft, Wissenschaft, Kunst und vieles andere umfaßt. Nur ein unveräußerlicher Kernbestand — in der Regel ursprüngliche Forderungen der Natur und tiefwurzelnder Sitte wie Ehe, Familie, Privateigentum usw. — bildet hier für das Vordringen des Staatszwecks, für die Totalität des Politischen, eine absolute Grenze. Die modernen Verfassungen versuchen ihn und manches andere in den sog. Grundrechten zu sichern.

„Nach oben" ist es die globale Gemeinschaft der gesamten Menschheit (Reiche, ein Empire regionale Systeme, Blockbildungen, Hemisphären u. dgl. gehören für diesen Gesichtspunkt zum staatlichen Bereich), ein in seinem Gehalt heute noch sehr verschwommener Begriff mit einem ebenso unklaren, oft als Tarnung imperialistischer Machtgelüste mißbrauchten Ideal: der Humanität. Die Menschheitsfamilie konstituiert sich und gibt sich ihr Recht durch das Medium der Staaten. Seine Geltung und Anwendbarkeit ist bis heute im allgemeinen von der Zustimmung des betroffenen Staates abhängig. Stabile Einrichtungen einer überstaatlichen Organisation bestehen erst auf so akzidentellen Gebieten wie der Post, des Gesundheitswesens, zur Bekämpfung des Mädchenhandels u. dgl. und sind im übrigen in Ansätzen erkennbar, wie dieses gesamte Kraftfeld noch sehr in Entwicklung begriffen ist. Die staatliche Souveränität ist in dieser Richtung, wie man sieht, bislang kaum begrenzt. Analog den Grundrechten gibt es auch hier selbstauferlegte Beschränkungen, neuestens im Vorspruch der französischen Verfassung vom 13. 10. 1946.

I. Die inhaltliche Seite des politischen Erinnerungsrechts

Zum gleichen Ergebnis führt eine kurze entwicklungsgeschichtliche Besinnung. Die „Wendung zum totalen Staat", d. h. zu einer modernen Staatsallmacht, deren Zuständigkeit sich auch über Wirtschaft, Kultur und andere, bisher staatsfreie, weil dem Kraftfeld des Individuums zugehörige Lebensbereiche erstreckt, wird mit der „Integration der Gesellschaft in den Staat" erklärt. Als „jene dualistische Konstruktion von Staat und Gesellschaft, Regierung und Volk"[87], die das Verfassungsleben des 19. Jahrhunderts beherrschte, „ihre Spannung verlor und der Gesetzgebungsstaat sich vollendete", wurde der Staat zur „Selbstorganisation der Gesellschaft". Indem Staat und Gesellschaft sich so grundsätzlich einssetzen, „werden alle sozialen und wirtschaftlichen Probleme unmittelbar staatliche Probleme, und man kann nicht mehr zwischen staatlich-politischen und gesellschaftlich-unpolitischen Sachgebieten unterscheiden ... Die zum Staat gewordene Gesellschaft wird ein Wirtschaftsstaat, Kulturstaat, Fürsorgestaat, Wohlfahrtsstaat, Versorgungsstaat ... Die Parteien, in denen die verschiedenen gesellschaftlichen Interessen und Tendenzen sich organisieren, sind die zum Parteienstaat gewordene Gesellschaft selbst, und weil es wirtschaftlich, konfessionell, kulturell determinierte Parteien gibt, ist es auch dem Staat nicht mehr möglich, gegenüber dem Wirtschaftlichen, Konfessionellen, Kulturellen neutral zu bleiben". Das ist der

---

Zum Bereich der Kirche und des Individuums sind die größten Grenzlinienverschiebungen geschichtlich nachweisbar oder von der Vorgeschichte zu vermuten. Zum Bereich der globalen Menschheit (verbo iuridico: Völkerrechtsgemeinschaft, sobald die gesamte Menschheitsfamilie durch gleichberechtigte Staaten vertreten wäre) sind sie möglich und wahrscheinlich.

Individuum und Menschheit treten im gegenwärtigen Weltalter nicht mit dem Anspruch der Totalität auf. Ihnen gegenüber hat deshalb der staatliche Totalitätsanspruch, durch die namhaft gemachten Schranken relativiert, einen möglichen Sinn; praktisch bewegt er sich im wesentlichen auf innenpolitischer Ebene und richtet sich gegen den Privatbereich, eine gegenwärtig in allen Staatswesen bemerkenswerte Erscheinung (das versucht Petraschek, Philosophie des Staates und des Völkerrechts, S. 473 zu erklären).

[87] Die folgenden Zitate sind den klaren Darlegungen Carl Schmitts in Hüter der Verfassung, S. 78 f., entnommen; vgl. auch Carl Schmitt, Die Wendung zum totalen Staat (aus 1931) und Weiterentwicklung des totalen Staats in Deutschland (aus Januar 1933) in Positionen und Begriffe, S. 146 ff. und 185 ff., in denen Carl Schmitt den Begriff „totaler Staat" durchaus nicht „als Normbegriff und Idee, sondern als Hilfsmittel zur Charakterisierung des tatsächlichen Zustandes" einführte, „und zwar des tatsächlichen Zustandes in der Endphase des parlamentarischen Systems"; so mit Recht H. Freyer in der Besprechung von Carl Schmitts Positionen und Begriffe in Deutsche Rechtswissenschaft, 5, 1940, S. 261.

Weg zum „totalen Staat der Identität von Staat und Gesellschaft"[88]. Die innerdeutsche Entwicklung, die hiermit erklärt werden sollte, verlief in der gleichen Weise.

Läßt sich aus dieser Entwicklungsgeschichte ein politischer Totalitätsanspruch gegen die Kirche herleiten? Hat der totale Staat, weil er so entstanden ist, mehr Veranlassung und größere Befugnisse, auf die Besetzung der hohen Kirchenämter aus eigener Machtvollkommenheit Einfluß zu nehmen? Wenn dieselbe Kirche, der in der oben (S. 119) geschilderten Weise der Totalitätsanspruch des Staates entgegengehalten wird, wenn sie als dieselbe in die „Gesellschaft" und damit in die „Identität von Staat und Gesellschaft" eingegangen wäre, dann wäre der Staatsanspruch allerdings eine logische Konsequenz. Es bliebe dann aber ein merkwürdiger Tatsachenbefund als unerklärter Rest: daß sie zur Zeit des blühenden Staatsliberalismus weitgehenden Eingriffen von seiten der Staatsgewalt ausgesetzt war — soweit sie sich auf die Besetzung der Bischofsstühle erstreckten, sind oben (S. 41 ff.) die staatlichen Grundsätze zur Darstellung gekommen, von denen man unter keinen Umständen ablassen zu dürfen glaubte[89] — und daß der Staat dieser Zeit keineswegs gegenüber der Religion neutral war; sprach man doch geradezu von einem protestantischen Preußen und einem protestantischen Kaiserreich[90], was mit Rücksicht auf das evangelische Kirchenregiment, den Kulturkampf und zahlreiche andere Erfahrungen nicht unberechtigt war[91]. Anderseits ist nicht erklärt, wieso gerade in Weimar die („hinkende"[92]) Trennung von Kirche und Staat verfassungsmäßig festgelegt werden konnte, als sich die deutsche „Gesellschaft" wie nie zuvor in einem feierlichen Akt in den Staat „integrierte" und die letzte entscheidende Wegstrecke zum totalen Staat zu beschreiten begann. Das gibt Veranlassung, den

---

[88] Über das politische Formprinzip der „Identität" vgl. Carl Schmitt, Verfassungslehre, S. 204 ff.

[89] Wie beispielsweise ein offener Brief des ehemaligen preußischen Kultusministers v. Mühler an Bismarck bezeugt; abgedr. bei Reuter, Weitere Aufschlüsse über die Aufhebung der katholischen Abteilung im preußischen Cultusministerium, AkKR 30, 1873, S. 79.

[90] Vgl. oben S. 41 Anm. 17.

[91] Im übrigen vgl. Storz, Staat und katholische Kirche in Deutschland im Lichte der Würzburger Bischofsdenkschrift von 1848.

[92] Stutz, Päpstliche Diplomatie, S. 54 Anm. 2.

Begriff der „Gesellschaft" daraufhin zu prüfen, ob die Kirche in dem oben gekennzeichneten Sinn tatsächlich in ihn eingegangen ist[93].

Die Strukturelemente des Begriffs der „Gesellschaft" entstammen der politischen Situation des 19. Jahrhunderts[94]. „Gesellschaft" ist zunächst das Bürgertum der ersten Jahrhunderthälfte im Kampf um die verfassungsrechtliche Sicherung seiner Freiheitsrechte: der politische Gegenbegriff zum absolutistischen Staat. Gegen Ende des Jahrhunderts hat die „Gesellschaft" schon ein ganz anderes Gesicht. Natürlich ist damit – besonders im unpolitischen Sinne ausgesprochen – auch noch das national-liberale Bürgertum gemeint. „Gesellschaft" im politischen und auch soziologischen Sinn hat jedoch eine unverkennbare Ausdehnung erfahren. Als Gegenbegriff zum Staat, d. h. zum Staat Bismarckscher Prägung, in dem auch nach der Wendung der Bismarckschen Politik 1878 vor allem das national-liberale Bürgertum heimisch war, umfaßt „Gesellschaft" mehr und mehr auch den Vierten Stand. Das Proletariat wächst in die Stellung einer immer beachtlicheren Opposition gegen den bürgerlichen Staat hinein und bestimmt damit in zunehmendem Maße den Begriff der „Gesellschaft" als den Bereich des „Nicht-Staatlichen" oder gar Wider-Staatlichen[95].

Die Impulse des naturrechtlich begründeten älteren Liberalismus speisen sich – in Deutschland weniger als in Frankreich, Belgien und England – zu einem erheblichen Teil aus ökonomischen Motiven: der Auflehnung gegen die im Merkantilismus überspitzte Staatsomnipotenz. Dennoch ist es keine Frage, daß, zumal in Deutschland, die Kirche sich die Freiheitsideen des Bürgertums zunutze macht[96] und in diesem Sinne, wenn man will, ebenfalls zur „Gesellschaft" zählt. Die zunehmende Ökonomisierung des außerstaatlichen Bereichs, mit der eine Entkirchlichung und Entchristlichung der „Gesellschaft" in eben diesem Sinne des komplexen

---

[93] Dabei bin ich mir der Gefahr bewußt, den in Frage stehenden Begriff der „Gesellschaft" als Gegenbegriff zum Staat mit dem anderen Gesellschaftsbegriff, der zur Kirche im Gegensatz steht (vgl. dazu Spranger, Das Wesen der deutschen Universität, Akademisches Deutschland III 1 S. 9 [bei Carl Schmitt, der Hüter der Verfassung, S. 73 f. Anm. 1]), zu verwechseln. Hier ist „Gesellschaft" immer als Beziehungsbegriff zu Staat gemeint.

[94] Diese Skizze hat sich auf knappste Linienführung zu beschränken.

[95] „Die Negation wandert weiter"; vgl. Carl Schmitt, Verfassungslehre, S. 242 f.

[96] Vgl. oben S. 39 ff.

Gegenbegriffs zum Staat Hand in Hand ging, entzog der Kirche für diesen Bereich die Daseinsbedingungen und drängte sie von dieser Ebene zurück[97]. Die Kirche mußte sich nicht nur in Deutschland[98] und nicht nur vom national-liberalen Bürgertum lösen — von ihm in weniger als zwei Jahrzehnten, das 1848 noch ihr Bundesgenosse, 1871 schon Bismarcks bester Verbündeter im Kulturkampf war —; auch die radikalisierten Arbeitermassen treten der Kirche feindlich gegenüber. Diese beiden Träger der politischen und geistigen Schwergewichte im Rahmen der „Gesellschaft" — immer als Gegenbegriff zum Staat verstanden — machten der Kirche ein Verbleiben im Bereich dieses innerpolitischen Spannungsverhältnisses Staat — „Gesellschaft" unmöglich, was in aktiven Kampfmaßnahmen sowohl der „Gesellschaft" wie der Staatsgewalt zum Ausdruck kam[99]. 1919 war dieser Prozeß der Distanzierung von Kirche und „Gesellschaft" auch in Deutschland zu einem gewissen Abschluß und gleichzeitig zu einer unverkennbaren Manifestation gelangt[100]. „Gesellschaft" ist vorzüglich eine Kategorie marxistischen, d. h. ökonomischen Denkens; Kirche und „Gesellschaft" aber sind zwei heterogene Begriffe[101].

---

[97] Auch hierin war die Dritte Republik Prototyp.

[98] In andern Ländern, beispielsweise in Belgien (vgl. Ferrata, Mémoires, I S. 255—273 und Stutz, Päpstliche Diplomatie, S. 47 ff.) lagen die Verhältnisse ähnlich.

[99] Kennzeichnend sind die Frontbildungen in Preußen: Der liberal-antikirchliche Teil der „Gesellschaft", d. h. soweit er schon zu diesem Zeitpunkt in den Staat hineinintegriert war und sich dort kraft des Mehrheitsprinzips zur Geltung bringen konnte, stützte und drängte die Bürokratie in die Kulturkampfstellung. Die Sozialdemokratie, die den kirchenfeindlichen Arbeiter vertritt, suchte die Kirche durch rücksichtslose Durchführung des Trennungsgedankens zu schwächen (vgl. oben S. 41 Anm. 14). Diese vorzugsweise gegen die katholische Kirche gerichteten Angriffe hinderten nicht, daß das Christentum für die deutsche Verwaltungspraxis (im Gegensatz zur französischen seit dem Trennungsgesetz von 1905) „Teil der öffentlichen Ordnung" blieb, wie das Preußische Oberverwaltungsgericht 1909 (Bd. 43 S. 300 seiner Entscheidungssammlung) aussprach (bei Carl Schmitt, Verfassungslehre, S. 33). — Zu dem umfassenderen „öffentlichen Leben", diesem zwischen Individuum und Gemeinschaft, Kirche und Staat pulsierenden Fluidum wird die Kirche kraft ihres Öffentlichkeitscharakters immer gehören.

[100] Die evangelische Kirche erlitt in überwiegend passiver Haltung das gleiche Schicksal durch die grundsätzliche Gegnerschaft der Sozialdemokratie gegen Kirche und Religion.

[101] Darüber hinaus hatte schon zur Zeit der Weimarer Republik der komplexe Begriff der „Gesellschaft" des 19. Jahrhunderts viel an Homogenität und Gehalt eingebüßt. Wirtschaft und Wissenschaft, Technik und Kunst sind Elemente der „Gesellschaft", denen in der politischen Wirklichkeit sehr unterschiedliche Be-

Auf Seiten der Kirche entspricht dem die bewußte Zurücknahme ihrer Positionen aus dem säkularen Bereich und die Konzentration auf den ihr eigentümlichen, von Glauben und Heilslehre bestimmten Raum, der sich gegenüber der wesenhaft bürgerlich-politischen Ordnung mit zunehmender Deutlichkeit abhebt[102].

Im Temporale, auf der Bühne des innenpolitischen Kraftfeldes verblieb allein das, was man den Politischen Katholizismus genannt und häufig mit der Kirche als solcher verwechselt hat. Er war die parlamentarische Vertretung der religiösen ebenso wie der wirtschaftlichen und nationalen Belange vorzugsweise der katholischen Staatsbürger. Er hob sich nicht als Institution, sondern nur durch die spezifische Zielsetzung von den übrigen Parteien ab, ebenso wie diese unter sich differieren. Er war eine Komponente der „Gesellschaft", durch den sich ein Teil der Staatsbürger in den Staat „integrierte" und insofern gewannen die von ihm vertretenen Interessen unmittelbare Bedeutung für den Staat. Der sog. Politische Katholizismus, oder um konkret zu sprechen, die Zentrumspartei, war aber nicht die Kirche, was 1887 in der bekannten Septennatsfrage[103] ebenso zum Ausdruck kam wie 1933 in dem großen Harakiri der deutschen Parteien. Der sog. Politische Katholizismus ging unter, ohne daß sich die Kirche im mindesten getroffen fühlte.

Es ist deshalb nicht d i e Kirche, die mit dem Staat Konkordate schließt und der gegenüber der Staat seine Bedenken gegen mißliebige Bischofskandidaten äußert, welche irgendwie in die „Gesellschaft" eingegangen wäre und sich somit in den Staat integriert hätte — der totale Staat ihr deshalb seinen Totalitätsanspruch entgegenhalten könnte. Der politische Befund spricht dagegen. Der großartige Vorgang der von Ulrich Stutz sog. „Extemporalisierung" und „Spiri-

---

ziehungen zum Staat entsprachen (diese sind entscheidend, weil hier „Gesellschaft" als Beziehungsbegriff zum Staat verstanden ist): Wirtschaft und Technik immer mehr eine Domäne des Staates, Wissenschaft und Kunst dagegen emanzipiert bis zum Extrem eines l'art pour l'art. Schon ihre Zusammenfassung unter den Begriff der „Gesellschaft" konnte zweifelhaft werden, von der Kirche gar nicht zu sprechen. Die „Gesellschaft" des 19. Jahrhunderts war in eine Vielzahl — auch hier Pluralismus! — von disparaten Bereichen auseinandergebrochen; der Begriff hatte dadurch viel von seiner staatsrechtlichen Brauchbarkeit eingebüßt.

[102] Davon ist oben S. 48 f. ausführlicher die Rede gewesen.

[103] Leo XIII. legte der Zentrumspartei nahe, für die Heeresvorlage (Septennat) der Regierung zu stimmen, um einen weiteren Abbau der Kulturkampfgesetze zu erlangen. Das Zentrum lehnte ab; vgl. dazu Bergsträsser, Der politische Katholizismus, II S. 14 f., 140 f., 146 ff.

tualisierung" der Kirche[104] hat sie weitgehend der Ebene des Politischen entrückt und sie für politische Totalitätsansprüche unerreichbar gemacht, — wenn ihr der Staat nicht auf das ihr eigene Gebiet des Religiösen nachsetzt.

Und doch ist die römische Kirche nicht zuletzt auch eine p o l i t i s c h e Größe, deren Schatten durch die Jahrhunderte und über alle Grenzen fällt und wohl auch diese Blätter treffen wird. Sie ist ein politisches Phänomen, der Bewegung des Politischen ausgesetzt und an ihr teilnehmend; wenn sie es auch wollte, sie könnte sich dem Bannkreis dieses erregenden Begriffes deshalb nicht entziehen und der ruhelosen D i a l e k t i k des Politischen nicht entrinnen, die auf den vorliegenden Seiten am Beispiel der Politischen Klausel vielleicht spürbar, wenn auch nicht in ihrer ganzen eindrucksmächtigen Konsequenz zur Erscheinung gebracht werden konnte.

k) Zur weiteren Aufhellung: die staatlichen Bischofseide[105]

Die Konkordate mit Lettland, Polen, Litauen, Italien, Rumänien, dem Deutschen Reich, der tschechoslowakische Modus vivendi und der jugoslawische Konkordatsentwurf legen den Bischöfen einen Treueid auf, den sie vor ihrer Amtsübernahme zu leisten haben: in den drei erstgenannten Ländern „entre les mains du Président de la République", in Italien „nelle mani del Capo dello Stato", in Deutschland „in die Hand des Reichsstatthalters in dem zuständigen Lande bzw. des Reichspräsidenten", in Jugoslawien „devant sa Majesté le Roi", während die Abmachungen mit der Tschechoslowakei und Rumänien nicht näher die Persönlichkeit bezeichnen, die den Eid abnehmen soll. Der Wortlaut der jeweiligen Schwurformel ist in den Vereinbarungen festgelegt[106].

---

[104] Vgl. oben S. 48 f. mit Anm. 41.

[105] Eine Übersicht über die Treueide der Geistlichen gibt Link, Besetzung, S. 163—193.

[106] Die einzelnen Schwurformeln lauten:

L e t t l a n d (Art. V): „Je jure devant Dieu et sur les Saints Evangiles, comme il convient à un Evêque, de respecter et faire respecter par le clergé le Gouvernement établi par la Constitution de la République de Lettonie et de ne rien entreprendre qui soit de nature à compromettre l'ordre public."

P o l e n (Art. XII): „Devant Dieu et sur les Saints Evangiles je jure et je promets, comme il convient à un Evêque, fidélité à la République de Pologne. Je

Nach gemeiner Überzeugung[107] sind die Eidesformeln für die Auslegung der Politischen Klausel heranzuziehen. Denn hier finden wir das von den Konkordatspartnern gewollte Verhältnis zwischen Bischof und Staat, das außer dem Treueid ja auch durch das politische Erinnerungsrecht gewährleistet werden soll, auf kurze und

jure et promets de respecter en toute loyanté, et de faire respecter par mon Clergé le Gouvernement établi par la Constitution. Je jure et je promets en outre que je ne participerai à aucun accord ni n'assisterai à aucun conseil pouvant porter atteinte à l'Etat polonais ou à l'ordre public. Je ne permettrai pas à mon Clergé de participer à de telles actions. Soucieux du bien et de l'intérêt de l'Etat, je tâcherai d'en écarter tout danger dont je le saurais menacé."

L i t a u e n (Art. XII): stimmt mit der polnischen Eidesformel wörtlich überein.

T s c h e c h o s l o w a k e i (Art. V): „Iuro et promitto, sicuti decet Episcopum, fidelitatem Reipublicae Cecoslowachae necnon nihil me facturum quod sit contra salutem, securitatem, integritatem Reipublicae."

I t a l i e n (Art. 20): „Davanti a Dio e sui Santi Vangeli, io giuro e prometto, siccome si conviene ad un Vescovo, fedeltà allo Stato italiano. Io giuro e prometto di rispettare e di far rispettare dal mio clero il Re ed il Governo stabilito secondo le leggi costituzionali dello Stato. Io giuro e prometto inoltre che non parteciperò ad alcun accordo nè assisterò ad alcun consiglio che possa recar danno allo Stato italiano ed all'ordine pubblico e che non permetterò al mio clero simili partecipazioni. Preoccupandomi del bene e dell'interesse dello Stato italiano, cercherô di evitare ogni danno che possa minacciarlo."

R u m ä n i e n (Art. VI): „Devant Dieu et sur les Saints Evangiles, je jure et je promets fidélité à Sa Majesté le Roi de Roumanie ainsi qu'à ses Successeurs, et, comme il convient à un évêque, de respecter et de faire respecter par mes sujets, avec la fidélité au Roi, la Constitution et les lois du pays. En outre, je n'entreprendrai rien qui soit de nature à porter atteinte à l'ordre public ou à l'intégrité de l'Etat. Ainsi Dieu m'aide, et ces Saints Evangiles."

D e u t s c h e s R e i c h (Art. 16): „Vor Gott und auf die heiligen Evangelien schwöre und verspreche ich, so wie es einem Bischof geziemt, dem Deutschen Reich und dem Lande ... Treue. Ich schwöre und verspreche, die verfassungsmäßig gebildete Regierung zu achten und von meinem Klerus achten zu lassen. In der pflichtmäßigen Sorge um das Wohl und das Interesse des deutschen Staatswesens werde ich in Ausübung des mir übertragenen geistlichen Amtes jeden Schaden zu verhüten trachten, der es bedrohen könnte."

J u g o s l a w i e n (Art. IV): „Je jure et je promets devant Dieu et les Saints Evangiles, ainsi qu'il sied à un Evêque, de rester fidèle à l'Etat Yougoslave, à sa Majesté le Roi de Yougoslavie et à ses sucesseurs légitimes, et de respecter et de faire respecter par mon clergé, en toute loyauté, le Gouvernement Royal. Je jure et promets, en outre, de ne prendre part à aucune action, ou conseil, qui serait dirigé contre l'indépendance, l'unité, ou les intérêts du Royaume de Youglslavie, ou contre l'ordre public. Je ne permettrai pas que le clergé placé sous mes ordres participe à de pareilles actions. Ayant à coeur le bien et les intérêts de l'Etat je m'efforcerai d'en éloigner tout danger dont je verrai pour lui la menace."

[107] Mörsdorf, Besetzungsrecht, S. 150; Weber, Politische Klausel, S. 65—73; Ottaviani, Institutiones, S. 504 Anm. 79 (bei Weber aaO. S. 65); Restrepo Restrepo, Concordata, S. 181 Anm. 183; Wehlitz, Kongregation, aaO. S. 241 f.; Bednorz, Concordat de Pologne, S. 107 (Weber aaO. S. 65).

feierliche Formeln gebracht, die Mörsdorf[108] deshalb zutreffend mit der viel zitierten Bezeichnung „Spiegelbilder des Sollverhältnisses zwischen Bischof und Staat" belegt. Mit dem Eid unterwirft sich der Bischof gewissen, summarisch als Treupflichten zu kennzeichnenden Bindungen an seinen Staat und die rechtmäßige Obrigkeit. Man kann in ihnen, so wie sie formuliert sind, eine Art tatbestandsmäßiger Verdeutlichung dieser vorausgesetzten Einstellung des Bischofs zum politischen Bereich erblicken, zumal zwischen einzelnen Ausdrucksweisen der Eidesformeln und den oben (S. 103 ff.) beschriebenen Tatbeständen der Politischen Klausel des tschechoslowakischen Modus vivendi (Art. IV Abs. 2) unverkennbare Übereinstimmungen bestehen. Was dort als negative Voraussetzungen für die Beförderung auf einen Bischofsstuhl festgestellt wurde — bei deren Nichtvorliegen der Staat Einwendungen erheben darf —, dem soll sich der Bischof, nachdem er ernannt ist, aber bevor er von seinem Bistum Besitz ergreift, als positiven Pflichten durch eine streng persönliche, eidliche Bindung unterwerfen. Es sind also dieselben staatlichen Belange, die durch den Eid positiv, durch das Bedenkenrecht negativ geschützt und gewahrt werden, weshalb die Schlußformeln ohne Zögern für die inhaltliche Auslegung der politischen Bedenken verwandt werden dürfen.

Die einzelnen Eidesformeln weisen trotz mancher Abweichungen im Wortlaut in ihrer Mehrzahl ein übereinstimmendes Schema auf, von dem nur die Formel des lettischen Konkordats und die des tschechoslowakischen Modus vivendi abweichen. Sämtliche Formeln beginnen mit einem summarischen Treuegelöbnis, das in den Konkordaten mit Polen, Litauen, Italien und dem Deutschen Reich sogar den Charakter einer Präambel hat: Vor Gott und auf die heiligen Evangelien[109] schwöre und verspreche ich, wie es einem Bischof geziemt, dem Staat (nach dem jugoslawischen Konkordatsentwurf außerdem: „à sa Majesté le Roi de Yougoslavie et à ses successeurs légitimes") Treue. Nach einem neuen Anheben: „Ich schwöre und verspreche" folgt j e t z t der eigentlich faßbare I n h a l t der Treu-

---

[108] Besetzungsrecht, S. 150.
[109] Diese feierliche Einleitung fehlt nur in der Eidesformel des tschechoslowakischen Modus vivendi, ihn auch hierin als ein bloß vorläufiges Übereinkommen zweier Vertragspartner kennzeichnend, die in nur leidlich guten Beziehungen zueinander stehen.

pflicht¹¹⁰. Selbstverständlich verspricht der Bischof dem Staat Treue. Aber Treue hat einen allgemeinen und ungreifbaren Sinn und bedeutet nach Lexikondefinitionen¹¹¹ als Treueverhältnis zwischen Fürsten und Untertanen im Bezirk des Eng-Politischen vor allem Anhänglichkeit, Gesinnungsfestigkeit, Gehorsam, Zuverlässigkeit, Pflichterfüllung, Gewissenhaftigkeit und ist gleichbedeutend mit fides, fidelitas, constantia, pietas. Es ist also ein tief persönliches Band, das durch das Treueversprechen zwischen dem Schwörenden und dem Staat, der Nation, in Monarchien auch ihrem Repräsentanten, dem König, begründet wird; es bindet nur die Person des Bischofs¹¹² und unterwirft ihn einer streng subjektiven Gewissensbindung¹¹³ der Anhänglichkeit. Wie sich diese Gesinnung der Treue im einzelnen in Handlungen und Unterlassungen auswirken wird, muß deshalb der Gewissensentscheidung des Schwörenden vorbehalten bleiben, soweit die Eidesformeln nicht eine positive Konkretisierung dieser Treupflicht enthalten. Darüber hinaus wird man nur schwere und handgreifliche Verstöße gegen das Wohl des Volkes und Staates, d. h. in erster Linie eine „activité politique" im Sinne des tschechoslowakischen Modus vivendi als offenkundige Verletzungen der Treupflicht bewerten dürfen, wenn diese Bindung des Bischofs nicht in ein ungreifbares und unkontrollierbares Ermessen des Staates einmünden soll. Unter keinen Umständen geht es an, die Verpflichtung der Bischöfe mit Wendungen zu umschreiben wie „tätiger Einsatz", „positive Einsatzbereitschaft für den Staat" und „für die völkische Gemeinschaft", der obendrein die herrschende Partei gleichgesetzt wird¹¹⁴. Dazu gibt der herkömmliche Treuebegriff kein Recht. — Das Gesagte gilt auch für jene Eidesformeln, in denen das Treuegelöbnis mit der Anrufung Gottes und der Nen-

---

[110] Hiermit stimmt Grübel, Die Rechtslage ... in Polen, S. 36, überein, der ebenfalls zwischen Treuschwur und der „ausdrücklichen Versicherung" unterscheidet, „daraus die K o n s e q u e n z e n ziehen zu wollen". Auch nach diesem Verfasser sind also die „Konsequenzen", d. h. der tatsächliche Inhalt der Treupflicht genau umschrieben.
[111] Jacob Grimm und Wilhelm Grimm, Deutsches Wörterbuch, XI, I 2 Sp. 282 bis 342, bes. 290 f. und 293 f.; Thesaurus Linguae Latinae editus auctoritate et consilio Academiarum quinque Germanicarum, Lipsiae MDCCCCXII—MDCCCCXXVI, VI S. 663 ff., bes. 675 ff.; Aegidii Forcellini, Totius Latinitatis Lexicon, II MDCCCXXXI S. 289 f.
[112] Buttmann, Konkordat, aaO. S. 465.
[113] Jacob und Wilhelm Grimm heben aaO. Sp. 293 hervor: „Treue zum Vaterlande, zur Heimat, kein Rechtsverhältnis, sondern ein angeborenes Empfinden."
[114] Weber, Politische Klausel, S. 70, 73.

nung der heiligen Evangelien nicht einen feierlichen Vorspruch bildet, sondern im Kontext der weiteren Schwurworte steht.

Der streng subjektive und juristisch kaum faßbare Gehalt des Treueversprechens kann darum, von dem weiteren Inhalt der Schwurformel isoliert, zum Verständis der politischen Bedenken nicht viel beitragen[115]. Um so ergiebiger sind die darauf folgenden Versprechungen des Schwörenden, in denen er seine Einstellung zum politischen Bereich konkretisiert[116]. Nach Wortlaut und Inhalt gliedern sich diese unverkennbar in zwei Teile, die dem Aufbau der Tatbestände in Art. IV Abs. 2 des tschechoslowakischen Modus vivendi genau entsprechen[117].

An erster Stelle steht das Gelöbnis, die verfassungsmäßige Regierung zu achten und von dem Diözesanklerus achten zu lassen. Das ist ein klares Loyalitätsversprechen, das die Beobachtung der Verfassung[118] und die Befolgung der Gesetze zum Inhalt hat, nicht mehr[119]. Die Verbindungslinie zu dem beschriebenen Verfassungstatbestand des Erinnerungsrechts[120] springt in die Augen: wie dort Bindung an die rechtliche Grundordnung, nicht an einen bloß tatsächlichen Machtzustand. Dieses Versprechen ist also nichts anderes als die ins Positive gewandte Bestimmung, wie sie die Politische Klausel des angezogenen Modus vivendi formuliert[121]. Die Achtung vor den Gesetzen geht über diesen Rahmen nicht hinaus, sondern ist nur eine praktische Folge verfassungsmäßigen Verhaltens.

Immerhin liegt in der ausdrücklichen Versicherung, jede verfassungsmäßig gebildete Regierung zu achten, ein bemerkenswertes

---

[115] Die abweichende Formulierung des im lettischen Konkordat festgelegten Eides — es fehlt das Treuegelöbnis, wenngleich auch dieser Eid als „serment de fidélité" bezeichnet wird — fällt deshalb für die Erläuterung des Erinnerungsrechts nicht ins Gewicht.
[116] Ottaviani, Institutiones, I S. 504 Anm. 79, berücksichtigt denn auch allein diesen Teil der Eide, weshalb ihm Weber, Politische Klausel, S. 65 f., ungerechtfertigte Vorwürfe macht.
[117] Übereinstimmend Restrepo Restrepo, Concordata, S. 181 Anm. 183.
[118] Vgl. oben S. 103 ff. Die dortigen Ausführungen gelten auch hier.
[119] Grübel, Die Rechtslage ... in Polen, S. 36 f., findet in der Tatsache, daß nur dem Staat, nicht der Regierung Treue geschworen wird, eine Andeutung, daß die Bischöfe „innerhalb der Republik, aber neben den Spitzen der weltlichen Regierung stehen"; er verspreche nicht mehr als höchste Achtung, „um ja kein Unterordnungsverhältnis anzudeuten".
[120] Vgl. oben S. 103 ff.
[121] Deshalb kann in der Eidesformel des rumänischen Konkordats an Stelle der Regierung nur von der Verfassung und den Gesetzen des Landes die Rede sein, ohne daß damit der Gegenstand der Verpflichtung ein anderer wäre.

Zugeständnis[122]. Selbst wenn ein Bischof glaubt, eine solche Regierung ablehnen zu müssen, darf diese trotzdem seiner Loyalität sicher sein. Das entspricht den kirchlichen Grundsätzen[123]. Es ist im allgemeinen eben nicht Sache der Hierarchie, gegen ein wenn auch noch so drückendes und verwerfliches Regiment zu revolutionieren, wenngleich der Aufbau der Treueide keinen Zweifel darüber läßt, daß im Falle eines Konfliktes zwischen Treue zu Staat und Volk sowie selbst der Verfassung und Loyalität gegenüber der Regierung der Treupflicht der Vorrang gebührt.

Außerdem verpflichtet sich der Bischof zur Sorge um einen Komplex staatlicher Daseinswerte, die uns bei Besprechung der Politischen Klausel des tschechoslowakischen Modus vivendi bereits begegnet sind und dort unter dem Begriff der „Sicherheit" des Staates zusammengefaßt wurden[124]. Oft begegnen wir geradezu den gleichen Ausdrücken. Aber auch Umschreibungen, wie sie beispielsweise das Reichskonkordat aufweist, sind in der Sache nichts anderes als ebenfalls ein positiver Abguß der negativ gefaßten Inhalte des Bedenkenrechts.

Weber geht auch hier bei Bewertung der Treueide eigene Wege[125]. Er stützt seine Beweisführung einseitig auf das Versprechen zur Staatstreue. Nun war das Wort „Treue" aber von der NS-Terminologie in einem begriffsfremden Sinn festgelegt; es fällt Weber denn auch nicht schwer, den gleichlautenden Begriff der Schwurformulare mit einem dementsprechenden Inhalt zu füllen, den er sogar in den Erlaß Rampollas vom 20. Juli 1900 an die deutschen Domkapitel hineinliest: wiederum ein Versuch, die Hauptbruchstelle seiner Beweisführung zu kitten, die durch die unüberbrückbare Kluft zwischen Politischer Klausel und dem Recht der Mindergenehmheit bezeichnet wird (über ähnliche vergebliche Bemühungen vgl. oben S. 59 f.). Treue wird zu „tätigem Einsatz"; für Deutschland und Italien auch zur Ergebenheit gegenüber dem damals herrschenden Regime. Dieser Auffassung steht natürlich der Wortlaut der Eidesformulare im Wege, die den Bischof gegenüber der verfassungsmäßigen Regierung (im Unterschied zum Staat) nicht zur Treue, sondern nur zur Loyalität verpflichten. Es ist nicht zu erkennen, warum das nur für parlamentarische Regierungssysteme

---

[122] Das die tschechische Regierung nicht erreicht hat.
[123] Vgl. Link, Besetzung, S. 190 Anm. 76.
[124] Vgl. oben S. 106 f.
[125] Politische Klausel, S. 65 ff.

gelten soll[126]. Aber Weber macht es sich einfach, indem er diesen Teil für Deutschland und Italien für gegenstandslos erklärt, „weil hier das Wohl des Staatsganzen und die Substanz des innerpolitischen Regimes zu einer Identität gebracht sind"[127]. — L'Etat c'est moi: das klingt nach Parteiabsolutismus.

Der bisherige Befund bringt für die politischen Bedenken keine wesentlich neuen Gesichtspunkte. Er bestätigt vielmehr die oben vorgenommene Zweiteilung in gegen die Verfassung gerichtete Tätigkeiten und die Staatssicherheit gefährdende Umstände. Was letztere betrifft, so liefern die hier auf die spezifischen Belange eines jeden Staates abgestellten Schwurformulare und die Betonung des Wohls und Interesses des Staates ebenfalls eine bemerkenswerte Bestätigung der oben (S. 110 ff.) vorgetragenen Auffassung, daß die Frage der Gefährdung oder Nichtgefährdung lebenswichtiger Staatserfordernisse s u b j e k t i v aus dem Aspekt des jeweils beteiligten Staates zu beantworten sei.

Bleibt nur noch das umstrittene Einschiebsel „sicut decet episcopum" in sämtlichen Eiden. Von der Kurie zum erstenmal in Art. XX des österreichischen Konkordats von 1855 eingeführt[128], alsdann in die Bischofseide der nicht ratifizierten Konkordate mit Württemberg und Baden und in sämtliche Eide der Nachkriegskonkordate aufgenommen, wurde es ohne Zweifel im Sinne einer Einschränkung der eidlichen Bindung auf ein mit den bischöflichen Pflichten vereinbartes Maß verstanden[129]. Desungeachtet ist Weber[130] unter Heranziehung entsprechender Formulierungen[131] in an-

---

[126] Zumal selbst noch die NS-Strafrechtskommission 1935 die Auffassung vertrat, daß nicht der politische Machtzustand, sondern die rechtliche Grundordnung die „Verfassung" ausmache und allein verfassungsmäßigen Schutz genieße; vgl. oben S. 104 mit Anm. 18.

[127] Politische Klausel, S. 70. Den Gegenbeweis hat inzwischen die politische Wirklichkeit erbracht.

[128] Die weite Verbreitung spricht, ähnlich wie bei der Politischen Klausel, für die Initiative der Kurie; ebenfalls die in folgender Anmerkung wiedergegebene Bemerkung des Kardinals Reisach.

[129] Gelegentlich der württembergischen Konkordatsverhandlungen, so verlautet aus einem Gesandtschaftsbericht vom 18. 4. 1858, habe der päpstliche Bevollmächtigte, Kardinal Reisach, die Einschiebung dieser Klausel verlangt, ohne aber darauf besonderes Gewicht zu legen, da „die Kirche die Eidesformel doch nie anders werde auffassen können, als ob jene Worte in dieser Formel enthalten wären"; Friedberg, Bischofswahlen, I S. 322, der die Formel ausschließlich als Abschwächung des Eides empfindet; vgl. auch ders., Gränzen, S. 412.

[130] Politische Klausel, S. 68 ff.

[131] z. B. „wie es einem guten Monarchen", „wie es einem ehrliebenden und unverzagten Soldaten eignet und gebühret", aaO. S. 69 Anm. 6.

deren politischen Eiden der Nachweis gelungen, daß man in diesem Zusatz auch den positiven Sinn einer Vertiefung der Eidespflicht finden k a n n. Doch ist damit seine ursprüngliche Bedeutung keineswegs widerlegt oder aus der Welt geschafft. Im Gegenteil leitet Huber[132] zutreffend schon aus der Tatsache des kirchlichen Eides, den der Bischof gegenüber dem Papst schwört, die Möglichkeit ab, das „sicut decet episcopum" als inneren Vorbehalt aufzufassen, wobei er an die Erfahrung des letzten Jahrhunderts erinnert, wonach „im Konfliktsfall dem kirchlichen Eid stärkere Bindekraft innewohnt als dem staatlichen Eid". Wenn nicht in Anbetracht der Person des Schwörenden[133], so sollte doch schon mit Rücksicht auf diese Formel nicht behauptet werden, die Treueide enthielten „ein b e - d i n g u n g l o s e s Treuegelöbnis zum Staate als ganzen"[134]. Die in der eingeschobenen Klausel liegende Betonung des geistlichen Charakters der neuen Würde des Schwörenden gibt seinen kirchlichen Bindungen einen besonderen Akzent, denen gegenüber die weltliche Treupflicht im Konfliktsfall zurückzutreten hat. „Sicut decet episcopum" ist die entscheidende Formel, nach welcher der Schwörende die geistlichen und weltlichen Pflichten in Einklang zu bringen verspricht[135]. Diese Formel liegt inhaltlich außerhalb dessen, was etwa die Tatbestände des Art. IV Abs. 2 des tschechoslowakischen Modus vivendi für das Erinnerungsrecht normieren und bedeutet deshalb kraft des unbestreitbaren Zusammenhangs[136] zwischen Treueid und politischer Klausel eine bedeutsame Ergänzung: Niemals können

---

[132] Staat und Bischofsamt, aaO. S. 166.

[133] Johann Friedrich Schulte schrieb ohne Rücksicht und ohne Erwähnung des „sicut decet episcopum" über den staatlichen Bischofseid: „Diesen Eid legt derselbe als B i s c h o f ab, folglich ohne Präjudiz für seine amtliche Stellung, weil Amtspflichten die principalen sind, deren Befolgung garantiert ist, indem er gerade als Bischof den Eid leistet. Zu verlangen, er solle als Bischof Treue schwören und seine Treue dadurch bewähren, daß er gegen die bischöflichen Pflichten handle, wäre nicht nur eine Verletzung der Gewissensfreiheit, sondern selbst ein Widerspruch" (in Deutsches Staats-Wörterbuch, hrsg. von J. C. Bluntschli, II, Stuttgart und Leipzig 1857, S. 156 f.).

[134] Weber aaO. S. 67 (Sperrung nicht im Original).

[135] Das bedeutet praktisch nur dann eine Relativierung und Lockerung der Verbundenheit des Bischofs mit Volk und Staat, wenn die nationale Gemeinschaft mit einem Totalitätsanspruch auftritt, der die kraft göttlichen und Naturrechts von der Kirche als einer societas perfecta in Anspruch genommene Autonomie in ungebührliche Schranken drängt, oder gar die Kirchenpolitik des Staates die Drosselung des kirchlichen Lebens zum Ziel hat.

[136] Vgl. oben S. 128 f.

solche Handlungen oder Umstände, die durch das „sicut decet episcopum" gedeckt sind, eine politische Erinnerung begründen. Besonders im Hinblick auf die Verfassungstreue eines Bischofskandidaten kann diese Frage brennend werden. Hat doch die durch das Bedenkenrecht bzw. durch den Treueid erzwungene Festlegung auf die Verfassung dort einen sehr problematischen Sinn, wo in ihr nicht nur die Entscheidung für eine politische Grundordnung fixiert ist, sondern in ihr auch ausgesprochen parteipolitische Forderungen normiert sind, sei es, daß die Mehrheit der Nationalversammlung ihre Abänderung durch wechselnde Parlamentsmehrheiten erschweren will, sei es, daß in einem Einparteienstaat das Programm einer einzigen und in der Regel extremistischen Partei als Verfassung oktroyiert ist. In solchen Zwangslagen, die sich für einen Bischofskandidaten durch Geltendmachung politischer Bedenken, für einen regierenden Bischof durch die Bindung an seinen Treueid ergeben können, bietet die Formel „sicut decet episcopum" das einzige, allerdings durchaus angemessene und ausreichende Ventil[137].

2. Bedenken „allgemein politischer Natur"

Diese in den neueren Konkordaten übliche Formulierung[138] will die an sich schon in dem Begriff der „politischen Bedenken" liegende Beschränkung[139] auf eine „staatspolitische"[140] Kernsphäre auch terminologisch zum Ausdruck bringen[141]. Nachdem soben ver-

---

[137] Das wurde oben S. 105 mit Anm. 26 bereits andeutungsweise vorweggenommen.

[138] Sie geht offensichtlich auf eine entsprechende Wendung in Art. 7 des preußischen Kirchenvertrags von 1931 zurück und findet sich im Konkordat mit Baden (mit weiterem Zusatz) und dann in allen späteren Politischen Klauseln; vgl. oben S. 70 Anm. 36 (S. 71 f.).

[139] Vgl. oben S. 100.

[140] Es ist kaum aufgefallen, daß man hier zwei Begriffe miteinander verbunden hat, die wortgeschichtlich in engstem Zusammenhang stehen und zunächst dasselbe bedeuten: Polis = Staat. Dieser Pleonasmus soll durch Akzentuierung des Staatlich-Wesentlichen dem endlos ausgeweiteten Begriff des Politischen eine restringente Auslegung sichern und ist so der terminologische Niederschlag dieses Versuchs, deshalb ein brauchbarer Ausdruck für den im eigentlichen und potenzierten Sinne staatlichen Bereich, der durch die konkordatäre Regelung aus dem fließenden Gebiet des Politischen herausgenommen und als etwas Selbständiges begriffen ist.
Wollte man „politisch" nach der Weise Werner Webers verstehen, dann wäre der Sinn dieser Wortbildung unerfindlich; die Apposition „Staat" wäre überflüssig, wenn sie nicht eine besondere, spezifisch und existentiell staatliche Art innerhalb der durch das Grundwort bezeichneten Gattung hervorheben soll.

[141] s. unten S. 138 ff.

sucht wurde, diesen Bereich in das Licht einer positiven Erörterung zu rücken, gilt es nun, ihn gegen Sachgebiete abzugrenzen, die zwar politischer aber nicht staatspolitischer Art sind. Am dringendsten war und ist die Ausscheidung parteipolitischer Gesichtspunkte; die Schwierigkeit und Bedeutung dieser Frage macht eine gesonderte Betrachtung notwendig[142].

Demgegenüber bereitet die Aussonderung des rein kirchlichen Zweckgebietes keine besondere Mühe[143]. Es ist der ursprünglichen Bestimmung des Staates soweit entlegen, daß er keinesfalls aus dieser Sphäre Bedenken herleiten kann. Die heutige Ordnung des Verhältnisses von Staat und Kirche würde dem so sehr entgegenstehen, daß man es in keinem Konkordat glaubte ausdrücklich festlegen zu müssen. Nur der preußische Vertrag mit den evangelischen Landeskirchen von 1931 schließt im Schlußprotokoll zu Art. 7 neben parteipolitischen auch kirchliche Einwendungen des Staates von dem Begriff der politischen Bedenken aus. Dabei mochte die Erinnerung an derartige kirchenregimentliche Eingriffe Veranlassung zu dieser Klarstellung sein. Für das Konkordatsrecht ist die hierzu ergangene Bemerkung in der amtlichen Begründung zu Art. 7 des genannten Kirchenvertrages[144] interessant, die ausdrücklich die sachliche Übereinstimmung mit der Politischen Klausel des preußischen Konkordats bestätigt.

Der Staat hat vor allem sich der Parteinahme für oder wider bestimmte theologische Richtungen zu enthalten. Auch die unvermeidbare politische Dynamik solcher Kraftfelder wie der Kirche und alles Religiösen überhaupt geben ihm kein Recht, sich durch Umstände dieser Art zu einer politischen Erinnerung bewegen zu lassen. Deshalb ist Johannes Kübel zuzustimmen, wenn er schreibt: „Die Kirche kann also Bedenken des Staates unberücksichtigt lassen, die sich auf die religiöse, theologische, dogmatische oder sonstwie kirchliche Stellung eines in Aussicht genommenen[145] oder auf die

---

[142] Eine inhaltliche Veränderung bedeutet sie nicht; vgl. oben S. 100 f.

[143] Eine klare Grenzziehung fehlt bei Werner Weber; vgl. oben S. 117 ff.

[144] Nr. 7312 der Drucksachen des Preußischen Landtags Bd. 11 Sp. 7016 ff.

[145] Hier ist etwa an die von Stutz, Bischofswahlrecht, S. 63 Anm. 3, beigebrachten Beispiele des Universitätsprofessors und des Diasporapfarrers zu denken. Das inhaltlich unbegrenzte Recht der Mindergenehmheit ließ es grundsätzlich zu, daß der Landesherr auch Kandidaten, denen er durchaus und vielleicht sogar besonders gewogen war, als in diesem Fall „minder genehm" ausschloß, weil er sie lieber in ihrem Amte belassen wollte.

2. Bedenken „allgemeinpolitischer Natur"

theologischen oder kirchenpolitischen Richtungsverschiedenheiten innerhalb der Kirche beziehen"[146].

„Auch Fragen g e m i s c h t k i r c h l i c h e n Charakters scheiden aus", wie derselbe Verfasser fortfährt; „die Haltung eines in Aussicht Genommenen in Fragen der Schule und des Religionsunterrichts, der Wohlfahrtspflege, der Ehegesetzgebung und dergleichen gibt dem Staat kein Recht, Bedenken zu erheben"[147]. Auf einer Ebene, auf der Staat und Kirche gleiches Recht haben, kann eine Persönlichkeit auf Seiten der Kirche nicht deshalb staatlichen Einwendungen ausgesetzt sein, weil ihre Haltung in darauf bezüglichen Fragen von der staatlichen Auffassung abweicht oder ihr entgegengesetzt ist.

Durch Aufzählung weiterer Sachgebiete wäre nicht viel gewonnen. Der Begriff des „Staatspolitischen", wie er bisher entwickelt und verwandt worden ist, ist so sehr Beziehungsbegriff zum staatlichen Ganzen, seiner Einheit und seiner Ordnung, daß „politisch" im Sinne der vielen, besonders gearteten Einzelbereiche des Staatshandelns von vornherein entfällt. Deshalb ist hier von allen Relativierungen zu abstrahieren, die der Begriff annimmt, wenn von der planenden und ordnenden Staatstätigkeit in den verschiedensten Sparten des Kultur- und Wirtschaftslebens die Rede ist, wie sie als Wirtschafts-, Sozial-, Volkstums- und Kulturpolitik — sämtliche mit vielen Unterteilungen — in Erscheinung tritt. Aus diesen Bereichen hergeleitete Motive können für sich niemals die Ausübung des staatlichen Bedenkenrechts rechtfertigen.

Das schließt nicht aus, daß sich die politischen Sonderinteressen zu Belangen von „staatspolitischem" Rang steigern und als solche eine politische Erinnerung motivieren könnten. Kommt es in einer konkreten Situation dazu, daß einer dieser — in der Regel Sonder- und peripheren — Bereiche lebenswichtige Bedeutung erlangt, so ist der maßgebende Sachverhalt eben nicht mehr bloß nationaler, gesellschaftlicher und, nehmen wir vorweg: parteipolitischer oder sonstiger Art, sondern von staatspolitischem Gewicht[148]. Wird seine Berücksichtigung so dringend, daß er die staatliche Existenz in Frage stellt, dann ist er dadurch ein „allgemeinpolitisches" Motiv geworden.

---
[146] Der Vertrag der evangelischen Landeskirchen mit dem Freistaat Preußen, Berlin 1931, S. 45.
[147] Kübel aaO.
[148] Das ist oben S. 111 bereits grundsätzlich ausgeführt.

3. Bedenken „nicht parteipolitischer Art"

Schon an der Wiege der Politischen Klausel stand die Notwendigkeit, von der Auslese der zukünftigen Bischöfe parteipolitische Gesichtspunkte auszuschließen[149]. In dem modernen Bedenkenrecht hat sie als eine allgemein anerkannte[150] Folgerung aus dem Begriff des „Staatspolitischen"[151] vertragliche Anerkennug gefunden, ohne daß es dazu der Aufnahme dieser Wendung in den Konkordatstext bedurft hätte[152].

Sinn und Zweck dieser Forderung ist zunächst in dem aus der Natur der Sache gerechtfertigten Bestreben der Kirche zu suchen, das Beschwerderecht nicht den Stimmungen wechselnder parlamentarischer Mehrheiten mit den verschiedensten kirchenpolitischen Ansichten und Interessen, ihren Quertreibereien und Empfindlichkeiten bzw. ihren Exponenten in den zuständigen Ressorts preiszugeben[153]. Seitdem es das Bestreben der Katholiken ist, sich in einer konfessionell bestimmten Partei zu sammeln und sich dadurch die parlamentarische Vertretung ihrer Belange zu erleichtern[154], mag darüber hinaus auch die Absicht mitgewirkt haben, einen Kandidaten mit parteipolitischer Vergangenheit nicht staatlichen Bedenken ausgesetzt zu sehen[155,156]. Zurückweisung verdient dagegen die

---

[149] Vgl. oben S. 101 mit Anm. 7.

[150] Über die abweichende Auffassung der Anhänger der totalitären Staatsidee unten S. 143 f.

[151] Vgl. oben S. 101.

[152] Trotzdem findet sie sich in den Konkordaten mit Baden und Österreich; vgl. oben S. 70 Anm. 36.

Wenn Perugini, Inter S. S. et Badensem rempublicam solemnis conventio aaO. S. 327 (zustimmend Restrepo Restrepo, Concordata, S. 510 Anm. 425) glaubt: „Hac explicita declaratione ... libertas Ecclesiae in episcopis eligendis melius totiusque servatur", so ist diese Bemerkung nur richtig, wenn sie sich auf die praktischpolitische Geltendmachung bezieht (was sich schon hier aus dem Wortlaut ergibt, muß sonst erst aus dem Begriff des Politischen bzw. Allgemeinpolitischen deduziert werden), nicht, wenn sie besagen soll, das politische Bedenkenrecht hätte durch diesen Zusatz neuerdings eine materielle Einschränkung zugunsten der Kirche erfahren.

[153] Wie es beim französischen Nominationsrecht der Fall war; vgl. oben S. 46 ff.

[154] Davon war oben S. 44 bereits die Rede.

[155] In diesem Sinne äußert sich Ottaviani, Institutiones, I S. 503 f. (bei Weber, Politische Klausel, S. 56 und 61); Weber aaO. macht mit Recht auch auf Art. VIII des jugoslawischen Konkordatsentwurfs aufmerksam, der nur den Seelsorgegeistlichen die Mitgliedschaft in politischen Parteien verbietet. — Insoweit solche Ausführungen von seiten nationalsozialistischer Autoren erfolgten, war ihnen in der Regel eine Spitze gegen den sog. Politischen Katholizismus eigen. Man bediente sich dabei des alten Tricks, auf den Carl Schmitt wiederholt aufmerksam ge-

Behauptung Webers, der eigentliche, wenn auch nur latente Sinn dieses Zusatzes liege in der Möglichkeit, damit den Wert der Politischen Klausel für den Staat überhaupt zu relativieren, weil jede politische Frage durch die notwendige Interessennahme jeder Partei an ihr auch zu einer parteipolitischen werde. „Es hieße deshalb", wie Weber ausführt, „den Sinn des parlamentarischen Parteienstaates zerstören, wenn man in seinem System die Unterscheidung von politisch und parteipolitisch ernsthaft praktizieren wollte. Infolgedessen", so fährt Weber fort, „wird es – immer im System des parlamentarischen Parteienstaates gedacht – unschwer möglich sein, bei jedem politischen Bedenken nachzuweisen, daß es ‚parteipolitisch' sei, weil es notwendigerweise in den Meinungsgegensätzen der Parteien wiederkehrt und in deren Auseinandersetzungen hineingezogen wird"[157].

Diese Verallgemeinerungen sind nicht berechtigt. In Wirklichkeit bestand nämlich während der Hochblüte des Parteienpluralismus im Jahre 1931 und sogar im Parlament ein sehr feines Unterscheidungsvermögen dafür, was staatspolitisch und was parteipolitisch ist[158]. Auch ist die parteipolitisch neutrale und konstante Größe der Ministerialbürokratie immer ein Hort des spezifisch

---

macht hat (z. B. Begriff des Politischen, S. 14): den Gegner als politisch zu diskriminieren; nur daß die NSDAP sich nicht als unpolitisch bezeichnete, sondern für sich im Gegenteil das Monopol des Politischen in Anspruch nahm. Was es im übrigen mit der „Reinheit" der Trennung von Kirche und Politik auf sich hatte, ist bekannt und bedarf hier keiner Belege. Daß dieses Problem schon in der Dritten Republik brennend war, bezeugt Ferrata, Mémoires, III S. 294; auch bei Stutz, Päpstliche Diplomatie, S. 16 f. Anm. 7.

[156] Für ein Verfassungssystem, das den parteipolitischen Kampf als sein inneres Bewegungsgesetz anerkennt, ist das eine Selbstverständlichkeit. Dieses war auch die Auffassung der preußischen Staatsregierung bei Abschluß des Konkordats, wie der Abg. Hestermann gelegentlich der Beratung des Vertrages mit den evangelischen Landeskirchen im Landtag bezeugt: „Daß in die politische Betätigung der Geistlichen nicht eingegriffen werden solle, hat uns die Preußische Staatsregierung schon bei den Verhandlungen über das katholische Konkordat zugesichert" (Sitzungsberichte des Preuß. Landtags, Bd. 15, 1931 Sp. 21 165).

[157] Weber, Politische Klausel, S. 61.

[158] In einem konkreten Fall verschaffte es sich mit erstaunlicher Spontaneität Geltung: Der Vertreter der SPD hatte im Hauptausschuß des preußischen Staatsrats gelegentlich der Beratung des Vertrages mit den evangelischen Landeskirchen versucht, parteipolitische Gedanken in den Begriff der politischen Bedenken hineinzutragen. Dagegen wehrten sich die Abg. D. Koch (Deutschnationale Volkspartei) und D. Dr. v. Campe (Demokratische Volkspartei) und errangen mit ihren Äußerungen Beifall (Sitzungsber. des Preuß. Landtags Bd. 15, 1931 Sp. 21 132 bzw. 21 155).

Staatlichen gewesen, solange sie die Kontinuität des Dienstes höher achtete als Partei- und sonstige Rücksichten; sie hat vielerlei Möglichkeit, sich zur Geltung zu bringen[159]. Es ist natürlich der außergewöhnliche Fall denkbar, daß die „Staatspolitik" nur noch Fassade vor dem Widerstreit organisierter oder gestaltloser pluralistischer Kräfte ist; dann darf man sich allerdings nicht wundern, daß die Schwäche eines solchen Staatswesens sich wie bei der Besorgung anderer Staatsgeschäfte auch bei der Geltendmachung von politischen Bedenken manifestiert. Das ist dann aber nicht ein Mangel des Erinnerungsrechts als konkordatärer Rechtsfigur, sondern allein der inneren politischen Situation, die die Handhabung der Politischen Klausel gestattet oder unmöglich macht. Die Folge mag dann das Unterbleiben einer an sich zulässigen und gegebenenfalls auch angebrachten staatlichen Maßnahme sein, ein Versäumnis, das auch vom nationalen Standpunkt immer noch leichteren Herzens hingenommen werden sollte, als wenn parteipolitische Meinungs- und Interessengegensätze selbst die hohen Kirchenämter ihrem zersetzenden Einfluß unterwerfen würden. Die Politische Klausel ist so Ausdruck der Suprematie der Staatsidee über Teilzwecke und Teilinteressen von Parteien und so geeignet, die einheitliche Staatsgewalt gegen ihre pluralistische Auflösung bewahren zu helfen. Gerade vom NS-Standpunkt hätte man angesichts seiner mitunter ins Groteske gesteigerten Abneigung gegen den Vielparteienstaat hierfür offenes Verständnis erwarten dürfen.

So selbstverständlich daher die Aussonderung parteibestimmter Beweggründe ist, so schwierig ist es, die Trennungslinie festzulegen[160]. In einem akuten Fall mag die Entscheidung noch leicht fallen, wie das soeben[161] angeführte Beispiel aus den Beratungen

---

[159] Wir werden unten S. 168 mit Anm. 257 Gelegenheit haben, ihren gewichtigen Einfluß an einem Beispiel aus der Zeit des Dritten Reiches zur Darstellung zu bringen. Auch Ferrata hat als Nuntius in Paris in diesem Sinne mit ihr in der Person des Ministerialdirektors Dumay Bekanntschaft gemacht; vgl. z. B. Mémoires, III S. 159 und besonders Stutz, Päpstliche Diplomatie, S. 140 mit Anm. 2 bis 6.

[160] Das betonen Mörsdorf, Besetzungsrecht, S. 151; Roedel-Paulus, Reichskirchenrecht, S. 78 f.; Bednorz, Concordat de Pologne, S. 72 (bei Weber, Politische Klausel, S. 61 Anm. 2); auch in den parlamentarischen Debatten war man sich dessen bewußt; vgl. statt anderer die Ausführungen des Abg. D. Koch im preußischen Landtag gelegentlich der Verabschiedung des evangelischen Kirchenvertrages (Sitzungsber. des Preuß. Landtags Bd. 15, 1931 Sp. 21 078).

[161] Anm. 158.

des preußischen Landtags zeigt; anders wenn es sich darum handelt, durchgängige Unterscheidungskriterien aufzustellen[162].

Die Schwierigkeit liegt in der intimen Nähe der Parteien zum Staat, in ihrer essentiellen Verbundenheit mit dem demokratischen Staat der Gegenwart. Wenn dieser die „Selbstorganisation der Gesellschaft"[163] ist, so sind es doch die Parteien, durch die sich die Gesellschaft in den Staat „integriert" hat und es noch täglich tut. Wie man von dem politischen Organisationsprinzip der „Identität von Staat und Gesellschaft"[164] sprechen darf, so kann man auch, wenn eine sinnfällige Vereinfachung erlaubt ist, den demokratischen Staat und die Parteien auf einen Nenner bringen und grundsätzlich vom Parteienstaat reden. Nach dem Absterben der alten ständischen Mächte sind die Parteien das Mittel, durch das die Gesellschaft den Staat trägt. Dabei haben sich die Parteien in Europa dermaßen verfestigt und durchorganisiert[165], daß s i e schlechthin als die Träger des Staates auftreten. Das aber heißt nichts anderes als: aus ihnen konstituiert sich der Staat; sein ganzes Erscheinungsbild ist „parteibestimmt".

Aber es ist als solches nicht mehr parteipolitischer Natur im Sinne jener Formel der konkordatären Vereinbarungen. Soweit die Parteien ihren Staatsentwurf, d. h. das Bild, das sie sich von der anzustrebenden politischen Gestalt der Nation und ihrem geschichtlichen Ziel machen, auf dem Wege der Vereinbarung, des Kompromisses, der Koalition und schließlich durch Mehrheitsentscheidung verwirklicht haben, ist es nicht mehr in diesem Sinne parteipolitische Angelegenheit, sondern geht das Ganze an. Parteipolitik, soweit aktualisiert, ist Staatspolitik; und ein Parteiprogramm, soweit zur staatsrechtlichen Erscheinung gebracht, ist — die Staatsverfassung.

Das maßgebliche Kriterium für den parteipolitischen Bereich ist, daß hier die Dinge noch im Stadium des Vorhabens, Entwurfes, Programms, noch „in potentia" sind, während sich die wahrhaft „politische" Ebene durch ihre R e a l i t ä t auszeichnet; ein Gegenstand ist auf ihr „i n   a c t u". Daß ein Sachverhalt in den Auseinandersetzungen der Parteien eine Rolle spielt, ist also völlig un-

---

[162] Was denn auch bisher, soweit ich sehe, noch nicht versucht worden ist.
[163] Vgl. oben S. 122 f.
[164] Carl Schmitt, Hüter der Verfassung, S. 79.
[165] Vgl. Carl Schmitt aaO. S. 83 ff.

I. Die inhaltliche Seite des politischen Erinnerungsrechts

erheblich für die Frage nach seiner allgemeinpolitischen[166] Natur[167]. Entscheidend ist, um Gesagtes zu wiederholen, ob er in die „politische" E x i s t e n z weise überführt und d e s h a l b Sache des Staates und nicht mehr nur einer oder mehrerer Parteien ist.

Dabei muß es sich, wie schon angedeutet, um die r e c h t l i c h e Art der Verwirklichung handeln, d. h. ein nur tatsächlicher Machtzustand genügt nicht. Soweit Bedenken, die eine verfassungsfeindliche Betätigung des Kandidaten rügen wollen, auf ihre „Natur" zu untersuchen sind, finden die oben[168] bei Besprechung des Verfassungstatbestands dargelegten Grundsätze auch hier Anwendung. Dasselbe gilt für die Bewertung solcher Einwendungen, die sich auf die Gefährdung lebenswichtiger Staatsbelange berufen. In der Regel werden es von der Rechtsordnung unabhängige und gewissermaßen zufällige Gegebenheiten sein, die für eine derartige Erinnerung in Anspruch genommen werden und den in der Person des Kandidaten begründeten Umständen den „staatspolitischen" Rang verleihen sollen, wie etwa äußere Bedrohung oder innere Schwäche des Staates. Bei ihrer Würdigung ist ebenfalls von der politischen Gesamtentscheidung, d. h. der materiellen Verfassung auszugehen.

Der aufgestellte Grundsatz hat sich an einer heute naheliegenden, besonders heiklen Frage zu bewähren, die gleichzeitig auch die übrigen vorausgegangenen Ausführungen verdeutlichen wird: Könnten gegen einen als Anhänger des NS-Regimes politisch erheblich belasteten Geistlichen, der für einen Bischofsstuhl kandidiert, Bedenken erhoben werden? Die deutschen Länderregierungen würden — die Geltung der politischen Klausel darf vorausgesetzt werden[169] — zweifellos von ihrem Erinnerungsrecht Gebrauch machen, wenn ihnen ein solcher Kandidat notifiziert würde, der sich intimer Beziehungen zur Staatsführung des Dritten Reiches erfreut und sich zu deren wesentlichen politischen Maximen und Praktiken bekannt hätte. Die Politische Klausel gäbe ihnen dazu das Recht. Die Tatbestände des tschechoslowakischen Modus vivendi[170] würden zur

---

[166] Daß nur Gegebenheiten von existentieller Bedeutung für den Staat Bedenken „allgemeinpolitischer Natur" rechtfertigen können (vgl. oben S. 109 mit Anm. 42) lassen wir für einen Augenblick außer Betracht.

[167] Das ist vor allem Werner Weber, Politische Klausel, S. 61, entgegenzuhalten.

[168] S. 104 mit Anm. 18.

[169] Vgl. oben S. 90 ff.

[170] Vgl. oben S. 103 ff.

3. Bedenken „nicht parteipolitischer Art"

Begründung zwar nicht ausreichen: von einer irredentistischen, separatistischen, gegen die Verfassung oder gegen die öffentliche Ordnung gerichteten Tätigkeit ist keine Rede. Dagegen dürften sie in der Erhebung eines solchermaßen Kompromittierten[171] auf einen Bischofsstuhl in einem Augenblick, da die deutsche Demokratie auf so sichtbar schwachen Füßen steht, wohl eine Gefährdung lebenswichtiger Staatsbelange erblicken. Selbst wenn nun eine Partei vor oder nach erfolgter Erinnerung eine gegenteilige Auffassung vertreten würde[172] und sich daraus parlamentarische Debatten entspännen, würde die Angelegenheit damit nicht zu einer „parteipolitischen" und dadurch nicht die Zulässigkeit der Bedenkenäußerung entfallen. Maßgeblich ist die den heutigen Staat tragende politische Grundordnung, die, im gegenwärtigen Augenblick jedenfalls, erheblich in ihrem Bestand beeinträchtigt würde, wenn Persönlichkeiten der beschriebenen Art politisch so exponierte Stellungen wie das Bischofsamt bekleiden dürften. Daß hier wegen einer früheren parteipolitischen Betätigung des Kandidaten[173] Bedenken erhoben werden, ist unerheblich; auch daraus kann eine zulässige Erinnerung hergeleitet werden, wenn dringende den Bestand des Staates berührende Lebensbedürfnisse in Frage stehen[174].

Für den Mehrparteienstaat ist damit ein Unterscheidungsmerkmal gewonnen: das Allgemeinpolitische ist an seiner Aktualität, die die Aktualität der staatsrechtlichen Gestaltung ist, erkennbar. Wie aber, wenn eine Partei die verfassungsändernde Mehrheit erzielt, die es ihr ermöglicht, ihre Parteiziele in die politische Grundordnung des Staates einzuweben? Oder wenn sie durch Revolution sich in den Besitz der verfassunggebenden Gewalt setzt und diese nach Parteirücksichten handhabt? Was gilt für den E i n p a r t e i e n s t a a t ? Der gleiche Grundsatz, unverändert. Die Verfassung als Grundordnung des Staates ist auch hier bestimmend.

Das bedeutet aber noch nicht, daß hier die Unterscheidung zwischen allgemeinpolitischen und parteipolitischen Bedenken überhaupt entfallen müßte, weil etwa durch ein Staatsgrundgesetz die

---

[171] Dessen Verhaltensweise auch nicht durch die Klausel „sicut decet episcopum" gedeckt würde.

[172] Von den gegenwärtig zugelassenen Parteien wäre das natürlich keinesfalls zu erwarten.

[173] Vgl. oben S. 138 f. mit Anm. 155 und 156.

[174] Vgl. oben S. 137.

144   I. Die inhaltliche Seite des politischen Erinnerungsrechts

„Einheit von Partei und Staat" proklamiert ist[175,176]. Das würde zwar der Vorstellung der NS-Rechtslehre von dem Verhältnis von Partei und Staat entsprochen haben[177], wonach, um das für diesen Zusammenhang Wesentliche auf eine Formel zu bringen, die in Anspruch genommene Totalität des Politischen zur Totalität des Parteipolitischen wurde. Wir können hier dieser anziehenden Frage nicht nachgehen, ohne daß der Rahmen dieser Arbeit weit überschritten würde[178]. Nachdem wir oben den Totalitätsanspruch des Politischen zurückgewiesen haben, erledigt sich die Totalität des Parteipolitischen von selbst. Maßgebend ist die verfassungsrechtliche Wirklichkeit. Hier finden wir nun in allen Einparteienstaaten einen bedeutenden Komplex spezifisch parteibestimmter Grundsätze in die materielle Verfassung transformiert; im Dritten Reich war es beispielsweise das Führerprinzip. Hiergegen gerichtete Betätigung eines Bischofskandidaten hätte zweifelsohne eine politische Erinnerung des NS-Regimes gerechtfertigt. Keineswegs war aber die NSDAP als solche mit ihrer umfassenden Ideologie, mit ihrem gesamten „Vorstellungsbereich"[179] zur verfassungsrechtlichen „Aktualität" gelangt[180]. Sie hatte zwar den Staat erobert[181], ihn in vieler Hinsicht zu ihrem gehorsamsten Diener und streng kontrollierten Handlanger

---

[175] In Deutschland durch Gesetz vom 1. 12. 1933, RGBl. I, S. 1016.

[176] Dafür treten ein Weber, Politische Klausel, S. 61 f.; Roedel-Paulus, Reichskirchenrecht, S. 78 f.; Huber, Staat und Bischofsamt, aaO. S. 165.

[177] Vgl. Huber, Verfassungsrecht des Großdeutschen Reiches, S. 287 ff. und die dort Angeführten.

[178] Es können hier nur die Auswirkungen auf die Anwendung der Politischen Klausel aufgezeigt werden: Weber nimmt für den Staat hinsichtlich des Bedenkenrechts die Totalität des Parteipolitischen in Anspruch, wenn er schreibt: „Auch Einwendungen, die in spezifischer Weise aus dem Vorstellungsbereich der staatstragenden NSDAP gegen einen Kandidaten hergeleitet werden, können niemals als ‚parteipolitischen' Ursprungs gegen Bedenken allgemein politischer (oder staatspolitischer) Art kontrastiert werden" (Politische Klausel, S. 62) — die Totalität der NS-Weltanschauung auch gegenüber der hohen kirchlichen Personalpolitik!

[179] So Weber; vgl. Anm. 178.

[180] Dasselbe meint W. Stuckart, Partei und Reich, ZAkDR 2, 1935 S. 402, wenn er Partei und Reich z. B. als „in sich einheitliche und selbständig aufgebaute Säulen" bezeichnet.

[181] Ein analoger Vorgang zu jenem Kampf, der die Verfassungsgeschichte des 19. Jahrhunderts bewegt: der Eroberung des Staates durch die Gesellschaft, oder besser: die Fortsetzung dieses Vorgangs über den totalen Gesellschaftsstaat hinaus zum Extrem des totalen Einparteienstaates.

degradiert[182], aber hat ihn doch nicht aufheben und sich selbst an seine Stelle setzen können. Verfassungsrechtlich war sie nicht mehr — und auch nicht weniger — als ein v o m Staat begünstigter, reich privilegierter Machthaber[183] i m Staat. Es ist begrifflich nicht notwendig, daß der ganze Umfang einer Parteipolitik zur Staatspolitik wird, sobald die Partei die einzige ist. Trotz aller Unterordnung und Identifikation blieb auch der NS-Staat immer noch Staat mit einem spezifisch staatlichen und nichts als staatlichem Kernbereich, weil es keine Verfassung geben kann, die restlos nichts anderes wäre als Partei und Parteiorganisation. Ein Bereich allgemeinpolitischer Natur besteht immer, solange die politische Gesamtstruktur eines Volkes nicht zu einem provinziellen oder parteibeschränkten Status degeneriert ist, wie z. B. die Slowakei im tschechoslowakischen Gesamtverband. Die Unterscheidung von spezifisch Staatlichem und spezifisch Parteigemäßem kann deshalb auch im Einparteienstaat nicht entfallen, weil auch er nicht bis in die letzten Lebenskreise hinein aufhören kann, Vertreter des g a n z e n Volkes zu sein[184].

Vor allem hat die ganze weltanschauliche Last einer Partei — alle europäischen Parteien sind mehr oder weniger damit beladen — mit dem Bereich des „Allgemeinpolitischen" nichts zu tun, weil Weltanschauung und politische Gestaltung unverwechselbare Grö-

---

[182] Es ist bemerkenswert, daß dieses Verhältnis von Partei und Staat durch eine den Staat herabwürdigende Definition des Marxismus getroffen wird: der Staat ist das Mittel, mit dem eine Klasse von Menschen die andere unterdrückt, zwar nicht, um sie im marxistischen Sinne „auszubeuten", sondern um sie ihren unbeschränkten Machtgelüsten dienstbar zu machen.

[183] Im allgemeinen können nur natürliche Personen „Machthaber" genannt werden; Organisationen sind „Mächte". In diesem Fall legt ihr unberechenbares, willkürliches, sprunghaftes Auftreten und Handeln die Personifikation der anonymen Parteimacht nahe.

[184] Gerade dieses war auch für die Staatslehre des Dritten Reiches ein so wesentliches Moment, daß sie zur Rechtfertigung ihrer Auffassung des Verhältnisses von Partei und Staat, die eine Einheit sein sollten, der Partei immer wieder Attribute beilegen mußte, die sonst nur dem Volk zukommen: die Partei trägt den Staat; und der Grundsatz, daß der Staat um des Volkes willen da sei, fand sogar seine kategorische Abwandlung in die Formel: die Partei befiehlt dem Staat (Hitler auf dem Parteitag in Nürnberg 1935). Die Berechtigung dazu schöpfte die NS-Staatslehre, mehr unbewußt als bewußt, aus der weiteren Identifikation von Partei und Volk. Wir brauchen keine Worte darüber zu verlieren, daß es sich dabei um eine Fiktion handelte, was heute in etlichen tausend Spruchkammerverfahren nachgewiesen wird bzw. versucht wird. Ein großer Teil unseres Volkes hat nicht erst nach dem Zusammenbruch diese Ineinssetzung abgelehnt. — Auch aus diesem Grunde wären Einwendungen aus dem Gedankengut der NSDAP gegen einen Bischofskandidaten nicht gerechtfertigt gewesen.

ßen sind. Das soll nicht heißen, daß beide beziehungslos nebeneinander ständen: die Weltanschauung ist als die Wertgrundlage des Rechts auch auf die Politik von Einfluß. Aber es wird einem Staat des 20. Jahrhunderts nicht gelingen, eine Weltanschauung in toto so in das Verfassungsleben einzubauen, daß der friedliche Anhänger einer anderen Weltanschauung allein als solcher bereits als Staatsfeind und staatsgefährlich qualifiziert werden könnte, ohne daß er sich mit der betreffenden „staatspolitischen" Gestaltung in Widerspruch gesetzt hätte. Selbst dem NS-Staat ist dieses nicht restlos gelungen[185]. Gerade hier wäre sonst die Begründung mit weltanschaulichen Gesichtspunkten eine besonders aussichtsreiche Art der Rechtfertigung staatlicher Bedenken gewesen. Hätte es doch bei dem unüberbrückbaren Gegensatz von Christentum und Nationalsozialismus nicht schwer sein können, jedem als Bischof in Betracht kommenden Geistlichen Bedenken weltanschaulicher Art entgegenzuhalten[186,187].

4. Quis iudicabit?

Die scharfsinnigsten Erörterungen über die Natur der politischen Bedenken verlieren in der konkreten Wirklichkeit der Beziehungen zwischen Staat und Kirche an Gewicht vor der Frage: Wer, Kurie oder Staatsregierung, entscheidet im Streitfall, ob eine vorgebrachte Erinnerung sich auf Motive politischer bzw. allgemeinpolitischer Art stützt oder nicht? Die Beantwortung dieser Frage ist besonders

---

[185] Die Reichsregierung hat zwar versucht, aus parteipolitischen, und zwar weltanschaulichen Rücksichten Bedenken geltend zu machen, ohne damit jedoch einen vollen Erfolg zu erringen; vgl. unten S. 158 ff.

[186] In der Tat ist es denn auch im Dritten Reich kein einziger Bischofsstuhl besetzt worden, ohne daß die Gestapo nicht zuerst Vorstellungen gegen den Kandidaten erhoben hätte. Ich verdanke diese Mitteilung dem ehemaligen Sachbearbeiter im Reichskirchenministerium, Herrn Ministerialrat Theegarten.

[187] Man könnte allerdings sagen, daß bei offenkundiger weltanschaulicher Divergenz und Kirchenfeindschaft der gemeinsame Boden, auf dem sich Staat und Kirche zusammengefunden und die Übereinkunft aufgebaut haben, nicht mehr einheitlich und deshalb in seiner Tragkraft erschüttert sei. Wenn die Kirche in einer solchen Lage nicht überhaupt das Konkordat auf Grund der clausula rebus sic stantibus kündigen wolle, so könnte sie doch eine Erinnerung ohnehin a limine zurückweisen, die sich nicht aus politischen, sondern aus Gesichtspunkten einer widerstreitenden Weltanschauung herleite. Gegebenenfalls stände dazu auch die Formel „sicut decet episcopum" in dem oben (S. 133 ff.) erörterten Sinn zur Verfügung. Dazu bedürfe es nicht erst der Subsumption unter den Begriff des Parteipolitischen.

Dem ist grundsätzlich zuzustimmen. Doch wird die Praxis mit dieser theoretischen Überlegung nicht auskommen, weil auch die im Kern weltanschaulich fun-

dringend, weil das Bedenkenrecht, wie gezeigt[188], die materiellen Voraussetzungen einer zulässigen staatlichen Beschwerde keineswegs bis in ihre letzten Möglichkeiten normativ festlegt. Um so häufigere und um so schwerwiegendere Meinungsverschiedenheiten über diesen Punkt werden deshalb unter den Parteien entstehen und um so eher wird die schicksalsvolle Frage brennend werden, wem darin das maßgebliche Wort zusteht.

Es geht also um die Frage, wer entscheiden soll, ob die Gründe des Staates für diesen existentielle Bedeutung haben oder nicht. Es wurde gezeigt, daß es der im engsten und potenzierten Sinne staatliche Bereich ist, um den es sich hier handelt. Hier herrscht die ursprüngliche, souveräne Entscheidung des Staates, wie die der Kirche in ihrem Bereich. Hier handelt jeder Staat selbst und auf eigene Gefahr.

Wir müssen uns hier indessen daran erinnern, daß wir es in dieser Untersuchung nicht mit dem streng subjektiven, nichts als staatsbezogenen Begriff des Politischen zu tun haben, der — je nach dem Staatszweck — ein mehr oder weniger oder alles umfassendes Gebiet für die ausschließliche Zuständigkeit des Staates reklamiert: der politisch-polemische Begriff des Politischen also. Nein. Politisch im Sinne des Bedenkenrechts ist objektiv gemeint, will durch vertragliche Satzung einen Kreis solcher Umstände beschreiben, deretwegen sich der Staat gegen einen Bischofskandidaten aussprechen darf: ein positiver Vertragsinhalt also. Es geht hier nicht um prinpizielle Dinge, um die grundsätzliche Abgrenzung eines politischen vom kirchlichen oder privaten Bereich, sondern „nur" um die schlichte Anwendung eines Vertragsbegriffs, um die Subsumierbar-

---

dierten Bedenken in einer politischen Verkleidung auftreten und ihre weltanschauliche oder sonstige Herkunft nicht auf der Stirn geschrieben tragen. Nun mag es die Aufgabe von Theologen und Philosophen sein, mit theologischen und philosophischen Distinktionen die antikirchlichen und antichristlichen Strebungen einer staatstragenden Partei anzugreifen und sich davon zu distanzieren; aber das ist erst im äußersten Fall auch die Aufgabe des kurialen Diplomaten, der damit den staatlichen Vertragspartner aufs schwerste kompromittieren und seine Mission zumindest sehr erschweren, wenn nicht unmöglich machen würde.

Er wird sich vielmehr der in der Politischen Klausel selbst zur Verfügung gestellten Möglichkeiten bedienen, um eine Erinnerung der genannten Art als vertragswidrig nachzuweisen und abzulehnen. Für die aus dem Gedankenkreis einer Partei stammenden oder antikirchlichen oder -christlichen Motive bietet sich von selbst die konkordatsrechtliche Einschränkung „nicht parteipolitischer Natur" an, die den hier gestellten Anforderungen vollauf gerecht wird.

[188] Oben S. 113 f.

keit einer konkreten Situation unter eine vertragliche Norm; um die Frage: **ob der Klauselfall vorliegt**.

An dieser Feststellung sind Staat und Kirche **gemeinsam** beteiligt. Das folgt mit Notwendigkeit aus der Natur der Sache. Der Staat hat für den Gegenstand und den Umfang der konkordatären Abmachungen auch im Bereich des Politischen aufgehört, Inhaber der maßgeblichen Entscheidungsbefugnis zu sein; sondern teilt diese in den vertraglichen Grenzen auch in Fragen „politischer Natur", der politischen Bedenken, mit der Kirche, weil seine Einwendungen überhaupt erst auf Grund einer vertraglichen Einigung für die Besetzung der Bischofsstühle erheblich gemacht sind. Für die Frage des Quis iudicabit ist also nicht die politische Qualität der Bedenkenäußerung ausschlaggebend, sondern ihre vertragliche Grundlage, ohne die das gesamte politische Erinnerungsrecht des Staates zusammenbrechen würde. Ebensowenig wie die authentische Auslegung einer Vertragsnorm Sache eines einzelnen Partners ist, kann er hinsichtlich ihrer Anwendung für sich das maßgebliche Entscheidungsrecht darüber in Anspruch nehmen, ob im Bestreitungsfall ein Tatbestand in den Rahmen der vereinbarten Norm fällt oder nicht. Das sollte beim vertraglichen Charakter dieser Regelung nicht zweifelhaft sein.

Im Falle von Meinungsverschiedenheiten über das Vorliegen politischer Bedenken haben Kirche und Staat gemäß der völkerrechtlichen Natur des Vertragsverhältnisses ein Einverständnis darüber herbeizuführen. Dazu haben sie sich in den Schlichtungs- oder Freundschaftsklauseln auch ausdrücklich verpflichtet. Sie wollen danach den Verhandlungsweg beschreiten, um zu einer „freundschaftlichen Lösung" zu gelangen[189]. – Wer aber entscheidet, wenn die Streitteile zu keiner Einigung gelangen? Bleibt die staatliche Erinnerung aufrechterhalten oder wird sie hinfällig[190]? Sämtliche

---

[189] Dieses Verfahren wird auch regelmäßig bei Meinungsverschiedenheiten über die Rechtswirkung Platz greifen; es wird in diesem Zusammenhang unten S. 199 ff. eigens gewürdigt.

[190] Diese Frage muß schon an dieser Stelle aufgeworfen werden; sie ist nicht mit der Frage nach der Tragweite (Rechtswirkung) des Bedenkenrechts zu verwechseln und fällt mit ihm vielleicht praktisch, aber nicht grundsätzlich zusammen, wie Link, Besetzungsrecht, S. 305, meint, sondern ist gesondert und in diesem Zusammenhang zu beantworten. Auch Koeniger, Konkordate, S. 169 Erl. 32 c, setzt einen Unterschied voraus zwischen dem hier in Rede stehenden Verfahren zur Feststellung bestrittener Tatbestände und der Erledigung eines Streitfalls über die Rechtswirkungen erhobener Bedenken; für beide Fälle empfiehlt er die Freundschaftsklausel als letzten Behelf.

Aussagen über den Inhalt der Politischen Klausel erhalten hieraus ihr spezifisches Gewicht und ihre konkrete Bedeutung. Alles drängt somit hin auf die unausweichliche Frage:

Quis iudicabit? — Nicht irgendeine Justiz. Denn die Eignung zum Bischofsamt ist keine justiziable Materie, auch gibt es keinen Gerichtshof, vor dem Meinungsverschiedenheiten so sehr verschiedener Souveräne wie Papst und Kaiser, Kurie und Staatsregierung ausgetragen werden könnten, und auch kein angemessenes justizförmiges Verfahren[191]. Hier gibt es und wird es keinen höheren Dritten und ebensowenig eine neutrale Macht — man könnte an eine Weltorganisation denken — geben, welcher der Papst sich unterwerfen und die Entscheidung über solche Streitfragen anvertrauen würde[192]. Staat und Kirche haben den Konflikt deshalb unter sich auszumachen. Wem hier der Vorrang gebührt, ist keine bloße Macht-

---

[191] Das gilt jedenfalls, solange nicht nur formale, sondern auch geistliche, das ius divinum berührende Sachverhalte in Frage stehen; vgl. Mörsdorf, Besetzungsrecht, S. 140 f.; Link, Besetzung, S. 254. Aus der gleichen Überlegung bezeichnete Stutz auch vom Standpunkt der evangelischen Kirche die von der überwiegenden Mehrheit ihrer Vertreter erstrebte Einführung eines obligatorischen Schiedsgerichts (vgl. folgende Anm.) als eine für die Kirche u. U. „eher gefährliche als erfreuliche Errungenschaft" (bei Kübel, Der preußische Kirchenvertrag, S. 49).

[192] Auch Friedberg, Veto, S. 62, betont, daß die Kirche wohl kaum über Verträge, „die nach ihrer Ansicht mit der Religion in enger oder weiterer Verbindung stehen, einem Laien die Cognition anvertraue". Es ist deshalb eine grobe Verkennung der gegebenen Sachlage, wenn Zscharnack, Preußen-Konkordat, S. 2 f., seine Leser mit der Möglichkeit erschrecken will, die Kurie könne ein internationales Schiedsgericht anrufen und von dort her dem Staat eine Entscheidung aufzwingen. Ähnliche ungerechtfertigte Befürchtungen im preußischen Landtag vor Verabschiedung des Konkordats; vgl. Sitzungsber. des Pr. Landtags Bd. 6, 1929 Sp. 7666, 7575, sowie Drucksachen des Pr. Landtags Bd. 4, 1930 Nr. 2794 (Mörsdorf, Besetzungsrecht, S. 141 Anm. 514).

Anders liegen die Verhältnisse bei den evangelischen Landeskirchen. Mit allen Kräften haben ihre Vertreter darum gekämpft, in die Politische Klausel des preußischen Kirchenvertrages (Art. 7) des Jahres 1931 ein „o b l i g a t o r i s c h e s S c h i e d s g e r i c h t" einzubauen. Verschiedene dachten vor allem an einen Senat des preußischen Oberverwaltungsgerichts; mußte ihnen doch gegenüber dem parteipolitischen Betrieb ein Kollegium unabsetzbarer, mit den besonderen Garantien der richterlichen Unabhängigkeit ausgestatteter Berufsrichter in besonders hohem Maße als objektive und parteipolitisch neutrale Instanz, als „sicherster Rechtsschutz" (Kübel, Kirchenvertrag, S. 48), erscheinen. Der staatliche Partner lehnte das ab mit der Begründung, „es vertrage sich nicht mit der Autorität des Staates, in diesen Fragen staatspolitischer Art eine Schiedsinstanz darüber entscheiden zu lassen, ob die Auffassung des Staatsministeriums, daß staatspolitische Bedenken zu Recht geltend gemacht werden, berechtigt ist oder nicht ..." (Abg. Stendel im Landtag, Sitzungsber. d. Pr. Landtags Bd. 15, 1931 Sp. 21 093; vgl. auch die Ausführungen der Abg. Hestermann aaO. Sp. 21 169 und

frage, sondern aus der Eigenart der politischen Bedenken zu beantworten.

Ihre primäre Zweckbeziehung zum Staat, ihre Nähe zur staatlichen Existenz und ihre Herkunft aus dem ihm spezifisch zugehörigen, nämlich seinem Souveränitätsbereich, geben dem Votum des Staates ein besonderes moralisches Gewicht. Aber er vermag nicht allein maßgeblich darüber zu entscheiden, ob jener extreme Fall vorliegt[193]. Das hieße, die eine Vertragspartei, die Kirche, dem guten Willen der andern, dem Staat, ausliefern. Der Vatikan braucht aber nicht schlechthin jede staatliche Einwendung als solche staatspolitischer Natur gelten zu lassen. Der Hl. Stuhl hat als gleichberechtigter Vertragspartner die unbestreitbare Befugnis, **über die Berechtigung der Bedenken mitzuentscheiden und sie gegebenenfalls zurückzuweisen.**

D. Koch aaO. Sp. 21 078). In der Begründung des Gesetzentwurfs zu Art. 12 hat der Staat lediglich das Zugeständnis gemacht, daß „in geeigneten Fällen in beiderseitigem Einvernehmen der Ausgleich auch durch Bestellung einer Schiedsinstanz herbeigeführt werden" kann (Drucksachen des Pr. Landtags Bd. 11, 1932 S. 7024). Vgl. auch unten Anm. 207, 2. Abs., und zum Ganzen Kübel aaO. S. 47 f.

Hier schon zeigt sich ein erheblicher Unterschied in dem Bedenkenrecht, wie es der preußische Staat gegenüber der katholischen Kirche einerseits und den evangelischen Landeskirchen andererseits ausübte. Er ist darin begründet, daß die protestantischen Kirchen Mühe hatten, gegenüber dem Staat als gleichrangige Vertragsgegner aufzutreten und sie im Gegensatz zur übernationalen Organisation der katholischen Kirche immer als staatsunterworfene Körperschaften erscheinen mußten. Daß dieser Unterschied ursprünglich gegeben und nicht erst später von uns hineingetragen wird, beweisen die parlamentarischen Verhandlungen, beispielsweise Abg. D. Dr. v. Campe, der mit Bezug auf Art. 7, die Politische Klausel des Kirchenvertrages, sagte, die evangelische Kirche sei nur als Objekt der Staatsgesetzgebung, nicht als selbständiger Partner gewertet worden; daß man im Konkordat dem Gedanken Rechnung getragen habe, der katholischen Kirche als einer politischen Macht gegenüberzustehen, „während man der evangelischen Kirche nicht oder nur widerstrebend entgegenkommen wollte, eben weil sie keine politische Macht ist" (Sitzungsber. d. Pr. Landtags Bd. 15, 1931 Sp. 21 150, 21 153 ff.); siehe auch die Bemerkung des Abg. D. Koch, der ebenfalls auf „die verschiedene Stärke der beiden Kirchen dem Staat gegenüber" hinweist (aaO. Sp. 21 078). Seine von Weber (Politische Klausel, S. 85 Anm. 1) zitierte Bemerkung: „Die Bestimmungen dieser politischen Klausel empfinden manche meiner Freunde als sehr bedenklich, weil die Auslegung des entscheidenden Wortlauts ‚Bedenken politischer Art' schließlich allein Sache der Staatsregierung ist ..." (aaO. Sp. 21 047 f.; in der Sache übereinstimmend Kübel aaO. S. 45) ist aus diesem Zusammenhang zu erklären und entbehrt deshalb jeder Beweiskraft für das Konkordat.

[193] In Übereinstimmung damit befindet sich eine Erklärung der preußischen Staatsregierung, über die der Abg. Kriege im Landtag berichtete (Sitz.Ber. d. Pr. Landtags Bd. 6, 1929 Sp. 7669).

Es braucht nach dem Gesagten nicht mehr besonders hervorgehoben zu werden, daß Rom von diesem Recht nicht leichtfertig, sondern nur Gebrauch machen wird, wenn die Bedenken offensichtlich aus dem Rahmen des vereinbarten Rechts der Politischen Klausel herausfallen und ein Appell an den Geist der Konkordate (Verhandlungen auf Grund der Freundschaftsklausel) fruchtlos bleibt. Denn — das muß aus Sinn und Wortlaut gefolgert werden — diese Befugnis liegt erst in der letzten Konsequenz der Vertragsbeziehungen und des Verhältnisses der staatlichen Bedenken zur päpstlichen Ernennung[194]. Doch ist es diese entferntere Möglichkeit der Zurückweisung einer staatlichen Erinnerung als nicht allgemeinpolitischer Natur, die dem staatlichen Bedenkenrecht schon nach der inhaltlichen Seite — von seiner grundsätzlichen Tragweite ist erst später die Rede — den sonst allem Politischen eigenartigen Charakter letztgültiger staatlicher Dezision nimmt.

Die praktische Ausübung dieses Rechts würde nur dann zu einer Beeinträchtigung der staatlichen Souveränität führen, wenn sich die Kurie ihrerseits die allein maßgebliche Entscheidung anmaßen würde. Wenn aber schon gesagt werden muß, daß sich derartige Mißbrauchsargumente im allgemeinen gegeneinander aufheben, so kann sich der Vatikan noch auf die geschichtliche Erfahrung berufen, daß es nicht die Kirche, sondern in allen Zeiten die Staaten waren, die am wenigsten der Versuchung des Mißbrauchs ihrer Macht widerstanden haben.

5. Begründungspflicht des Staates

Die Bindung beider Parteien an objektive Grundsätze, namentlich des kirchlichen Partners bei Zurückweisung politischer Bedenken, hat keinen Sinn, wenn der Staat seine Bedenken nicht begründet. Weil „politisch" = „staatspolitisch", d. h. ein objektiver und eingegrenzter Begriff ist, muß der Vatikan Gelegenheit haben, sich zu vergewissern, ob der vertragliche Rahmen eingehalten ist[195].

---

[194] Es handelt sich hier darum, die gegenwärtige Rechtslage, nicht eine anzustrebende Verhältnisform festzustellen.

[195] Wehlitz, Kongregation, aaO. S. 260, folgert aus der inhaltlichen Begrenzung der politischen Bedenken die staatliche Begründungspflicht; ähnlich Ottaviani, Institutiones, I S. 503 (bei Weber, Politische Klausel, S. 77); aus demselben Grund hält Becker, „Politische Klausel", S. 19, eine Pflicht zur Mitteilung von Tatsachen für gegeben; weiteres Schrifttum bei Weber aaO. S. 77 Anm. 2.

Daß dies der Fall ist, dafür trifft den Staat die Beweislast; er muß beweisen, daß der Klauselfall vorliegt[196], denn es ist ein allgemeiner Rechtsgrundsatz, daß im Bestreitungsfall der einen Umstand beweisen muß, der aus ihm Rechte herleitet. Das Gegenteil wäre auch mit der Ehre und Eigenständigkeit der Kirche nicht zu vereinbaren, die Benedikt XV. in seiner, schon mehrfach angeführten Konsistorialansprache vom 21. 11. 1921 als unantastbare Grundsätze der kirchlichen Konkordatspolitik hervorgehoben hat[197]. Und schließlich liegt es im eigenen Interesse des Staates, den kirchlichen Partner von der Berechtigung seiner Einwendungen zu überzeugen[198], weil er sonst, sofern er nicht ausnahmsweise ein Einspruchsrecht erlangt hat[199], Gefahr läuft, mit ihnen nicht durchzudringen.

Mit Recht zieht Mörsdorf[200] die Politischen Klauseln des preußischen und des rumänischen Konkordats heran[201], die diese Ansicht bestätigen, obwohl sie im übrigen die Belange des Staates besonders nachdrücklich zu wahren wissen[202]. Nach Art. V § 2 des rumänischen Konkordats wollen der Hl. Stuhl und die Regierung in einem „commun accord" feststellen, ob gegen den in Aussicht Genommenen Bedenken politischer Natur vorliegen. Dieses gemeinsame Einvernehmen setzt begrifflich die Zustimmung der Kurie zu den staatlichen Einwendungen voraus; sie kann sich mit ihnen nicht einverstanden erklären, wenn sie sich nicht vorher von deren Berechtigung überzeugen konnte, was nur an Hand der staatlichen Beweggründe möglich ist[203]. In Preußen (Art. 6 Abs. 1) muß das Kapitel, bevor der Papst die Wahl bestätigt, bei der preußischen Regierung „festgestellt (assicurato)" haben, daß Bedenken politischer Art nicht „b e s t e h e n (non esistono)". Der Ausdruck ist in den Beratungen des preußischen Landtags mit Recht dahin ver-

---

[196] Mörsdorf, Besetzungsrecht, S. 152; ders., Der neueste Stand, aaO. S. 730.
[197] AAS Bd. 13, 1921 S. 522; hierauf hat in diesem Zusammenhang Link, Besetzung, S. 304, aufmerksam gemacht.
[198] Mörsdorf aaO. S. 112.
[199] Vgl. unten S. 176—186.
[200] aaO. S. 152 f.
[201] Vgl. den Wortlaut oben S. 70 Anm. 36.
[202] Vgl. unten S. 179 ff. und S. 177 ff.
[203] Die Substantiierungspflicht der rumänischen Regierung wird auch von Weber, Politische Klausel, S. 80, nicht bestritten. In Übereinstimmung mit Mörsdorf auch NN, De concordato ... Romaniam (aaO. S. 589 f.): „... cum Gubernium non possit nisi exceptiones ordinis politici obiicere, quae tamen exceptiones uti tales ab auctoritate ecclesiastica debent recognosci; dicitur enim expresse in art. V § 2 ‚pour constater d'un commun accord...' ".

5. Begründungspflicht des Staates

standen worden, daß es nicht auf die förmliche Erinnerung der Regierung ankomme — dann hätte man formulieren müssen: daß Bedenken nicht g e l t e n d g e m a c h t sind —, sondern auf die Feststellung des Kapitels, ob politische Bedenken tatsächlich vorhanden sind, d. h. ob in der Person des Kandidaten Umstände von existentiellem Rang begründet sind[204]. D i e s e Feststellung, die also, um mit Mörsdorf[205] zu sprechen, eine „objektive Befundaufnahme" ist, hat das Kapitel zu treffen. Es ist deshalb nur eine notwendige Schlußfolgerung, wenn ebenfalls im preußischen Landtag[206] bemerkt wurde, daß die Bedenken zu begründen seien[207]. Wenn die Beweggründe des Staates nicht schon von vornherein die Erinnerung begleiten, so sind sie spätestens darzulegen, wenn der kirchliche Vertragspartner es verlangt.

---

[204] Diesen Sachverhalt meinte der Abg. Stendel (Demokratische Volkspartei — Sitzungsber. d. Pr. Landtags Bd. 6, 1929 Sp. 7583); als Interessenvertreter der protestantischen Kirche machte er deshalb der Staatsregierung Vorhaltungen: „Was heißt: Bedenken politischer Art nicht bestehen? Heißt das, daß sie bei der preußischen Staatsregierung nicht bestehen? ... Warum ... (haben Sie nicht) gesagt, daß Bedenken politischer Art von der preußischen Staatsregierung n i c h t g e l t e n d g e m a c h t werden? Wenn es ihnen nur darauf ankam, daß diese Bedenken geltend gemacht werden, und nicht darauf, daß sie b e s t a n d e n und nicht nur nach Ansicht der preußischen Staatsregierung bestanden, dann verstehe ich nicht, weshalb man nicht diese einwandfreie Fassung genommen hat." — Stendel empfand den Widerspruch der Formulierung mit seinen Wünschen. Für die Auslegung ist maßgebend, welcher Sachverhalt sich im W o r t l a u t objektiviert hat. Diesen hat Stendel im Sinne einer staatlichen Begründungspflicht bewertet, ebenfalls sein Fraktionsgenosse Abg. Kriege; vgl. unten Anm. 206. — Mörsdorf aaO. S. 136 mit Anm. 499 ist der Ansicht, Stendel habe die Möglichkeit der Geltendmachung überhaupt bezweifelt.

[205] aaO. S. 152.

[206] Abg. Kriege, angef. Sitzungsber. Sp. 7669, der das politische Erinnerungsrecht in der Frage der Begründung zutreffend dem Recht der Mindergenehmigung konfrontierte.

[207] Die Polemik Werner Webers, Politische Klausel, S. 79 f., gegen dieses Ergebnis ist durch nichts begründet; die von ihm beigebrachten Argumente sind im Gegenteil geeignet, unsere Auffassung zu stützen. Daß der Hl. Stuhl als der eigentliche Adressat der Erinnerung (Mörsdorf aaO. S. 137 Anm. 503) sich die maßgebende Entscheidung vorbehält, schließt nicht aus, sondern setzt geradezu voraus, daß das Kapitel den staatlichen Bescheid nach Rom weitergibt, und zwar mit — in der Sache wohl regelmäßig den Ausschlag gebenden — tatsächlichen Erhebungen und gutachterlichen Bemerkungen, einer „objektiven Befundaufnahme" (Mörsdorf aaO. S. 152 f., vgl. vor allem Stutz, Konkordat und Codex, aaO. S. 703 mit Anm. 1) also. Der Versuch Webers, zwischen den beiden angeführten Äußerungen Mörsdorfs „einen offenen Widerspruch" aufzudecken, kennzeichnet sich damit als fehlgeschlagen.

Ebensowenig ist es möglich, aus einem Vergleich mit der entsprechenden Regelung des preußischen Vertrages mit den evangelischen Landeskirchen, Schluß-

I. Die inhaltliche Seite des politischen Erinnerungsrechts

Die für alle Politischen Klauseln geltende materielle Kontrollbefugnis des Hl. Stuhles ist eine erste, in ihrer Art höchst wirksame Sicherung gegen einen Mißbrauch des Bedenkenrechts von staatlicher Seite. Daß man sich ihrer erfolgreich zu bedienen weiß, dürfen wir schon einem Papsttum zutrauen, das in den Konkordaten die Rechtsfigur des modernen Erinnerungsrechts schuf und dessen Bedeutung im zwischenstaatlichen Verkehr seit der Jahrhundertwende in dauerndem Wachsen begriffen ist. Sollte trotzdem noch jemand glauben, mit den vorangegangenen Darlegungen seien Luftgebilde ohne praktisch-politischen Wert gebaut worden, so hoffe ich ihn binnen kurzem[208] an Hand praktischer Beispiele überzeugen zu können.

Vorher haben wir uns noch Werner Webers Auffassung zuzuwenden[209], der auch an dieser Stelle seine ultima ratio: das Totali-

---

protokoll zu Art. 7, zu einem gegenteiligen Ergebnis zu gelangen. Hier hat sich der Staat, trotz schwersten Ringens der Verhandlungspartner, nur zur Mitteilung von Tatsachen bereit erklärt, die im Bestreitungsfall von einer gemischten Kommission festgestellt werden sollen (vgl. im übrigen o. Anm. 192, 2. Abs. aE). Weber setzt sich seinerseits mit dem wirklichen Sachverhalt in krassen Widerspruch, wenn er diese Lösung als einen „Fall besonderen Entgegenkommens" der preußischen Staatsregierung seinen Lesern vor Augen führen will. Das genaue Gegenteil ist zutreffend, wie die Beratungen des Landtags (vgl. beispielsweise die oben Anm. 192 aE mitgeteilten Ausführungen) unwiderleglich beweisen: die Protestanten beschweren sich, daß der Staat ihre Kirchen gerade bei Vereinbarung des Erinnerungsrechts nicht wie die katholische Kirche als selbständige und gleichrangige Partner habe gelten lassen, weil die Landeskirchen „keine politische Macht" seien, wie sie der Staatsregierung mit schlecht unterdrücktem Groll vorhalten. Während an anderer Stelle (vgl. o. S. 136 mit Anm. 144) auf das katholische Konkordat als Vorbild verwiesen wird, dem der Kirchenvertrag nachfolgt, stellen die Abgeordneten in diesem Punkt eine erhebliche Abweichung z u u n g u n s t e n der evangelischen Landeskirchen fest. Im Gegensatz zu Weber lautet die logische Schlußfolgerung deshalb so: Wenn der preußische Staat schon den Landeskirchen Mitteilung von Tatsachen und gegebenenfalls Feststellung durch eine staatlichkirchliche Kommission zugestand, dann ist im Konkordat eine viel umfassendere und weitergehende Verpflichtung des Staates vereinbart: die staatliche Begründungspflicht, wie uns vor demselben kompetenten Forum bestätigt wird (vgl. o. Anm. 206).

Kübel aaO. S. 50 vermißt zwar in den Konkordaten solche Sicherungen, wie sie das Schlußprotokoll zu Art. 7 des preußischen Kirchenvertrages enthält, und glaubt deshalb zu Unrecht, die katholische Kirche entbehre des Rechtsschutzes gegen den Mißbrauch der Politischen Klausel. Der „landes"kirchlichen Blickrichtung dieser beiläufigen Bemerkung entgehen die völkerrechtliche Natur der Konkordate und die objektive Begrenzung des Begriffs „Politische Bedenken", aus denen sich unzweideutig die päpstliche Kontrollbefugnis ergibt.

[208] Siehe unten S. 158 ff.
[209] Soweit sie nicht schon soeben (Anm. 207) zurückgewiesen wurde.

5. Begründungspflicht des Staates

tär-Politische wie einen deus ex machina in die Diskussion springen läßt: „Da j e d e Erinnerung, die der Staat als Hüter des völkischen Lebensbereichs geltend macht, i m m e r eine solche politischer Art im Sinne der Konkordate ist, erübrigt sich jede unangebrachte Kontrolle einer anderen, nichtpolitischen Instanz darüber, ob der Rahmen des Politischen eingehalten ist"[210]. — Es wurde früher[211] bereits ausgeführt, daß man von dem Politischen des Bedenkenrechts nicht sagen kann, daß es „keine Beschränkung auf bestimmte Tatbestände und Sachgebiete kennt"[212]; und daß dieses ein sachfremder Begriff des Politischen ist[213], mit dem Weber das staatliche Erinnerungsrecht denaturiert. Es wurde auch erwähnt[214], daß ein so hervorragender Staatsrechtslehrer wie Carl Schmitt es für einen etwas anrüchigen Trick hält, den Gegner durch Attribute wie politisch (bzw. in diesem Fall: nichtpolitisch) zu disqualifizieren; es braucht auch nicht mehr angemerkt zu werden, was es mit der vielberedeten Entpolitisierung des Katholizismus auf sich hat. Der Streit um die richtige „Prämisse" dürfte sich damit erledigt haben: gegen Webers totalitären Begriff des Politischen, ohne daß wir uns dazu des vielberufenen Seitenblicks auf die „totale" Abwirtschaftung des totalitären Regimes in Deutschland und Italien hätten bemühen müssen.

Hier haben wir aus der vorangegangenen grundsätzlichen Stellungnahme lediglich einige okkasionelle Erkenntnisse abzuleiten und auf Webers Deduktionen anzuwenden. So ist erneut[215] dem Versuch entgegenzutreten, die Grenzen zwischen dem Recht der Mindergenehmheit und der Politischen Klausel zu verwischen[216]. Das Vetorecht der protestantischen Fürsten überantwortete die Entscheidung den „subjektiven Gefühlen" des Monarchen; kraft dieser streng staatsbezogenen Struktur und seiner inhaltlichen Unbegrenzt-

---

[210] Politische Klausel, S. 79 (Hervorhebungen von mir). — Mussolini drückte dasselbe poetischer aus: „Wir spielen auf allen Saiten der Leier, wir spielen von Gewalt und Religion, von Kunst und Politik", gesprochen am 5. Oktober 1922, wenige Tage vor dem Marsch auf Rom (bei Heller, Genie und Funktionär in der Politik, Politische Wissenschaft Heft 10, 1931 S. 61); vgl. die Auslegungsversuche der Politischen Klausel des italienischen Konkordats unten S. 195 Anm. 92.
[211] Vgl. oben S. 100 ff.
[212] Weber aaO. S. 82.
[213] Vgl. oben S. 119 ff.
[214] Vgl. oben Anm. 155.
[215] Vgl. oben S. 59 f., 132.
[216] Weber, Politische Klausel, S. 83 f.

heit war eine Begründung der Ausschließung weder notwendig noch üblich[217]. Weber versucht, diese Gesichtspunkte unter Berufung auf mißverstandene Ausführungen von Ulrich Stutz über die Brücke des Totalitär-Politischen in das moderne Erinnerungsrecht einzuführen[218]. Wir haben uns schon bei Besprechung der persona minus grata eingehend mit diesem Unternehmen auseinandergesetzt und sein Scheitern festgestellt[219].

Gewichtiger scheint ein Vergleich mit dem bischöflichen Erinnerungsrecht gegen die vom Staat zu berufenden Professoren der theologischen Universitätsfakultäten[220], das auf Bedenken „gegen die Lehre oder den Lebenswandel des Vorgeschlagenen"[221] beschränkt ist; der Bischof hat seine Einwendungen zu begründen. Hier scheint das argumentum e contrario am Platze zu sein: das Schweigen der Politischen Klausel sei als Ablehnung der staatlichen Begründungspflicht aufzufassen[222]. Das klingt plausibel; es ist jedoch zu beachten, daß solche „Querverbindungen" wie das argumentum e contrario oder etwa der Schluß a fortiori nur in einer durchaus homogenen Rechtsmaterie wie etwa innerhalb der Gesetzgebungswerke des Privatrechts unbedingt zwingende Schlüsse liefern, nicht aber innerhalb der neueren Konkordate; diese sind nämlich keineswegs wie aus einem Guß, sondern mosaikartig aus Vorbildern verschiedenen Alters und jungem Recht zusammengesetzt. Während so die Politische Klausel von einer sechzigjährigen Vereinbarungspraxis in allen Konkordaten in ziemlich stereotyper Form ausgeprägt wurde, ist das konkordatäre Erinnerungsrecht des Bischofs gegen Theologieprofessoren jungen Datums und offensichtlich darauf angelegt, die Schwächen der sehr allgemein gehaltenen Regelung des politischen Bedenkenrechts durch eingehende und ausführliche Normierung zu vermeiden, ohne daß deshalb daraus schon gefolgert werden müßte, daß das weitgehend konkretisierte bischöfliche Beanstandungsrecht das Gegenteil besagen will, weil es einen Gegenstand ausdrücklich erwähnt, den die abstrakte Fassung der Politischen Klausel mit Stillschweigen übergeht.

---

[217] S. oben S. 31 f.
[218] Politische Klausel, aaO.
[219] Dazu vgl. oben S. 32 ff.
[220] Preußisches Konkordat, Schlußprotokoll zu Art. 12 Abs. 1 Satz 2; badisches Konkordat Art. X Abs. 1 und Schlußprotokoll; im einzelnen dazu zutreffend Weber, Das Nihil obstat, aaO. S. 225 f.
[221] Schlußprotokoll zu Art. 12 Abs. 1 Satz 2 des preußischen Konkordats.
[222] Weber, Politische Klausel, S. 81.

Schwerer als dieses formale Argument wiegt die unverkennbare Ähnlichkeit im Aufbau der staatlichen und der bischöflichen Bedenken. Beide sind inhaltlich beschränkt[223], bei beiden muß deshalb, dieser Analogieschluß ist berechtigt, dem Vertragsgegner bewiesen werden, daß die vereinbarten Grenzen nicht überschritten sind[224].

Auch dem muß widersprochen werden, daß sich politische Bedenken möglicherweise ihrem Wesen nach einer Begründung entziehen. Weber[225] nennt dafür als Beispiel einen „allgemeinen Mangel an Zutrauen, das der Staat in den zukünftigen Bischof setzen müsse ...", in Richtung auf die Erfüllung der Treupflicht; diese Vorausschau mache „die Einbeziehung noch unsubstantiierter Verdachtsgründe und die Berücksichtigung mannigfacher Inponderabilien unumgänglich", zumal der Staat — anders als der Bischof gegenüber den Theologieprofessoren — keine konkordatsrechtliche Möglichkeit habe, eine im Amt befindliche Persönlichkeit nachträglich förmlich zu beanstanden. — Wir brauchen uns nur daran zu erinnern, daß allein „staatspolitische" Gegebenheiten, d. h. eindeutige Umstände, die das Lebensmark eines Staates berühren, eine Erinnerung rechtfertigen können, um einzusehen, daß die von Weber bezeichneten Sachverhalte niemals zur Geltendmachung politischer Einwendungen genügen. Die staatsfeindliche Gesinnung muß sich zumindest in offenkundigen Bestrebungen und Betätigungen objektiviert haben, und solche lassen sich ohne weiteres in einer Begründung klar und unmißverständlich zum Ausdruck bringen. Dieses Erfordernis ist implicite im preußischen evangelischen

---

[223] Für die Politische Klausel wurde dieser Nachweis in den vorausgegangenen Kapiteln geführt; für die bischöfliche Erinnerung ergibt sich das aus dem Wortlaut. Weber erkennt nur das letztere an (aaO. S. 81, das Nihil obstat, aaO. S. 225).

[224] Weber, Politische Klausel, aaO. erkennt diese Folgerung für das Bedenkenrecht des Bischofs an. Sie gilt folgerichtig auch für politische Bedenken. Wenn Weber für Innehaltung der festgelegten Schranken von der Kirche Garantien fordert, dann sollte er staatlicherseits die gleichen Sicherungen der Kirche nicht verweigern. Nuntius Orsenigo hat in seiner Note vom 5. Juni 1936 an den Reichsaußenminister auf die Praxis zu Art. 24 des Reichskonkordats (Anstellung der Lehrer an katholischen Volksschulen) und zum Schlußprotokoll zu Art. 12 Abs. 1 Satz 2 des preußischen Konkordats (Berufung der Theologieprofessoren an staatliche Fakultäten) hingewiesen: Falls Bedenken bestehen, werden diese auch angegeben, „damit sie gemeinsam gewürdigt werden können". Der Nuntius leitet aus diesem „allgemeinen Brauch" und aus dem Wortlaut der Konkordate die Pflicht des Staates zur Begründung seiner Bedenken ab; vgl. im Anhang Akte Fulda Nr. 22, unten S. 226.

[225] Politische Klausel, S. 82.

Kirchenvertrag[226] niedergelegt[227], der hier[228] einen Schluß a fortiori auf die Politische Klausel des preußischen Konkordats gestattet.

Abschließend leitet Weber wenigstens aus den Freundschaftsklauseln[229] eine Substantiierungspflicht des Staates her, „die durch die politische Klausel an sich nicht gegeben, die allerdings insofern begrenzt ist, als sie Inhalt und Rechtswirkung des ius obiicendi nicht schmälern darf"[229a]. Von hier ist es zur Anerkennung einer in der Politischen Klausel selbst gegründeten, vorbehaltlosen Rechtspflicht des Staates zur Mitteilung seiner Motive kein weiter Schritt.

6. Die Fälle Aachen (1938) und Fulda (1936)

Alle früheren Erörterungen der Politischen Klausel leiden daran, allein aus dem Wortlaut, seiner Geschichte und wenigen authentischen und parlamentarischen Erklärungen die Deutung dieser umkämpften Rechtsfigur versuchen zu müssen. Was fehlt, ist die Kenntnis der Konkordatsverhandlungen und besonders ein tieferer Einblick in die Besetzungspraxis der Konkordatsländer. Es fehlen die „cases". Was wäre die Völkerrechtswissenschaft, ja was wäre das Völkerrecht überhaupt ohne ihre ständige Fortbildung durch Pakte, durch die Erledigung von Streitfällen auf Konferenzen, in Schiedssprüchen und in Urteilen internationaler Gerichte[230].

Die Verhandlungen zwischen Staat und Kirche bleiben regelmäßig geheim, und selten ist es der Wissenschaft vergönnt, von juristisch relevanten Streiterledigungen eingehende und zuverlässige Nachrichten zu erhalten. Was die Politische Klausel betrifft, so läßt

---

[226] Abs. 2 der Bestimmungen des Schlußprotokolls zu Art. 7 (vgl. oben Anmerkung 207, 2. Abs.).

[227] Gegen Weber ist mit Engelhard, Kirchenvertrag, S. 55, hervorzuheben, daß etwas Zukünftiges niemals Tatsache ist. Daraus folgt, „daß bloßes ‚Gerede'... oder etwaige Vermutungen und ‚Prophezeiungen'... über seine zukünftige Amtsführung nicht ausreichen, um die gegen ihn erhobenen Bedenken zu stützen".

[228] Im Anschluß an das oben Anm. 192, 3. Abs. und Anm. 207, 2. Abs. Gesagte.

[229] Dazu vgl. unten S. 199 ff.

[229a] Politische Klausel S. 86.

[230] Für den kirchenrechtlichen Teilbereich der Bistumsbesetzung bilden ein vergleichbares Gegenstück die Nominationsverhandlungen des 19. Jahrhunderts in Frankreich (Ferrata, Mémoires III S. 156—255 und Stutz, Päpstliche Diplomatie S. 99—129), Österreich (Hussarek, Nominations- und Bestätigungsrecht... in Österreich aaO. [vgl. oben S. 46 Anm. 30] und Bayern (Scharnagl, Nominationsrecht... in Bayern, aaO. [vgl. oben S. 46 Anm. 30]).

6. Die Fälle Aachen (1938) und Fulda (1936)

sich auch kaum ausmachen, ob die berechtigten Staaten von ihrer Befugnis mehr oder weniger zahlreichen Gebrauch machen. Sicher ist, daß sich hier die innerkirchliche Schwergewichtsverlagerung bei der Bezeichnung des Kandidaten von nationalen Instanzen auf den Hl. Stuhl[231] sehr fühlbar auswirkt. Denn die umsichtige Politik der Kurie wird den Staaten kaum Grund zu berechtigter Beanstandung geben[232]. Die deutschen Verhältnisse während der Weimarer Republik legen jedenfalls die Vermutung nahe, daß die Länderregierungen die ihnen mitgeteilten Personen alsbald und ausnahmslos akzeptiert haben.

In die Literatur ist bisher nur ein diesbezüglicher Zusammenstoß mit der tschechoslowakischen Regierung aus dem Jahre 1922 eingegangen. Die Kurie fragte damals wegen Msgre. Jantausch an, den der Papst zum Apostolischen Administrator von Tyrnau (Trnava) ernennen wollte. Die Regierung erhob Bedenken, die von Rom als solche parteipolitischer Natur verworfen wurden[233]; Msgre. Jantausch wurde wie vorgesehen ernannt. Es handelt sich hier indessen nicht um die Betätigung eines konkordatären Bedenkenrechts, das für die Tschechoslowakei erst im Modus vivendi von 1928 begründet wurde. Der Vorgang unterscheidet sich deshalb von der Anwendung einer Politischen Klausel darin, daß der Hl. Stuhl ohne rechtliche Verpflichtung bei der Regierung angefragt und deshalb bei Bewertung der Einwendungen vollkommen freie Hand hatte. Der Vorfall läßt darum keine zwingenden Schlüsse auf die Problemlage der Politischen Klausel zu und ist dementsprechend auch nicht weiter verwertet worden; er wirft aber doch ein sehr kennzeichnendes Licht auf die Auffassung, die Rom damals von dem politischen Erinnerungsrecht als solchem hatte[234], und beweist, daß

---

[231] Dieser Erkenntnis dient vor allem Mörsdorf mit seiner hier häufig angezogenen Untersuchung: Das neue Besetzungsrecht der bischöflichen Stühle; ebenfalls Stutz, Nominationsrecht, aaO. S. 243 ff.; Link, Besetzung, S. 306.

[232] Grübel, Rechtslage ... in Polen, S. 34, meint dazu, an die Adresse der Kurie gerichtete Einwendungen seien „eine Art Haupt- und Staatsaktion, die man wohl nur im äußersten Fall in Bewegung setzen wird". Ähnlich Yves de la Brière, La renaissance contemporaine de Droit canonique, aaO. S. 69.

[233] Lama, Papst und Kurie, S. 294, 301; Link, Besetzung, S. 220; vgl. auch oben S. 103 mit Anm. 15.

[234] Die Notifikation des Kandidaten Jantausch war von der Kurie als beispielhafter Vorschlag an die tschechoslowakische Regierung gedacht, auf welches Kompromiß man sich in dem Streit um die staatlichen Mitwirkungsrechte bei Besetzung der Bischofsstühle würde einigen können.

der Ausschluß parteipolitischer Einwendungen eine selbstverständliche und ursprüngliche Folgerung aus dem Begriff der politischen Bedenken ist.

Demgegenüber können hier erstmals zwei echte und typische Präzedenzfälle der Erhebung politischer Bedenken durch den Staat aus der deutschen Besetzungspraxis unter dem Regime des Reichskonkordats mitgeteilt werden: Der „Fall Fulda" aus dem Jahre 1936 und der „Fall Aachen" aus dem Jahre 1938. Der letztere vor allem ist für unsere Frage ein Ereignis ersten Ranges und von besonders heuristischem Wert, weil die Fakten hier außerordentlich eindeutig sind und Reichsregierung und Vatikan mit stärkerem Nachdruck ihre beiderseitigen Auffassungen geltend gemacht haben; ihm gebührt deshalb in der nachfolgenden Erörterung der erste Platz. Dabei sind wir in der glücklichen Lage, die aus beiden Anlässen im ehemaligen Reichs- und Preußischen Ministerium für die geistlichen Angelegenheiten in Berlin angefallenen Akten verwerten und im Anhang dieser Schrift veröffentlichen zu können. Es wird im folgenden laufend auf sie verwiesen[235].

Am 5. Oktober 1937 war der Bischof von Aachen, Joseph Vogt, gestorben[236]; Kapitularvikar wurde der Dompropst und Weihbischof Dr. Hermann Joseph Sträter. Nachdem der päpstliche Dreiervorschlag eingetroffen war, wählte das Kathedral-Kapitel[237] am 18. Dezember 1937 den Pfarrer Wilhelm H o l t m a n n, Dechant in Kevelaer (Regierungsbezirk Düsseldorf, Diözese Münster), zum Bischof. Im Einklang mit Art. 14 Abs. 2 Ziff. 2 des Reichs- und Art. 6 Abs. 1 des Preußischen Konkordats notifizierte das Kapitel den Gewählten dem Reichs- und Preußischen Minister für die kirchlichen Angelegenheiten in Berlin mit der Bitte um Rückäußerung, ob gegen Dechant Holtmann Bedenken politischer Art bestünden. Ebenfalls

---

[235] Im übrigen beruht die nachfolgende Darstellung auf Mitteilungen des damaligen Hauptsachbearbeiters im Reichs- und Preußischen Ministerium für die geistlichen Angelegenheiten, Herrn Ministerialrat Theegarten, und Angaben, die ich den Bemühungen des Herrn cand. theol. Herbert Bock, Aachen, verdanke. Beiden Herren sage ich auch an dieser Stelle für ihr großzügiges Entgegenkommen meinen Dank.
Die einschlägigen Akten des Oberpräsidiums in Koblenz sind laut Mitteilung des dortigen Staatsarchivs im Frühjahr 1945 vor Einmarsch der alliierten Truppen verbrannt worden.

[236] AkKR 117, 1937 S. 569.

[237] In Ausübung seines beschränkten Wahlrechts, wie es Art. 6 des preußischen Konkordats aufrechterhalten hatte.

6. Die Fälle Aachen (1938) und Fulda (1936)

wurde die Wahl und der Name des Kandidaten dem Preußischen Ministerpräsidenten Hermann Göring angezeigt, wie aus der im Anhang abgedruckten Akte Aachen Nr. 9 erhellt. Das Kapitel hat schließlich den Nuntius Orsenigo in Berlin unterrichtet. Für ihn war ein lateinisch abgefaßtes Schreiben bestimmt, das den deutschen Text der für den Kirchenminister vorgesehenen Note in sich enthält.

Bei der im Anhang unter Nr. 1 veröffentlichten Urkunde kann es sich nur um das für den Nuntius abgefaßte Schreiben handeln. Es erhebt sich natürlich die Frage: wie gelangt dieses Schreiben in die Akte des Kirchenministeriums? Ich habe dafür keine andere Erklärung, als daß die Schreiben vom Absender falsch kuvertiert wurden, so daß der an den Nuntius gerichtete Brief beim Kirchenminister und das an diesen gerichtete Schreiben in der Nuntiatur einging. Im Kirchenministerium wurde aber das dorthin gelangte Schreiben offenbar als das rechte angesehen; jedenfalls nahm das Verfahren in diesem Sinne seinen Fortgang.

Wenn es noch eines Beweises für die große staatspolitische Bedeutung der Besetzung eines Bischofsstuhls bedürfte, so würde er durch die folgenden Vorgänge erbracht. Der Kirchenminister setzte unverzüglich den Staats- und Parteiapparat in Bewegung, um über Dechant Holtmann genaue und ausführliche Nachrichten zu erhalten. Mit Schnellbriefen (Entwürfe im Anhang, Akte Aachen Nr. 2, Ziff. 1 und 2) ersuchte er am 23. Dezember den Oberpräsidenten und Gauleiter Terboven in Koblenz und das Geheime Staatspolizeiamt in Berlin um beschleunigte Berichterstattung. Am gleichen Tage wurde ferner der Stellvertreter des Führers in München unterrichtet und um Mitteilung gebeten, ob seinerseits gegen den Kandidaten Bedenken politischer Art beständen (Akte A. 2 Ziff. 3). Außerdem wurde der Preußische Ministerpräsident auch durch den Kirchenminister von der Wahl und dem durch ihn Veranlaßten verständigt und ihm weitere Mitteilung über das Ergebnis der Ermittlungen in Aussicht gestellt (Akte A. 2 Ziff. 4). Dem Kapitel wurde der Eingang des Schreibens — obwohl dieses für den Nuntius bestimmt war — in aller Form bestätigt und mitgeteilt, daß die 20tägige Frist wegen der (Weihnachts- usw.) Feiertage kaum würde eingehalten werden können (Akte A. 3).

Bereits am 31. Dezember erstattete die Geheime Staatspolizei einen detaillierten Bericht, der von Anschuldigungen, aber auch von Fehlern[238] strotzte (Akte A. 4)[239]. Aber schon der Umstand, daß die Geheime Staatspolizei regelmäßig gegen Bischofskandidaten heftige Einsprüche erhob[240], mußten ihre „schwersten Bedenken" in den Augen des Kirchenministers entwerten. Im Gegensatz hierzu ist der Bericht des Oberpräsidenten der Rheinprovinz, ebenfalls vom 31. Dezember (Akte A. 5) sachlich. Er stützt sich auf Mitteilungen der Regierungspräsidenten in Düsseldorf und Aachen, der Staatspolizeistelle Düsseldorf und der Gauleitung der NSDAP des Gaues Köln-Aachen. Er enthält genaue Angaben über den Ausbildungsgang des Kandidaten, Leumundszeugnisse des Bürgermeisters und des Kreisleiters und die Erwähnung eines durch Amnestie niedergeschlagenen Verfahrens wegen staatsfeindlicher Äußerungen[241] und einer Verwarnung wegen Nichtbeflaggens. Diese Maßnahmen treten aber nicht als eigentlich gravierend in Erscheinung. Die auch nach dem Wortlaut des Berichtes einzige wesentliche Belastung ist, daß der Kandidat „als ausgeprägter Anhänger des Bischofs Graf Galen in Münster" gelte[242].

Es steht fest, daß nicht die gewohnten und deshalb nicht sehr wichtig genommenen Vorstellungen des Geheimen Staatspolizeiamts, sondern der Bericht des Oberpräsidenten der Entscheidung über die Bedenkenerhebung zugrunde gelegt wurde; und daß hier nicht die aus der Quelle der Gestapo fließenden Angaben (staatsfeindliche Äußerungen, Nichtbeflaggung), sondern die Bemerkung über die „enge Verbundenheit des Pfarrers Holtmann mit dem Bischof Graf Galen" der Stein des Anstoßes war. In einer Aktennotiz des Sachbearbeiters im Kirchenministerium Roth vom 5. Januar 1938 (Akte A. 6) ist die Entscheidung niedergelegt: „H. Staatssekretär ist für

---

[238] Herr Dechant Holtmann, dem ich die Akten abschriftlich vorgelegt habe, war so freundlich, dazu Stellung zu nehmen; siehe die Anmerkungen im Anhang zu Akte 4.

[239] Im übrigen ist es für die Arbeitsweise dieses Instrumentes Himmlers bemerkenswert, daß die Gestapo-Zentrale der Prinz-Albrecht-Straße schon in wenigen Tagen über Äußerungen eines Pfarrers berichten konnte, die bis in das Jahr 1932 zurückreichen.

[240] vgl. oben S. 146 Anm. 186.

[241] Hierzu erklärt Herr Dechant Holtmann, daß ihm von einem solchen Verfahren nichts bekannt geworden sei.

[242] Die Stellungnahme des Stellvertreters des Führers traf verspätet ein und blieb auf die Entscheidung ohne Einfluß. Sie trägt den Aktenvermerk: „zu spät, wieder einmal". Für die vorliegende Erörterung hat sie keine wesentliche Bedeutung und darf z. Z. nicht veröffentlicht werden.

die Ablehnung Holtmanns". Mit Schreiben vom 5. Januar 1938 (Akte A. 7 Ziff. 1) wurde diese Entscheidung dem Kapitel fristgemäß mitgeteilt. Der Wortlaut („... nicht genehm..."), entspricht nicht dem Text der einschlägigen konkordatären Bestimmungen (... „Bedenken politischer" bzw. „allgemeinpolitischer Natur..."), sondern lehnt sich im ersten Satz an das frühere Recht der Mindergenehmheit an, ohne deshalb aber mit dieser Erklärung an die Adresse des Kapitels die Vorstellung der dem Recht der Mindergenehmheit eignenden Durchschlagskraft zu verbinden, die den Kandidaten mit der Nicht-Genehmerklärung des Monarchen ohne weiteres zu Fall brachte. Im Gegenteil geht der zweite Satz jenes Schreibens eindeutig von der Möglichkeit aus, daß ungeachtet der staatlichen Bedenkenerhebung die Ernennung des beanstandeten Kandidaten vollzogen werden könne; der Minister müsse sie indessen „als einen unfreundlichen Akt gegenüber der Staatsregierung ansehen".

Ebenfalls am 5. Januar wurde der Preußische Ministerpräsident unter Vorlage der Berichte von der ergangenen Entscheidung in Kenntnis gesetzt mit dem Bemerken, der Eile halber und in der Annahme, daß er nach der Lage der Sache zustimmen würde, sei sein Einverständis nicht erst eingeholt worden (Akte A. 7 Ziff. 2). Die Antwort Görings vom 5. Februar an den Kirchenminister — eigenhändig — (Akte A. 9) ist eine der interessantesten Urkunden des ganzen Vorgangs. Unter Hervorhebung „der weitreichenden politischen Bedeutung, die der Einsetzung neuer Bischöfe beizulegen ist", verlangte Göring mindestens eine interne Mitwirkung, zumal ihm für Preußen die Bedenkenerklärung vorbehalten sei (Antwort des Kirchenministers vom 16. Februar, Akte A. 10).

Bis hierhin handelt es sich um einen innerstaatlichen Vorgang zwischen Kapitel und Kirchenminister. Dieser wird nun unter dem 6. Januar (Akte A. 8) vom Kapitel benachrichtigt, daß dem Apostolischen Nuntius von der Bedenkenerhebung Kenntnis gegeben sei. Seitdem tritt in dem Notenwechsel als kirchlicher Partner der Nuntius an die Stelle des Kapitels. Am 31. Januar übersendet das Auswärtige Amt dem Kirchenministerium ein Memorandum des Nuntius vom 19. Januar (Akte A. 11), der im Auftrage des Heiligen Stuhles die Gründe der Erinnerung erfragt. In seiner Stellungnahme vom 9. Februar nimmt das Ministerium Bezug auf sein Schreiben vom 15. Juni 1936 (Akte Fulda Nr. 23) und tritt dafür ein, die Angabe der

Gründe abzulehnen (Akte A. 12). Die Note des Auswärtigen Amtes vom 12. Februar an den Nuntius stellt sich denn auch auf denselben Standpunkt (Akte A. 14). In diesem Augenblick wurde die oben aufgeworfene Frage brennend: Quis judicabit?

Die Beweggründe der Reichsregierung liegen auf der Hand: sie wollte keinen zweiten „Bischof von Münster". Denn der politische Informativprozeß hatte „im wesentlichen" (so der maßgebliche Bericht des Oberpräsidenten, Akte A. 5 a. E.) keine anderen Gravamina zutage gefördert als die „enge Verbundenheit des Pfarrers Holtmann mit dem Bischof Graf Galen" (ebenda), mit einem Manne also, der 1933 noch sehr genehm war[243] und dessen Reden und Wirken auch zu diesem Zeitpunkt keinesfalls als staatsfeindlich im Sinne unserer früheren Untersuchung hätte bezeichnet werden können. Die mißbilligte „Einstellung" des Pfarrers von Kevelaer „zum heutigen Staat" (Akte A. 7), wie sie aus seinem freundschaftlichen Verhältnis zum Bischof Graf Galen geschlossen werden konnte, hatte ausschließlich weltanschaulichen, nicht „staatspolitischen" Charakter und konnte als solche keine „Bedenken allgemein politischer Natur" motivieren[244].

Es steht fest, daß trotz der Weigerung des Auswärtigen Amts, die Gründe für die Erinnerung mitzuteilen, sie dem kirchlichen Vertragspartner dennoch ziemlich genau bekannt waren. Das ist angesichts der Beteiligung von Staats- und Parteibehörden auch der Mittel- und Unterstufe nicht verwunderlich. Wie sehr die Vorgänge Gegenstand eines Geredes in interessierten Kreisen waren, dafür spricht u. a. auch ein Schreiben des Geheimen Staatspolizeiamts vom 26. Februar 1938 an den Kirchenminister (Akte A. 15), in dem die Staatspolizei dem Minister von seiner eigenen Entscheidung berichtet. – „Die Schlange beißt sich in den Schwanz!" Wir haben dieses Wissen um die Motive der Reichsregierung bei der kirchlichen Reaktion zu beachten.

Die normale Folge einer politischen Erinnerung bestimmt sich aus der Freundschaftklausel[245]: Staat und Kirche treten in Ver-

---

[243] vgl. unten S. 205 Anm. 3 und das dort angef. Schrifttum.

[244] Aber nachdem bisher alle anderen Lebensgebiete des Volkes ihre Personalpolitik nach den Grundsätzen der NSDAP hatten gleichschalten müssen, und selbst die evangelische Kirche in dem berühmten Kirchenkampf (vgl. dazu Gurian, Kirchenkampf) diesen Machenschaften zum Opfer gefallen war, wurde dasselbe nun auch gegenüber der katholischen Kirche versucht, ohne damit jedoch, wie sich zeigen wird, einen nachhaltigen Erfolg zu erzielen.

[245] Im einzelnen dazu unten S. 199 ff.

handlungen, um ihre „Meinungsverschiedenheiten" hinsichtlich der Eignung des in Frage stehenden Bischofskandidaten einer „freundschaftlichen Lösung" entgegenzuführen. Die Ablehnung des Staates, auf die Gründe einzugehen, ist gleichbedeutend mit der Weigerung, sich in Verhandlungen einzulassen und eine Verständigung herbeizuführen. Weit schroffer als nach einem gescheiterten Einigungsversuch stehen sich jetzt kirchliche und staatliche Auffassung gegenüber: Berlin hat den Streit zur Prinzipienfrage erhoben. Ohne sich von versöhnlichem Geist zu einer Darlegung seiner Bedenken leiten zu lassen, was Weber dem Staat für solche Fälle nahegelegt hat und der Vatikan, wie selbst Weber zugibt, auf Grund der Freundschaftsklausel auch mit Recht beanspruchen kann[246], praktizierte hier die Staatsführung des Dritten Reiches im übrigen den Grundsatz: die Frage der politischen Bedenken sei allein eine „Kategorie des subjektiven staatlichen Urteils"[247]; die Kirche habe die politische Entscheidung zur Kenntnis zu nehmen und zu berücksichtigen. Es ist nun sehr lehrreich, hier illustriert zu sehen, welche Aussichten solche Prätentionen[248] im entscheidenden Fall auf Verwirklichung haben. Dabei hat Weber die unbestreitbare Chance, auf der Seite des effektiv Stärkeren zu stehen, der seine vermeintlichen Rechte, wenn nötig, mit Gewalt durchzusetzen pflegte und mit dieser Praxis bis dahin innen- und außenpolitisch nichts als Erfolge erzielt hatte. Was antwortet in diesem Kampf mit ungleichen Waffen die Wirklichkeit auf die hier sich stellende Frage: Quis iudicabit?

Wäre der Staat mit seinen Bedenken durchgedrungen, so wäre ein zweiter Wahlgang fällig gewesen, der sich von dem ersten in nichts unterschieden hätte: Rom hätte dem Kapitel einen neuen Dreiervorschlag unterbreiten müssen, in dem der beanstandete Kandidat durch einen anderen ersetzt war; das Kapitel hätte wählen und in der gleichen Weise den Gewählten der Regierung notifizieren müssen, um zu erfahren, ob gegen diesen Kandidaten Bedenken bestehen. Werner Weber hat das eingehend dargelegt[249] mit dem Ergebnis: „Dieser Prozeß ist solange zu erneuern, bis ein Kandidat ermittelt ist, der auf keine Erinnerung des Staates stößt".

---

[246] Politische Klausel, S. 85 f., 108 f.
[247] Weber, aaO. S. 101.
[248] Mit denen wir uns in jedem Teil unserer Arbeit auseinanderzusetzen hatten.
[249] Politische Klausel, S. 107 f.

Der Hl. Stuhl beanwortete die brüske Haltung der Reichsregierung mit eigenmächtigem Vorgehen. Der Kapitularvikar, Weihbischof Sträter, wurde auf schnellstem Wege befragt, ob er eine Ernennung zum Apostolischen Administrator annehmen würde. Kurz darauf konnte er dem Kapitel die Ernennungsurkunde vorlegen[250] und das Regiment der Diözese Aachen antreten, ohne daß der Staat Gelegenheit gehabt hätte, gegen seine Person Einwendungen zu erheben.

Bei der juristischen Würdigung dieses Vorgangs haben wir uns eine selbstverständliche Unterscheidung vor Augen zu halten: den Unterschied von Innehabung und Ausübung von Rechten. Weil sich beide häufig nicht decken, darf aus einem Minus an Handeln nicht ohne weiteres auf ein Minus rechtlichen Könnens geschlossen werden. Im Gegenteil genügen schon sehr begrenzte (seitens des anderen Vertragspartners unwidersprochene) Maßnahmen, um den Sachverhalt einer Berechtigung der ersteren Vertragspartei nachzuweisen, wenn ihr Verhalten im konkreten Fall nicht ohne eine umfassendere Rechtsbefugnis denkbar gewesen wäre. Die Frage ist also, ob das maßvolle Vorgehen der Kurie geeignet ist, die behauptete Rechtslage zu beweisen oder wenigstens wahrscheinlich zu machen.

Der beanstandete Dechant war fallen gelassen — wir hatten schon früher[251] Gelegenheit, von der behutsamen Umsichtigkeit und Klugheit des Hl. Stuhles zu sprechen. Aber auf dem Aachener Bischofsstuhl saß ein Mann, der sämtliche zur Regierung des Bistums erforderlichen Fakultäten besaß[252] und sich hierin sozusagen nur dem Namen nach von einem regierenden Bischof unterschied, während die Reichsregierung keine Möglichkeit gehabt hatte, vorher von seiner Person Kenntnis zu nehmen und gegen ihn politische Einwendungen zu erheben; und dieses, obwohl sich nach konkordatärem Recht keine Persönlichkeit im Besitz solcher bischöflichen Regierungsgewalt befinden durfte, gegen die ihr nicht die bezeichneten Befugnisse zugestanden hätten.

Man wird dem entgegenhalten, das politische Erinnerungsrecht erstrecke sich ohnehin nicht auf Apostolische Administratoren (Bis-

---

[250] Im AkKR 138, 1938 S. 604 ist die Ernennung ohne jede Zeitangabe verzeichnet. — Sein Amtsantritt datiert mit dem 15. Mai 1938.

[251] oben S. 159 f.

[252] Zur kirchenrechtlichen Stellung eines Apostolischen Administrators vgl. cc. 312 ss. CIC.

tumsverweser), die, wie Weber[253] zutreffend begründet, nur auf Zeit, „provisorisch" berufen werden; die Ernennung Sträters also kein Ereignis sei, das die Möglichkeit einer staatlichen Beanstandung erfordert hätte. Dieser formalrechtliche Einwand verkennt aber, daß die Ernennung des Administrators für Aachen, die durch nichts als die schroffe Haltung der Reichsregierung veranlaßt war, durchaus stabilen Charakter hatte, dessen die Verweserschaft begriffsnotwendig entbehrt[254]. Sträters Ernennung war keineswegs auf Zeit und in diesem Sinne „provisorisch". Er regierte sein Bistum vom 15. Mai 1938 bis zu seinem Tode am 15. März 1943 und war faktisch und im Volksmund „der Bischof". Sein Amt wäre politisch nicht mehr exponiert gewesen, wenn er statt nur Administrator regierender Bischof gewesen wäre. Die Kurie hatte also mit seiner Bestellung gewissermaßen ein Definitivum geschaffen. Dieses springt als solches um so mehr in die Augen, als in Österreich, wo wegen der strittigen Konkordatslage ebenfalls für längere Zeit keine Bischofsernennung zu erwarten waren, für Gurk und Linz keine Administratoren bestellt wurden, sondern dort nur Kapitelvikare mit den Vollmachten eines Ordinarius und mit Bischofsrang tätig waren[255]. Andererseits wäre eine Anfrage bei Bestellung des Administrators für Aachen durchaus im Rahmen des Üblichen gewesen, wie z. B. der oben[256] besprochene Streitfall mit der Tschechoslowakei lehrt.

Das Vorgehen der Kurie in Aachen war nicht ein rechtlich belangloser Akt, ein politischer Affront oder dergleichen, sondern die rechtserhebliche, faktische Zurückweisung der staatlichen Bedenkenäußerung, die der staatliche Partner nicht nur (soweit sich feststellen läßt) widerspruchslos hingenommen, sondern aus der er auch die entsprechende Lehre gezogen hat: In den nachfolgenden sieben Jahren hat die Reichsregierung, soweit sich feststellen läßt, nicht ein einziges Mal wieder Bedenken erhoben, obwohl in dieser Zeit Kandidaten notifiziert wurden, die m. E. dem NS-Regime ebenso sehr oder mehr Veranlassung zur Beanstandung hätten geben können. Die Kurie hatte sich in Aachen für den Fall erheblicher Schwierigkeiten von seiten des Staates wohlweislich Rückzugsmöglichkeiten

---

[253] Politische Klausel, S. 45.
[254] vgl. z. B. Perugini, Concordata, S. 187 Anm. 35.
[255] vgl. oben S. 88 f. Anm. 63 aE.
[256] S. 159.

offen gelassen: sie konnte den Administrator anders als einen regierenden Bischof jederzeit abberufen. Aber sie hatte doch mit seiner Bestellung unverkennbar einen bedeutungsvollen Präzedenzfall geschaffen, der sich für die spätere Handhabung der Politischen Klausel als richtunggebend erwiesen hat. Dabei fällt ganz besonders ins Gewicht, daß der Vatikan dank seiner unnachgiebigen Haltung diesen erstaunlichen Erfolg gegenüber einem totalitären Konkordatspartner errang[257], und zwar im Jahr der höchsten außenpolitischen Konjunktur des Dritten Reiches: zur Zeit der Angliederung Österreichs und nur etliche Monate bevor Chamberlain und Daladier nach München flogen.

In F u l d a handelte es sich 1936 darum, für den damals 78jährigen Bischof Dr. Joseph Damian Schmitt wegen seiner geschwächten Gesundheit einen Koadjutor mit dem Rechte der Nachfolge zu bestimmen. Die Notifikation des in Aussicht Genommenen an die Reichsregierung erfolgte unmittelbar durch den Hl. Stuhl über Nuntius Orsenigo in Berlin, so daß sich hier im Gegensatz zum „Fall Aachen" Vatikan und Reichsregierung von vornherein unmittelbar gegenüberstanden. Bischof Schmitt hatte den Kandidaten dem Hl. Stuhl vorgeschlagen; seine Beteiligung ist eine rein innerkirchliche Angelegenheit. Das Kapitel, das bei der Bestellung eines Koadjutors nicht mitzuwirken befugt ist, war nicht einmal unterrichtet. Der Kandidat selbst ist nicht nur nicht gefragt worden, sondern hat von seiner Kandidatur auch keinerlei Kenntnis gehabt – ein hervorragendes Beispiel kirchlicher Arkandisziplin! Er wurde erst kürzlich vom Verfasser über den Vorgang unterrichtet.

Die einschlägigen Akten des ehemaligen Reichs- und Preußischen Ministeriums für die geistlichen Angelegenheiten in Berlin enthalten zunächst eine Notiz der Kölnischen Volkszeitung vom 19. Juni 1933

---

[257] Hier drängt sich die Bemerkung auf, daß dieses Ergebnis natürlich nicht möglich gewesen wäre gegenüber den Hauptträgern der religiösen und kirchlichen Unterdrückung, etwa dem Büro Rosenberg und dem Reichssicherheitshauptamt, die völlig unabhängig von der Verwaltung vorgingen. Diesen gegenüber war der Einfluß des Reichskirchenministeriums und nachgeordneter staatlicher Dienststellen ausgesprochen mäßigend, was vor allem aufrechten Persönlichkeiten in der hohen Ministerialbürokratie und in den Mittelinstanzen zu danken ist, die nicht nur von jeder Parteileidenschaft frei waren, sondern aus ihrer antinazistischen Haltung heraus kirchenfreundlich eingestellt waren, ein Umstand, der das präjudizierliche Moment des Vorgangs natürlich nicht im geringsten herabmindert. — Im ganzen ist dieses eine bemerkenswerte Illustration, wie wenig sogar im Dritten Reich die theoretische Gleichsetzung von Partei- und Staatspolitik berechtigt war; vgl. oben S. 144 f.

6. Die Fälle Aachen (1938) und Fulda (1936)

über eine Erkrankung des Bischofs von Fulda (Akte Fulda Nr. 1). Es folgt das Geheimschreiben des Auswärtigen Amts vom 17. März 1936 an den Kirchenminister (Akte F. 2), dem abschriftlich die Note der Apostolischen Nuntiatur vom 16. März (Akte F. 3) und eine Notiz über die Personalien des Kandidaten (Akte F. 4) beiliegen. Der notifizierte Kandidat hat gegen die Veröffentlichung seines Namens Einspruch erhoben, weshalb hier darauf verzichtet wird, die in Rede stehende Persönlichkeit näher zu bezeichnen.

Der Kirchenminister bezog seine Nachrichten über die bezeichnete Persönlichkeit nicht auch über den Behördenstamm der NSDAP, sondern bemühte nur den Reichsstatthalter von Hessen in Darmstadt mit Geheimschreiben vom 21. März 1936 (Akte F. 5), der sich seinerseits, soweit den nachfolgenden Akten zu entnehmen ist, allein der Geheimen Staatspolizei bediente.

Inzwischen verstrich die Frist ohne andere Vorgänge als telegraphische und fernmündliche Erinnerungen (Akten F. 6—8). Mit Schnellbrief vom 7. April (Akte F. 9) unterrichtete das Auswärtige Amt den Kirchenminister darüber, daß der Nuntius sich im Benehmen mit dem Vatikan mit einer Verlängerung der Frist um acht Tage bis zum 15. April einverstanden erklärt habe. Mit Schreiben vom gleichen Tage machte der Reichsstatthalter die ersten, noch sehr lückenhaften Personalangaben (Akte F. 10), die am nächsten Tage ergänzt wurden (Akte F. 11), mit dem für die Entscheidung des Kirchenministers offenbar ausschlaggebenden Bemerken, Professor R. sei „vor der nationalen Erhebung ein besonders gehässiger Gegner des Nationalsozialismus" gewesen und werde „auch heute noch als ein besonders gehässiger Gegner der nationalsozialistischen Weltanschauung angesehen". Am letzten Tage vor Ablauf der Frist, am 14. April, versuchte der Referent im Ministerium durch ein Ferngespräch mit dem Reichsstatthalter eine Substantiierung dieser allgemeinen Beurteilung zu erlangen, aber vergeblich (Vermerk, Akte F. 12). In einem Schnellbrief ans Auswärtige Amt (vermutlich vom gleichen Tage, Akte F. 13) macht er sich die Auffassung des Reichsstatthalters zu eigen und spricht „erhebliche Bedenken politischer Art gegen die Ernennung des Kandidaten" aus. Es folgen zwei Erinnerungen (des Auswärtigen Amts an das Kirchenministerium und des letzteren an den Reichsstatthalter) vom 15. April (Akten F. 14 und 15) und vom gleichen Tage die Verbalnote des

Auswärtigen Amts (Akte F. 16), das ebenfalls „erhebliche Bedenken allgemein politischer Natur" erhebt.

Es ist nicht zu verkennen, daß die Stellungnahme des Reichsstatthalters für die Mentalität des Kirchenministeriums von erheblichem Gewicht sein mußte, wenngleich die Formulierung „Gegner der nationalsozialistischen W e l t a n s c h a u u n g" (Akte F. 11, von mir gesperrt), soweit man eine derartig summarische Äußerung pressen darf, die Subsumierung unter den Begriff der Bedenken allgemein politischer Natur nicht zuläßt.

Es folgt der Ergänzungsbericht des Reichsstatthalters vom 23. April mit den Berichten der Geheimen Staatspolizei vom 21. und 23. April (Akten F. 17–19), deren Inhalt aus den abgedruckten Akten selbst entnommen werden möge; sie wurden unter dem 27. April an das Auswärtige Amt weitergereicht mit dem Bemerken, daß der Einspruch gegen die Ernennung aufrechterhalten bleibe (Akte F. 20).

Am 6. Juni 1936 gab das Auswärtige Amt dem Kirchenminister von einer Erklärung des Nuntius Kenntnis, „daß der Hl. Stuhl in dem vorliegenden Falle auf der Ernennung des bisher von ihm vorgeschlagenen Professor Dr. R. nicht bestehen wolle, sondern nunmehr den Regens am Erzbischöflichen Klerikalseminar in Bamberg, Dr. Johann Baptist D i e t z[258] als Koadjutor in Aussicht nehme" (Akte F. 21), womit die 20tägige Frist zur Geltendmachung von politischen Bedenken gegen Dr. Dietz anlief. Gleichzeitig hatte der Nuntius unter Überreichung einer Note vom 5. Juni (Akte F. 22), nach den Worten des Auswärtigen Amts: „grundsätzlich den von uns wiederholt abgelehnten Standpunkt vertreten, daß die Reichsregierung im Falle der Ablehnung eines Erzbischofs usw. ... verpflichtet sei, unsere Bedenken dem Hl. Stuhl mitzuteilen". Ist aus der Wendung „w i e d e r h o l t abgelehnt" zu entnehmen, daß schon bei früheren Bischofsstuhlbesetzungen die Reichsregierung politische Bedenken erhoben und deren Begründung abgelehnt hatte? Was hierüber bisher in Erfahrung gebracht werden konnte, läßt darauf schließen, daß es sich bei den dargestellten Fällen „Aachen" und „Fulda" um die einzigen Präzedenzfälle aus dieser Zeit handelt. — Auf die in der Note und in der Erwiderung des Kirchenministers

---

[258] Dr. Dietz wurde später Bischof von Fulda.

6. Die Fälle Aachen (1938) und Fulda (1936)

vom 15. Juni 1936 (Akte F. 23) vorgebrachten Gründe und Gegengründe kann in diesem Zusammenhang nicht eingegangen werden[259].

Hier ist zunächst die Bereitschaft des Hl. Stuhles bemerkenswert, den beanstandeten Kandidaten fallen zu lassen und an seiner Stelle eine andere Persönlichkeit zu benennen und ihretwegen nach politischen Bedenken zu fragen; ferner die Rechtsauffassung der Reichsregierung, zur Substantiierung ihrer Bedenken nicht verpflichtet zu sein. Mit dem Schreiben vom 15. Juni 1936 war freilich in dieser Sache noch nicht das letzte Wort gesprochen. Aus der an den Nuntius gerichteten Note des Auswärtigen Amts vom 12. Februar 1938 (Akte Aachen Nr. 12) ist ersichtlich, daß die Korrespondenz über diese Frage mindestens bis zum 31. Januar 1937 fortgeführt wurde, ohne daß einer der Partner von seinem Standpunkt abgewichen ist. Offenbar war das Entgegenkommen „in dem vorliegenden Falle ... R." (Akte F. 21) darauf abgestellt, die Reichsregierung für die in der gleichzeitig überreichten Note (Akte F. 22) geltend gemachte Rechtsauffassung des Vatikans bzgl. der staatlichen Begründungspflicht zu gewinnen. Der Ausgang der Verhandlungen und Korrespondenzen im „Fall Fulda" kann heute um so weniger als Präjudiz für eine dem staatlichen Standpunkt günstige Auslegung herangezogen werden, als in dem späteren „Fall Aachen" die gegenteilige Auffassung weit stärkere Stützen findet. Dieser überaus bezeichnende Vorgang ist nur geeignet, die bisherigen Ergebnisse dieser Untersuchung zu stützen; denn er beweist:

1. Auch im **Einparteienstaat** muß zwischen Bedenken allgemeinpolitischer und solchen parteipolitischer Art unterschieden werden; letztere können keine politische Erinnerung rechtfertigen.

2. Der Hl. Stuhl hat in jedem Fall ein **Prüfungsrecht**, ob die staatlichen Einwendungen die Schranken des vereinbarten Rechts nicht überschreiten.

Der Fall Aachen 1938 ist kein singulär-akzidentelles Ereignis, seine sachliche Bedeutung ist eminent. An ihm hat sich die grundsätzliche Bedeutung der Politischen Klausel in ihrer praktisch-politischen Tragweite offenbart. Vor allem hat der Vorgang auf die uns anfangs gestellte höchst bedeutsame Frage: „quis iudicabit?" eine

---

[259] vgl. dazu oben S. 156 ff.

deutliche Antwort gegeben; und zwar eine andere, wirksamere und dem Geist wie dem Wortlaut der Konkordate besser entsprechende Antwort als die in ihren Forderungen sich schließlich überschlagenden Darlegungen vom Standpunkt der Ideologie des totalen Staates. Die Entscheidung fiel nicht so einfach und theoretisch, wie Weber es sich gedacht hatte: nämlich gegen die überspannten Ansprüche des totalen Staates und für ein Kontrollrecht der Kurie. Seitdem hat der Gedanke, daß der Hl. Stuhl weniger als der Staat zur Feststellung des politischen oder nichtpolitischen Charakters der Bedenken befugt sei, jede Berechtigung verloren. Die Kraft der päpstlichen Kontrollbefugnis hat sich im kritischen Fall erprobt.

II. Die Rechtsfolgen der staatlichen Erinnerung

Für alle Politischen Klauseln ist die inhaltliche Seite des Erinnerungsrechts, die in dem vorausgehenden Hauptabschnitt[1] besprochen wurde, dieselbe. Die Entzifferung des vielumkämpften Begriffs des Politischen brauchte nicht zwischen den verschiedenen Konkordaten zu unterscheiden, weil trotz leichter Abwandlungen im Wortlaut alle den gleichen Begriff des Politischen haben[2]. Hinsichtlich der Rechtswirkung einer staatlichen Bedenkenäußerung sind dagegen die Politischen Klauseln im einzelnen darauf zu prüfen, ob dem jeweiligen Staat nur ein unverbindliches Erinnerungsrecht eingeräumt ist, das wohl erhebliche p o l i t i s c h e Bedeutung hat und auf den Hl. Stuhl einen gewissen moralischen Druck ausüben kann, ihn aber r e c h t l i c h nicht bindet, den beanstandeten Kandidaten fallen zu lassen; oder ob es als zwingendes Einspruchs-(Veto-)recht aufzufassen ist, das den Hl. Stuhl r e c h t l i c h verpflichtet, den Betroffenen nicht zum Bischof zu ernennen.

Man hat allerdings versucht, auch auf die Frage nach der Tragweite des politischen Erinnerungsrechts ein und dieselbe Antwort für die verschiedenen Klauseln zu finden. So verneint Mario Petroncelli in bezug auf die bis 1933 abgeschlossenen Konkordate „die Existenz einer echten und eigentlichen Verpflichtung von seiten des Hl. Stuhles, bei Ernennung der Bischöfe nicht in Widerspruch zu

---

[1] S. 99—172.
[2] vgl. oben S. 102.

II. Die Rechtsfolgen der staatlichen Erinnerung

der mitgeteilten staatlichen Stellungnahme vorzugehen"[3]. Als Gründe für seine Ansicht führt er u. a. an: Der „processo formativo" des Ernennungsaktes ermangele aller Elemente, die für die kirchliche Gewalt eine Rechtsverpflichtung begründen müßten. Man könne den staatlichen Einwendungen eine Rechtswirkung beispielsweise dadurch beilegen, daß man die Besetzung hinsichtlich ihrer staatlich-rechtlichen Wirkungen als einen zusammengesetzten Akt konstruiere, zu dem Staat und Kirche zusammenwirkten[4]. Zutreffend führt Petroncelli aus, daß die Einmischung des Staates in die Ernennung der Bischöfe keinesfalls als notwendig angesehen werden dürfe[5]. Damit ist indessen nur ein positives Mitwirkungsrecht des Staates zurückgewiesen, aber noch nichts gegen ein negatives Vetorecht beigebracht, wie es das Recht der Mindergenehmheit oder die Politischen Klauseln der Abmachungen mit Portugal, Preußen, Rumänien und des Modus vivendi mit Ecuador[6] zum Inhalt haben. Zwischen positiver Mitwirkung und negativer Ausschließung ist aber streng zu unterscheiden[7].

Als Hauptargument (dissi di più) führt Petroncelli folgendes ins Feld: Auch aus dem Wortlaut der Vereinbarungen gehe hervor, daß man jeden Terminus habe vermeiden wollen, der als eine wahre und eindeutige Ausdrucksform hinsichtlich der Gültigkeit der Besetzung gegenüber dem Staat in Anspruch genommen werden könne. Im übrigen lasse die Regelung keinen Zweifel darüber, daß man die Verhandlungen immer auf diplomatischem Wege führen werde, und, so zitiert Petroncelli aus seinem angeführten Werk[8]: „Ist nicht ge-

---

[3] In seiner Schrift: La provvista dell' ufficio ecclesiastico nei recenti diritti concordatari con particulare riguardo al diritto italiano, Milano 1933. Indessen teilt Weber, Politische Klausel, S. 89 mit Anm. 1 bzw. S. 93 Anm. 3, mit, daß Petroncelli aaO. S. 103, 98 f. die Erinnerungsrechte der Vereinbarungen mit Portugal und Rumänien (vgl. unten S. 176 f. bzw. S. 177 f.) als zwingende Einspruchsrechte gewertet habe — Das Zitat im Haupttext entstammt seinem Aufsatz Polemica in materia di provvista di diocesi, aaO. S. 5.

Die soeben angeführte Schrift aus dem Jahre 1933 ist mir leider nicht zugänglich, so daß ich allein auf die gedrängte Wiedergabe der von Petroncelli herangeführten Gründe in dem zitierten Aufsatz angewiesen bin. Es kann sich deshalb im folgenden nicht um eine ausführliche Auseinandersetzung handeln, sondern es sollen lediglich einige naheliegende Bedenken angemeldet werden.

[4] Für einen solchen „atto complesso, constituito, non dalla nomina, ma dalla designazione della persona" tritt Falco Corso, II S. 143 ein.

[5] Eine Ausnahme macht die Vereinbarung mit Spanien; vgl. unten S. 181 ff.

[6] vgl. unten S. 176 ff.

[7] Im einzelnen unten S. 189.

[8] La provvista, S. 141; vgl. oben Anm. 3.

rade der diplomatische Weg (via diplomatica) der charakteristische Weg, den man allemal dann beschreitet, wenn man eine konkrete Rechtsverpflichtung und die Unbiegsamkeit und Strenge (rigidità) ihrer Konsequenzen vermeiden will?" Und sich mit der Entgegnung Falcos[9] auseinandersetzend fährt Petroncelli fort, daß er nicht allgemein und grundsätzlich den Rechtscharakter der diplomatischen Beziehungen bestreite; in der Tat könnten diese zwischen den Staaten Rechtsverbindlichkeiten herbeiführen, die dann aber ein „posterius" der diplomatischen Verhandlungen seien. Doch nur wenn man sich auf der diplomatischen Ebene in einem „punto di accordo" treffe, gelange man zu einer rechtserheblichen Verbindlichkeit; nicht jede Verhandlung trage notwendig die Entstehung einer Rechtsverbindlichkeit in sich[10].

Die Voraussetzungen, von denen Petroncelli hier ausgeht, stehen keineswegs außer Streit und sind selbst des Beweises bedürftig. So haben — um mit der ersten Prämisse dieses Absatzes zu beginnen — doch offenbar die Konkordatspartner eine rechtliche Bindung des Hl. Stuhles aussprechen wollen, wenn es im preußischen Konkordat heißt: „Der Hl. Stuhl wird zum Erzbischof oder Bischof niemand bestellen..." Was dann die diplomatischen Verhandlungen betrifft, so ist zunächst hervorzuheben, daß nichts auf der „via diplomatica" ohne j e d e Wirkung ist oder sein will, nichts, das nur zur Selbstbefriedigung diplomatischer Ambitionen im Sinne eines l'art pour l'art geschähe. Erst recht werden die Partner eines völkerrechtlichen Vertrages nicht für bestimmte Fälle diplomatische Unterhandlungen vereinbaren, deren Ziel und Endpunkt nicht irgendwie jenseits des diplomatischen Parketts läge. Die Folgen sind entweder politisch-unverbindlicher oder rechtlich zwingender Art[11]. Bei den in den Politischen Klauseln vorgesehenen diplomatischen Fühlungnahmen, Notifikationen, Einvernehmen usw., die der endgültigen Einsetzung des Bischofs durch den Staat vorangehen sollen, geht es deshalb allein um die Frage, ob der staatlichen Beanstandung eines (vom Papst bzw. vom Kapitel) in Aussicht Genommenen nur ein tatsächlich-politisches, moralisches Gewicht zukommt, oder ob sie den Papst rechtlich zwingt, den Kandidaten fallen zu lassen. Petroncelli

---

[9] Corso II S. 142.
[10] Polemica aaO. S. 5.
[11] Dabei braucht nicht hervorgehoben zu werden, daß ein „nur" politischer Druck unter Umständen härter und unwiderstehlicher sein kann als rechtliche Fesseln.

tritt offensichtlich für eine nur politische Wirkung der Erinnerung ein (er selbst bekennt sich anfangs zu derselben Fragestellung und unterscheidet zwischen einer „importanza dal punto di vista politico" und einer „dilevanza sotto l'aspetto giuridico" des politischen Bedenkenrechts). Dem ist im Ergebnis für die meisten Politischen Klauseln zuzustimmen. Es geht aber nicht an, schon aus der bloßen Vereinbarung diplomatischer Schritte diese Folgerung herzuleiten. Die Subjekte des Völkerrechts können sich nur auf der diplomatischen Ebene treffen, sei es zu politischen Aktionen, sei es zur Begründung von Rechten und Pflichten völkerrechtlicher Natur. Das insoweit farblose diplomatische Parkett läßt von sich aus noch keine Schlüsse nach der einen oder anderen Richtung zu. Will man die Streitfrage nicht über Gebühr vereinfachen, hat man deshalb die Politischen Klauseln einzeln ins Auge zu fassen und sie auf ihre Tragweite zu prüfen.

Einen Petroncellis Auffassung entgegengesetzten Standpunkt nimmt Werner Weber[12] für alle irgendwie zweifelhaften Fälle ein, der auch hier wiederum mehr die Folgerichtigkeit des totalitären Staatsgedankens, weniger die Beweiskraft aus der Sache herrührender Gegengründe[13] für sich hat. Natürlich legt die Freundschaftsklausel den Vertragspartnern die Pflicht auf, Meinungsverschiedenheiten über die Rechtmäßigkeit einer staatlichen Erinnerung in gemeinsamem Einvernehmen einer freundschaftlichen Lösung entgegenzuführen. Es ist selbstverständlich, daß vor und während der Einigungsverhandlungen keine Partei einen „präjudizierlichen Akt" setzen darf. Damit ist aber noch nicht gesagt, was nach dem Scheitern solcher auf ein gemeinsames Einvernehmen abzielender Versuche rechtens ist, oder wozu der eine Teil befugt ist, wenn der andere sich grundlos weigert, in Verhandlungen einzutreten. Erst dann wird die Frage nach der verbindlichen oder unverbindlichen Natur des politischen Erinnerungsrechts akut. — Im übrigen ist hinter Wendungen wie: „Nur wenn der Staat den Kandidaten für politisch bedenkenfrei hält, genügt er den Anforderungen der Politischen Klausel und der Konkordate überhaupt"[14] eine petitio principii verborgen: Der

---

[12] Politische Klausel, S. 100 ff.

[13] Über diesen Mangel beklagt sich bereits Petroncelli, Polemica, aaO. S. 7: „Infatti, in tutto il libro che ho letto e riletto, non ho potuto trovare un solo argumento a prova della tesi in esso sostenuta."

[14] Politische Klausel, S. 101.

Streit geht gerade darum, ob die politische Bedenkenfreiheit zwingendes Erfordernis der Bischofsernennung ist oder nicht, und die Konkordate geben darauf, wie wir sehen werden, eine verschiedene Antwort. Es geht nicht an, diesen Beweisgegenstand in der allgemeinen Formulierung „der konkordatsmäßig vorausgesetzte Normalzustand im Verhältnis von Staat und amtierendem Bischof"[14] als selbstverständlich vorauszusetzen. — Eine endgültige „Sanktion" seiner Auffassung glaubt Weber auch an dieser Stelle in den staatlichen Bischofseiden gefunden zu haben. Die Stellungnahme hierzu bleibt späteren Ausführungen vorbehalten[15].

Die Frage nach der rechtlichen Tragweite einer staatlichen Bedenkenäußerung beantwortet ein Teil der Politischen Klauseln einheitlich, oder, wenn man will, läßt sie offen. In anderen Abmachungen hat der staatliche, in anderen der kirchliche Standpunkt einhelligen Ausdruck gefunden.

1. Verbindliche Einspruchs-(Veto-)rechte der Staaten

a) Die portugiesischen Könige erfreuten sich seit 1748 des Nominationsrechts für sämtliche europäischen und außereuropäischen Bistümer ihres Reiches[16]. Schon bevor Benedikt XIV. dieses Privileg gewährte, nominierten sie für die Bistümer ihrer ostindischen Besitzungen[17]. Dieser Padroado do Oriente (Patronato dell' Oriente) führte seit Mitte des vorigen Jahrhunderts zu allerlei Schwierigkeiten[18], war 1910 mit allen Nominationsrechten infolge der Trennung von Kirche und Staat erloschen und lebte in der Vereinbarung vom 15. April 1928 in einer gründlich veränderten Gestalt wieder auf[19]. Wir finden hier zwar nur eine schwache Erinnerung an die einstmals so bedeutenden Vorrechte, aber nur so erklärt sich die Besonderheit dieser Regelung, die bislang einzigartig dastand und erst in der Konvention mit Spanien vom 7. Juni 1941[20] ein vergleichbares Gegenstück erhielt.

---

[15] unten S. 196 ff.
[16] vgl. oben S. 15 mit Anm. 26.
[17] Link, Besetzung, S. 281.
[18] vgl. den Vorspruch der Konvention von 1928 und Restrepo Restrepo, Concardata, S. 189.
[19] Darüber Mörsdorf, Besetzungsrecht, S. 153 f.; Link, Besetzung, S. 282 f; Weber, Politische Klausel, S. 25 mit Anm. 1 u. 2, S. 89.
[20] s. unten S. 181 ff.

Art. VI der Abmachung von 1928[21] schreibt für die Besetzung der bischöflichen Stühle von Goa, Cochin, San Tommaso di Meliapor und Macao folgendes Verfahren vor: Im Erledigungsfall wird der Hl. Stuhl nach Befragung der Provinzialbischöfe einen Geistlichen portugiesischer Nationalität auswählen (VI a) und dessen Namen durch Vermittlung des Nuntius in Lissabon oder der portugiesischen Gesandtschaft beim Vatikan dem Präsidenten der Republik vertraulich mitteilen (VI b). Wenn gegen den Kandidaten keine Bedenken politischer Natur bestehen, wird ihn der Präsident in aller Form dem Hl. Stuhl präsentieren (VI c). Der Kandidat gilt als präsentiert, wenn nach Zustellung der päpstlichen Anzeige zwei Monate ohne Antwort des Präsidenten verflossen sind (VI d).

Es liegt auf der Hand: „ce n'est qu'une présentation honorifique et protocolaire"[22]. Denn nicht der Präsident, sondern der Papst wählt die Person des zukünftigen Bischofs aus und teilt sie dem staatlichen Vertragsgegner mit, eine Anzeige, die sich in der Sache durch nichts von der Anfrage nach politischen Bedenken unterscheidet. Der Präsident hat denn auch keine andere Befugnis, als darüber zu entscheiden, ob Bedenken politischer Art vorliegen oder nicht. Wenn er solche Einwendungen innerhalb der vorgeschriebenen Frist von zwei Monaten erhebt, ist mit dieser Verweigerung der Präsentation der Kandidat zwingend vom Bischofsamt ausgeschlossen[23].

b) Eine weitere Besonderheit bieten die Politischen Klauseln des Konkordats mit R u m ä n i e n von 1927 und des Modus vivendi mit E c u a d o r von 1937. Danach wird der Hl. Stuhl die in Aussicht genommene Persönlichkeit den Regierungen mitteilen, „pour constater d'un commun accord, s'il n'y aurait pas contre elle des raisons d'ordre politique" (Art. V § 2 Rumänisches Konkordat) bzw. gleichlautend: „a fin de proceder de comun acuerdo a comprobar que no

---

[21] Diese Vereinbarung ist auch heute noch in Geltung, obwohl inzwischen, am 7. Mai 1940, ein neuer Missionsvertrag abgeschlossen wurde (den Wortlaut s. oben S. 72 Anm.), aber: „fermo restando quanto è stato precedentemente convenuto per il Patronato dell' Oriente" (Vorspruch); AAS. 32, 1940 S. 235; AkKR 120, 1940 S. 275.

[22] Bednorz, Concordat de Pologne, S. 92 Anm. 2 (bei Weber, Politische Klausel, S. 25 Anm. 1); vgl. auch Restrepo Restrepo, Concordata, S. 195 Anm. 193.

[23] So auch Weber aaO. S. 89; Petroncelli, La provvista (s. o. S. 193 Anm. 3), S. 103; Perugini, Concordata, S. 85 Anm. 15; Link, Besetzung, S. 300; Restrepo Restrepo aaO.

huy razones de caracter politico general que obsten a tal nombramiento" (Art. 7 des Modus vivendi mit Ecuador)[24].

Hier ist nicht ohne weiteres klar, „ob die politische Unbedenklichkeit oder die Beanstandungswürdigkeit des Kandidaten den Gegenstand des Einverständnisses der Konkordatspartner bilden soll"[25]; ob also der Hl. Stuhl durch Versagung seiner Zustimmung den „commun accord" und damit die staatlichen Einwendungen zum Scheitern bringt, so daß die Bestimmung keinen Rechtsanspruch des Staates auf Berücksichtigung seiner Erinnerung begründen würde; oder ob die Kurie rechtlich gezwungen ist, ihren Kandidaten fallen zu lassen, weil eine beharrliche staatliche Beanstandung es nicht zu der erforderlichen Übereinkunft kommen läßt, daß politische Bedenken n i c h t gegeben sind[26]. Der Wortlaut beider Bestimmungen mit der Negation des Nachsatzes spricht für die zweite Möglichkeit: Wenn der Staat an seinen politischen Bedenken festhält, muß die Kurie den in Aussicht Genommenen fallen lassen.

Diese Auffassung wird bestätigt durch die sonstige Verwendung des Ausdrucks „d'un commun accord", der in einer pleonastischen Umschreibung nichts anderes besagt als das deutsche „Einvernehmen"[27]. Man denkt in erster Linie an Art. 27 Abs. 2 des Reichskonkordats, der von der Bestellung des Armeebischofs handelt. Vor dessen kirchlicher Ernennung wollte sich der Hl. Stuhl mit der Reichsregierung in Verbindung setzen, „um im Einvernehmen mit ihr eine geeignete Persönlichkeit zu bestimmen". Ähnlich liegt der Sachverhalt bei der Anstellung von Anstaltsgeistlichen, die in den Staats- oder sonstigen öffentlichen Dienst übernommen werden

---

[24] Text der Vereinbarung mit Ecuador bei Weber, Politische Klausel, S. 96 Anm. 1; vgl. den Kontext oben S. 71 f. Anm.

[25] Weber aaO.

[26] Dazu eingehend Link, Besetzung, S. 300 f. und 230 f., wo er auch von der weiteren Möglichkeit spricht, daß in der genannten Wendung nur der Gedanke zum Ausdruck komme, daß der Hl. Stuhl nicht bloß vor die Wahl gestellt sein wolle, die Bedenken anzuerkennen oder abzulehnen, sondern auch an ihrer Feststellung und Begründung teilhaben wolle, „um gegebenenfalls deren Grundlosigkeit aufzuzeigen". Dem ist oben S. 150 in dem Sinne zugestimmt worden, daß allgemein keinesfalls Bedenken durchgreifen können, deren inhaltliche Zulässigkeit der Hl. Stuhl bestritten hat. Darüber hinaus scheint die mit Rumänien bzw. Ecuador vereinbarte Politische Klausel aber auch über die Rechtsfolgen einer materiell richtigen Bedenkenäußerung etwas aussagen zu wollen, was hier übersehen ist.

[27] Vgl. zur Terminologie Barion, Über doppelsprachige Konkordate, aaO. S. 236.

sollen. Art. 28 des Reichskonkordats, Art. 11 Abs. 1 des bayerischen Konkordats und Art. 16 Abs. 2 des österreichischen Konkordats schreiben dafür ein „Einvernehmen mit der kirchlichen Oberbehörde", „Benehmen[28] mit dem Diözesanbischof", „Einvernehmen mit dem Diözesanordinarius" vor. Eine weitere Parallele liefert die Konvention mit Spanien von 1941. Nach Art. 1 hat der Nuntius dem Papst bei jeder Vakanz eine Liste von wenigstens sechs Geistlichen einzureichen, aus denen der Papst dem Staatschef einen Dreiervorschlag macht[29]. Zur Aufstellung der Liste ist ein „principio de acuerdo" von Regierung und Nuntius erforderlich. In allen diesen Fällen ist es unbestritten, daß die Anstellung der Geistlichen bzw. die Aufstellung der Liste nicht erfolgen kann, wenn der kirchliche oder staatliche Partner Einwendungen erhebt[30]; nur dann ist das erforderliche „Einvernehmen" beider Gewalten gegeben.

Es besteht keine Veranlassung, in den Konkordaten mit Rumänien und Ecuador den Begriff „commun accord" in einem anderen Sinn auszulegen. Auch hier ist eine Verständigung zwischen Staat und Kirche gefordert, die mehr ist als eine bloße und unverbindliche Anhörung der staatlichen Bedenken durch den Vatikan. Der Hl. Stuhl kann vielmehr nur dann einen Bischof ernennen, wenn der Staat keine politischen Bedenken erhebt. Weder die Verwendung des Begriffs „commun accord", noch die Stellung der Verneinung wie überhaupt die Tatsache einer so eigenartigen Abweichung von den übrigen Formulierungen würden es rechtfertigen, diese Bestimmung anders als im Sinn einer rechtsverbindlichen Ausschlußwirkung der von Rumänien und Ecuador erhobenen politischen Einwendungen auszulegen. Doch ist das Verfahren hier am wenigsten bestimmt; es räumt der Diplomatie die entscheidenden Prärogativen in dieser Kardinalfrage ein und ist deshalb juristisch wenig befriedigend.

c) Auch die p r e u ß i s c h e Regierung hatte dem Wortlaut ihrer Politischen Klausel zufolge ein verbindliches Einspruchsrecht gegen mißliebige Bischofskandidaten erreicht. „Der Hl. Stuhl wird zum Erzbischof oder Bischof niemand bestellen", gegen den die Staatsregierung, wie das Kapitel (gewissermaßen als Organ der Kurie, in

---

[28] Obwohl „Benehmen" schwächer ist als „Einvernehmen" (vgl. Barion aaO.), haben beide Begriffe hier die gleiche Bedeutung (Weber, Nihil obstat, aaO. S. 243).
[29] Vgl. unten S. 183.
[30] Vgl. Weber aaO. S. 241 ff.; zur Konvention mit Spanien unten S. 185.

eigentlicher und letzter Instanz natürlich diese selbst[31]) festgestellt haben muß, Bedenken politischer Art erhebt[32]. Damit hat sich der Hl. Stuhl, wie mit der weitaus herrschenden Lehre[33] angenommen werden muß, verpflichtet, keinen Kandidaten zu ernennen, gegen den politische Bedenken vorliegen. Die preußische Regierung hatte damit ein echtes, rechtsverbindliches Einspruchsrecht erlangt, das die gleiche Durchschlagskraft hatte wie das Veto im Recht der Mindergenehmheit, demgegenüber aber auf politische Gründe beschränkt war. Den preußischen Unterhändlern war es also gelungen, von dieser Rechtsfigur des 19. Jahrhunderts einen bedeutungsvollen Rest in die Politische Klausel hinüberzuretten.

Es ist erstaunlich, daß dieses außerordentliche Zugeständnis einem Staat mit so akatholischer Tradition gemacht wurde. Dieses weitgehende Entgegenkommen gegenüber dem „protestantischen Preußen" ist der Kurie ohne Zweifel durch die Rücksicht auf die Schlüsselstellung des Zentrums in der preußischen parlamentarischen Demokratie erleichtert worden, das als solches auf die Staatsregierung einen maßgeblichen Druck zugunsten der katholischen Kirche ausüben konnte; sein Einfluß wäre bei Fortbestehen der Demokratie auch in anderen Regierungskoalitionen beachtlich geblieben. Dieser Umstand fiel sehr ins Gewicht und beherrschte die Mentalität des staatlichen Partners, so daß die hohe Ministerialbürokratie kaum in der Lage gewesen wäre oder nur daran gedacht hätte, die Handhabung der Politischen Klausel ernsthaft im Sinn eines positiven Einspruchsrechts durchzusetzen. Diese politischen Verhältnisse und vor allem der Geist, der die Konkordatsverhand-

---

[31] Vgl. oben S. 153 Anm. 207 Abs. 1.
[32] Vgl. den Wortlaut oben S. 71 Anm.
[33] Mörsdorf, Besetzungsrecht, S. 135—141; Ders., Der neueste Stand, aaO. S. 725; Link, Besetzung, S. 254 f. u. 300; Eichmann, Kirchenrecht, I S. 259, II S. 458; Ebers, Staat und Kirche, S. 269; Linneborn, Kirche und Staat in Preußen, aaO.; Huber, Verträge, S. 191; Weber, Politische Klausel, S. 89 f. u. 94; Hilling, Kirchliches Handbuch f. d. kath. Deutschland, 1931 S. 58 (bei Weber aaO. S. 89 Anm. 3); Stutz, Konkordat und Kodex, aaO. S. 703; Hermann Höpker-Aschoff (einer der preußischen Konkordatsunterhändler), Unser Weg durch die Zeit, Gedanken und Gespräche über den Sinn der Gemeinschaft, Berlin 1936, S. 139; Bierbaum, Inter S. S. et Borussiam solemnis conventio, aaO. S. 90; v. Kienitz, Gestalt der Kirche, S. 191; Maupas, Le concordat Prussien (Le correspondant ..., 1929 S. 375 ff. [bei Link, Besetzung, S. 255 Anm. 100]); van Hove, Le concordat ... l'Autriche, NouvRevThéol, 61, 1934 S. 797 (bei Link aaO.). — Anderer Meinung sind Koeniger, Konkordate, S. 169 Erl. 32 c; Föhr, Konkordat, S. 38; Scharnagl, Die neuen deutschen Konkordate und Kirchenverträge, Literar. Beilage zum Klerusblatt 9, 1933, S. 6 f. (bei Weber aaO. S. 90 Anm. 1).

lungen beherrschte³⁴, müßten es, wenn man den Wortlaut des Art. 6 Abs. 1 letzter Satz nicht für ganz eindeutig hielte, sogar nahelegen, einen der herrschenden Meinung entgegengesetzten Standpunkt im Sinne der Unverbindlichkeit einer staatlichen Bedenkenäußerung zu vertreten³⁵.

insbesondere: Die spanische Regelung 1941

Auch Spanien hat in der Konvention vom 7. Juni 1941³⁶ das Recht erlangt, Kandidaten mit zwingender Wirkung vom Bischofsamt auszuschließen. Darüber hinaus hat die Abmachung in Anlehnung an die geschichtlichen und politischen Gegebenheiten Franco-Spaniens eine neue und sehr bemerkenswerte Erscheinungsform der modernen staatlichen Befugnisse bei Besetzung der Bischofsstühle gebracht. Bis zur Revolution im Oktober 1931 hatten die spanischen Könige das Nominationsrecht ausgeübt. Mit der unter dem roten Regime durchgeführten Trennung von Kirche und Staat wurde es hinfällig. Obwohl die nationale Wiedergeburt unter Franco von einer Politik der Ergebenheit gegenüber dem Hl. Stuhl nicht zu trennen ist, ließ sich die Kurie doch nicht herbei, die alten Privilegien von neuem zu gewähren³⁷. Vor allem mochte sie nicht erneut einem Staate die nominatio regia alten Rechts gewähren.

Die inneren und äußeren Verhältnisse Spaniens³⁸ waren 1941 dem Abschluß eines Konkordats nicht günstig. Darum wurden die

---

³⁴ Daran zeigt sich, wie sehr es der Zentrumspartei in Preußen gelungen war, ihre katholisch-konfessionell bestimmten Grundsätze „tamquam saluberrimum succum ac sanguinem in omnes reipublicae venas inducere" (das Zitat ist ohne Quellenangabe angeführt von Kleiner, Geistliches Weltrecht und weltliches Staatsrecht, S. 18).

³⁵ Auch hierauf macht mich in dankenswerter Weise der langjährige Sachbearbeiter im preußischen Kultus- und späteren Reichskirchenministerium, Herr Ministerialrat Theegarten, aufmerksam. Seiner Erinnerung nach ist seit Inkrafttreten des preußischen Konkordats bis zur Einführung des Reichskonkordats kein Fall akut geworden, in dem staatliche Einwendungen erfolgt sind oder notwendig geworden wären.

³⁶ AAS. XXXIII 1941 S. 480 (nur in spanischer Sprache). AkKR., 121, 1941 S. 265 ff. (spanisch mit deutscher Übersetzung des Herausgebers). Über Geschichte, Inhalt und Bedeutung dieser Vereinbarung handelt Giannini, La convenzione tra la S. Sede e la Spagna per la provvista delle diocesi, aaO. S. 137—145.

³⁷ Nach Art. 9 der Konvention sollen nur die vier ersten Artikel des Konkordats von 1851 wieder aufleben: die katholische Religion, die einzige des Staates, Unterricht in Übereinstimmung mit der katholischen Lehre, Zusicherung der Kultausübung und ihrer Freiheit.

³⁸ Vgl. Giannini, Convenzione, aaO. S. 141.

unaufschiebbaren Fragen des Zusammenlebens von Staat und Kirche, vor allem die Bestellung der Diözesanbischöfe[39], vorweg in der genannten Konvention geregelt. Außerdem verpflichtete sich die spanische Regierung, „baldmöglichst mit dem Hl. Stuhl ein neues Konkordat abzuschließen"[40/41], womit sich die Abmachung selbst als vorläufig kennzeichnet. Es ist zweifelhaft, ob nach grundlegenden Veränderungen im spanischen Verfassungsleben die Bestimmungen über die Besetzung der Bischofsstühle in ein späteres Konkonkordat eingebaut werden, weil sie ganz auf die Person des Jefe del Estado zugeschnitten sind[42]; auch bei Fortdauer der gegenwärtigen kirchenpolitischen Verhältnisse hätten sie nur Sinn, wenn die darin verbrieften Vorrechte von einer monarchischen Spitze wahrgenommen werden könnten.

Wie der Hl. Stuhl in allen Abmachungen der nach dem ersten Weltkrieg ansetzenden großen Konkordatsära den veränderten Erfordernissen Rechnung tragen und besonders sein neukodifiziertes Recht zur Geltung bringen wollte[43], so auch in der vorliegenden Vereinbarung mit Spanien. Hier tritt indessen noch als weiteres Motiv das Bestreben hinzu, die Verdienste Francos um die spanische Kirche gebührend zu würdigen. Daraus erklärt sich das echte und einmalige Kompromiß der genannten Regelung, das den Grundsatz der freien päpstlichen Ernennung mit der Politischen Klausel und einer positiven, wenngleich beschränkten Mitwirkung des Staatschefs bei Auswahl der zukünftigen Bischöfe vereinigt[44]. Diese Dreizahl der tragenden Prinzipien macht das Besetzungsgeschäft etwas

---

[39] Für die Ernennung der Pfarrer wurden gewisse Richtlinien vereinbart in Art. 7 und 8.

[40] Art. 6; ferner übernahm die Regierung die Pflicht, bis dahin ohne vorhergehendes Einvernehmen (previo acuerdo) mit dem Hl. Stuhl keine Gesetze zu erlassen über gemischte Angelegenheiten oder sonst etwas, das die Kirche in irgendeiner Weise interessieren könnte (Art. 10).

[41] Im Herbst 1946 ging durch die Presse eine Mitteilung über den Fortgang der Konkordatsverhandlungen, besonders hinsichtlich der Wiedereinrichtung des Tribunals der spanischen Rota, des obersten kirchlichen Gerichtshofes in Spanien. Spanische Kreise, so wurde berichtet, hofften, daß es bald zum Abschluß eines neuen Konkordates kommen werde.

[42] Auch aus diesem Grund wird man vor dem endgültigen Ausgang der sog Franco-Krise kaum mit dem Abschluß eines Konkordats, geschweige mit seiner Veröffentlichung rechnen dürfen.

[43] Das haben Stutz, Konkordat und Codex, aaO.; Mörsdorf, Besetzungsrecht, S. 70 ff. und zuletzt Link, Besetzung, überzeugend dargetan.

[44] Giannini, Convenzione, S. 141 f.

verwickelter als die bislang vereinbarten Verfahrensweisen. Im einzelnen will man folgendermaßen vorgehen:

Sobald ein erzbischöflicher oder bischöflicher Stuhl (oder eine ständige Apostolische Administratur) erledigt ist, oder wenn der Hl. Stuhl einen Koadjutor mit dem Recht der Nachfolge ernennen will, nimmt der Apostolische Nuntius vertraulich mit der spanischen Regierung Fühlung. Sobald man eine vorläufige Einigung erzielt hat, sendet der Nuntius eine Liste von wenigstens sechs geeigneten Persönlichkeiten an den Hl. Stuhl (Art. 1). Es ist bemerkenswert, daß schon diese Liste nur aus einem „principio di acuerdo" zwischen der Kurie und der spanischen Regierung hervorgehen kann. — Aus diesen Namen wählt der Papst drei aus und teilt diese neue Liste auf dem Weg über die Nuntiatur in Madrid der spanischen Regierung mit, einen von diesen Dreien präsentiert der Staatschef in aller Form innerhalb einer Frist von 30 Tagen (Art. 2). Wenn in dem Wortlaut auch der Ausdruck „nominieren" bewußt vermieden ist, steht die Befugnis, mit der Franco hier ausgezeichnet ist, im Grundsatz dem „königlichen" Recht der Nomination näher als die „présentation honorifique" der portugiesischen Konvention von 1928[45]; allerdings ist die Freiheit seiner Wahl so weitgehend eingeschränkt, daß sie dem Grundsatz des freien päpstlichen Ernennungsrechts nur wenig Eintrag tut: auf die Bezeichnung Eines von Dreien, die der Papst benennt, ohne dabei, wie sich sogleich ergeben wird, an die gemeinsame Liste des Nuntius und der spanischen Regierung gehalten zu sein. — Wenn der Papst alle oder einen Teil der in der Liste enthaltenen Namen nicht für annehmbar erachtet, so liegt es bei ihm, einen eigenen Dreiervorschlag zu bilden; dabei kann er die spanische Liste ganz oder zum Teil außer acht lassen, d. h. er kann in den Dreiervorschlag nach eigenem Ermessen und in beliebiger Zahl Namen aufnehmen, die in der ursprünglichen Liste nicht enthalten sind. Die spanische Regierung ihrerseits kann bei dem Hl. Stuhl gegen alle oder einige der neugenannten Geistlichen Bedenken allgemeinpolitischer Natur erheben. Wenn sie seit der genannten Mitteilung dreißig Tage ohne Antwort verstreichen läßt, wird vermutet, daß sie keine Einwendungen zu erheben hat. Der Staatschef soll alsdann einen von den in der Terna enthaltenen Kandidaten präsentieren. Wenn er dagegen Bedenken geltend macht, werden die Verhandlungen fortgesetzt, auch wenn die dreißig Tage

---

[45] Vgl. oben S. 177 f.

verflossen sind (Art. 3)[46]. Es liegt auf der Hand: ohne eine offizielle Präsentation durch den spanischen Staatschef ist die Ernennung eines Bischofs nicht möglich. Sie ist „presupposto della nomina"[47], „inserita quale elemento constitutivo della provvista agli effetti civili della diocesi spagnola"[48]. Der Papst kann in jedem Fall und zu jeder Zeit, auch wenn er aus der spanischen Liste drei Persönlichkeiten akzeptiert, in Ergänzung dieser Terna weitere Geistliche vorschlagen, und der Staatschef kann ohne Unterschied aus den in dem Dreiervorschlag enthaltenen und den vom Papst hinzugefügten Namen einen Geistlichen präsentieren (Art. 4). Alle Verhandlungen sind streng geheim (Art. 5).

Zwischen der Konvention mit Spanien und dem modernen Erinnerungsrecht besteht also ein tiefer rechtlicher Unterschied: hier positive Mitwirkung in der Form der Präsentation, dort bloß negative Beanstandungsmöglichkeit. Demgegenüber ist der praktisch-politische Unterschied, wie Giannini[49] mit Recht hervorhebt, nicht bedeutend. Auch in Spanien kann niemand ohne die Zustim-

---

[46] Dieser für die vorliegende Untersuchung besonders wichtige Artikel lautet im Originaltext:

„3. — Si el Santo Padre, en su alto criterio, no estimase aceptables todos o parte de los nombres comprendidos en la lista, de suerte que no pudiera elegir tres o ninguno de entre ellos, de propia iniciativa, completará o formulará una terna de candidatos comunicándola, por el mismo conducto, al Gobierna Español.

Si éste tuviera objeciones de carácter politico general que oponer a todos o a algunos de los nuevos nombres las manifestará a la Santa Sede.

En caso de que transcurriesen treinta dias desde la fecha de la susodicha communicación sin una respuesta del Gobierno, su silencio se interpretará en el sentido de que éste no tiene objeciones de aquella indole que oponer a los nuevos nombres; quedando entendido que entonces el Jefe del Estado presentará sin más a Su Santidad uno de los candidatos incluidos en dicha terna.

Por el contrario, si el Gobierno formula aquellas objeciones, se continuarán las negociaciones, aun transcurridos los treinta dias."

[47] Giannini, Convenzione, S. 143.

[48] Petroncelli, Polemica, S. 4. In dieser Besonderheit, durch die sich die spanische Regelung von allen übrigen Politischen Klauseln abhebt, erblickt Petroncelli aaO. eine Bestätigung seiner Ansicht, daß nach den anderen Abmachungen eine staatliche Erinnerung den Papst rechtlich nicht hindern kann, den beanstandeten Kandidaten trotzdem zu ernennen. Es ist richtig, daß nur die Konvention mit Spanien dem Staatsoberhaupt ein positives Mitwirkungsrecht einräumt. Petroncelli scheint indessen zu übersehen, daß der Papst auch auf andere Weise als durch Gewährung solcher Mitwirkungsbefugnisse sich rechtlich binden kann, einen dem Staat mißliebigen Kandidaten nicht zu ernennen: durch Gewährung eines Veto- oder Einspruchsrechts, das im Recht der Mindergenehmheit inhaltlich unbegrenzt, im System der Politischen Klausel stets auf staatspolitische Bedenken beschränkt ist.

[49] Convenzione, aaO. S. 143.

mung des Papstes zum Bischof erhoben werden[50]. Es besteht sogar eine doppelte Sicherung gegen die Einführung von Kandidaten, die der Kirche nicht genehm sind: Zunächst können Geistliche nur in einem „principio de acuerdo", d. h. nur mit Zustimmung des Nuntius auf die Liste gelangen. Das erinnert an den „commun accord" der Abmachungen mit Rumänien und Ecuador[51]. Bei solchen Verhandlungen, deren Gegenstand Angelegenheiten des innerkirchlichen Bereichs sind, pflegt die Stellung des kirchlichen Vertreters sehr stark zu sein, wie sogar die Memoiren des Pariser Nuntius Ferrata aus den Jahren 1891–1896 bestätigen, obwohl seine Verhandlungspartner die oft nicht gerade kirchenfreundlichen Vertreter der französischen Dritten Republik waren[52]. Es dürfte deshalb dem Nuntius in Madrid ohne Schwierigkeit gelingen, wenigstens drei der Kirche genehme oder sogar von ihr bevorzugte Geistliche auf die Liste zu bringen, so daß der Papst aus diesen die Terna für den Staatschef bilden kann, ohne in der Regel zu dem Aushilfsmittel (der zweiten Sicherung) greifen und Personen in den Dreiervorschlag bringen zu müssen, die die spanische Liste noch nicht enthält. Zudem kann er außerhalb der Terna das Augenmerk des Staatschefs auch noch auf andere, besonders geeignete Kandidaten richten und ihm deren Wahl nahelegen, falls es dem Nuntius nicht gelungen sein sollte, einen oder mehrere Favoriten der Kurie auf die Liste zu bringen. Dabei gibt das dauernde Dazwischentreten des Nuntius bei Übermittlung der Listen diesem häufige Gelegenheit, seinen Einfluß geltend zu machen. Schon daraus ist ersichtlich, daß der diplomatischen Tätigkeit beim spanischen Präsentationsrecht wie überhaupt beim politischen Bedenkenrecht besondere Bedeutung zukommt; das gilt vor allem, wenn von staatlicher Seite Einwendungen und Schwierigkeiten gemacht werden; darauf ist unten[53] des näheren einzugehen.

---

[50] Wie schon der päpstliche Dreiervorschlag an das ebenfalls durch eine Dreierliste beschränkte Wahlrecht der preußischen Domkapitel erinnert, so liegt es nahe, zur Bewertung der spanischen Regelung überhaupt Formulierungen von Stutz (Konkordat und Codex, aaO. S. 702) mutatis mutandis zu übernehmen, die bei Stutz auf das genannte Kapitelwahlrecht gemünzt sind: Das spanische Präsentationsrecht ist „nur eine Abwandlung des Satzes des Codex: Episcopos libere nominat Romanus Pontifex, verbunden mit einer Verbeugung" vor der spanischen Tradition und General Francos Verdiensten um die spanische Kirche.
[51] Dazu vgl. oben S. 177 ff.
[52] S. oben S. 46.
[53] S. 199 ff.

Der gekennzeichnete Eindruck verstärkt sich noch, wenn wir die Rolle der Politischen Klausel im spanischen Besetzungsgeschäft genauer ins Auge fassen. Sie unterscheidet sich nicht wesentlich von ihren Geschwistern in den übrigen staatlich-kirchlichen Vereinbarungen der letzten Jahrzehnte. Der Staatschef kann sich ihrer gegen Kandidaten des päpstlichen Dreiervorschlags bedienen, die nicht in der spanischen Sechser-Liste enthalten sind. Wie alle anderen Staatsregierungen ist auch er dabei auf Bedenken allgemeinpolitischer Natur beschränkt. Im Streit um die materielle Zulässigkeit der erhobenen Erinnerung ist das Quis iudicabit hier nicht anders als sonst, d. h. im Sinne des päpstlichen Prüfungsrechts, zu beantworten. Was die rechtliche Tragweite der spanischen Bedenkenäußerung angeht, so bedarf es nach dem Vorhergehenden keiner weiteren Ausführungen, daß ihr die Durchschlagskraft eines Veto- oder Einspruchsrechts zukommt, und sie darin den Klauseln der Abmachungen mit Portugal, Preußen, Rumänien und des Modus vivendi mit Ecuador an die Seite zu stellen ist.

2. Eindeutig unverbindliche Erinnerungsrechte

Die alternative Frage, ob der Kurie oder der Staatsregierung das letzte Wort über erhobene Bedenken zusteht, die Frage nach der rechtlichen Tragweite also, ist in dem „Aide-mémoire" für Frankreich, in den Konkordaten mit Lettland, Baden, Österreich, Portugal, im portugiesischen Missionsvertrag sowie im jugoslawischen Konkordatsentwurf zugunsten der Kurie entschieden. Danach teilt der Hl. Stuhl den Namen des in Aussicht Genommenen der Regierung mit, nicht, „um festzustellen, daß (pour s'assurer que)" keine politischen Bedenken bestehen, sondern „um zu erfahren, ob (pour savoir si)" der Staat Gründe politischer Art gegen die Ernennung geltend zu machen hat[54]. Damit ist unmißverständlich und unbestritten[55] zum Ausdruck gebracht, daß sich hier der Papst die Entscheidung vorbehalten hat, ob der betroffene Geistliche damit von der Beförderung zum Bischofsamt ausscheidet, oder ob er trotz der staatlichen Einwendungen ernannt werden soll. Das haben die genannten Staaten anerkannt. Die Befragung der Regierung ist infolgedessen gewissermaßen nur ein

---

[54] Vgl. den Wortlaut oben S. 70 ff Anm. 34 und 36.
[55] Auch Weber, Politische Klausel, S. 92 kommt zu dem gleichen Ergebnis.

2. Eindeutig unverbindliche Erinnerungsrechte

konkordatsrechtlich gesicherter Teil des kirchlichen Informativprozesses im weiteren Sinn. Diese Auffassung wird in den Zusatzprotokollen zum badischen und österreichischen Konkordat[56] ausdrücklich bestätigt. Dort ist übereinstimmend festgelegt, daß im Fall einer staatlichen Bedenkenäußerung zunächst versucht werden soll, gemäß der Freundschaftsklausel zu einer Einigung zu gelangen. Schlagen diese Verhandlungen fehl, so ist der Hl. Stuhl frei, die Besetzung des betreffenden Bischofssitzes nach seinem Ermessen zu vollziehen.

insbesondere: Das Reichskonkordat 1933

Für die eben zur Macht gelangten Gewalthaber des totalitären NS-Regimes war das Reichskonkordat vom 20. Juli 1933 weniger eine kirchenpolitische Befriedungsaktion als ein Prestigeerfolg. Die neue Staatsführung, der zu jenem Zeitpunkt noch die Eierschalen und der Makel ihrer illegalen Herkunft anhafteten, gewann durch diese Verständigung mit der ältesten moralischen Großmacht im Innern an Boden und erwies sich damit gleichzeitig im Kreise der europäischen und außereuropäischen Mächte als vertragsfähig und vertragswürdig[57]. Die Tatsache des Abschlusses war für den staatlichen Partner wichtiger als der Inhalt des Vertrages, den man schon vor der Ratifikation für bald revisionsbedürftig hielt, wie vorlaute Parteistimmen ausplauderten[58]. Wenn vermutlich auch auf von langer Hand vorbereitete Projekte zurückgegriffen wurde[59], so machen es die staatlicherseits mit aller Eile betriebenen Verhandlungen doch erklärlich, daß der Konkordatstext an vielen Stellen unzulänglich redigiert ist[60]; die Formulierung der rechtlichen Tragweite seiner Politischen Klausel ist nahezu verunglückt[61].

---

[56] Baden, Zusatzprotokoll zu Art. III Abs. 2; Österreich, Zusatzprotokoll zu Art. IV § 2.

[57] Für die Kurie war das Reichskonkordat die Krönung alter, sich über mehr als ein Jahrzehnt erstreckender Bemühungen. Sie konnte trotz der angedeuteten politischen Rück- und Nebenwirkungen das Ersuchen der Reichsregierung um Abschluß eines Konkordats um so weniger zurückweisen, als ihr bei den ungeklärten kirchenpolitischen Zielsetzungen des Nationalsozialismus eine vertragliche Sicherung ihrer Rechte und Freiheiten besonders erstrebenswert sein mußte.

[58] Bei Arnim Roth, Das Reichskonkordat vom 20. Juli 1933, München o. J. (1933) (eine politische Tendenzschrift des Ludendorff-Verlags) S. 45.

[59] Vgl. Jahrbuch des öffentlichen Rechts 22, 1935 S. 216.

[60] Auch von Weber, Politische Klausel, S. 41, bemerkt.

[61] Ebenso Link, Besetzung, S. 303.

Art. 14 unterstellt in Abs. 1 Satz 1 das konkordatäre Ämterbesetzungsrecht dem Leitsatz: „Die Kirche hat grundsätzlich das freie Besetzungsrecht für alle Kirchenämter und Benefizien ohne Mitwirkung des Staates oder der bürgerlichen Gemeinden ..." und übernimmt damit, wie schon der Wortlaut verrät, die Bestimmung des Art. 137 Abs. 3 Satz 2 der Weimarer Reichsverfassung[62]. Mit diesem Grundsatz ist ein positives Einspruchs-(Veto-)recht des Staates gegen mißliebige Bischofskandidaten nicht vereinbar, wie aus Anlaß der Politischen Klausel des preußischen Konkordats[63] überzeugend nachgewiesen ist[64]. Es ist deshalb in höchstem Maße verwunderlich, wenn der gleiche Art. 14 des Reichskonkordats in Abs. 2 Ziff. 2 eine Politische Klausel formuliert, bei der offensichtlich die entsprechende Bestimmung des preußischen Konkordats Pate gestanden hat, und die deshalb ebenfalls auf ein zwingendes Einspruchsrecht hinzudeuten scheint[65].

Diese offensichtliche Zwiespältigkeit innerhalb des gleichen Konkordatsartikels findet in der soeben vermerkten Eile der Vorverhandlungen ihre einzige, aber natürliche und ausreichende Erklärung. Wenn man sich, wie fast jede Vertragsbestimmung, auch die Politische Klausel als das Ergebnis eines Ringens der kirchlichen und staatlichen Auffassung vorstellen darf, wobei in diesem Fall die Kurie allerdings die stärkeren Gewichte in die Waagschale zu werfen hatte[66], so wird man sagen dürfen, daß die Politische Klausel des Reichskonkordats sich in einem Augenblick kristallisiert hat, in dem das Ringen noch nicht zu einem eindeutigen Ende im Sinne des Obsiegens eines Verhandlungspartners oder eines echten Kompromisses gelangt war; in einem Augenblick freilich, in dem die staatlichen Prätentionen ein unbezweifelbares Übergewicht besaßen. Es ist nicht zu bestreiten, daß die Klausel in der Ausprägung des Art. 14 Abs. 2 Ziff. 2 für den staatlichen Standpunkt stärkste Argumente enthält. Doch gibt der anfangs angeführte Leitsatz des Art. 14 zu Zweifeln Anlaß. Wenn er auch von sich aus nicht im-

---

[62] Vgl. oben S. 16 Anm. 30.
[63] Dazu vgl. oben S. 179 ff.

[64] Statt anderer Mörsdorf, Besetzungsrecht, S. 138 f. und 101 ff. mit weiteren Schrifttumshinweisen.

[65] Vgl. den Wortlaut der Klauseln beider Konkordate o. S. 71 Anm.

[66] Weil es sich primär um eine Angelegenheit ihres Hoheitsbereichs handelt; das beweist auch der Erfolg: die auffallende Gleichförmigkeit der Politischen Klauseln; darüber ist früher S. 72 ff. gesprochen worden.

2. Eindeutig unverbindliche Erinnerungsrechte

stande ist, die staatliche Position umzuwerfen, so zeigt sich doch, daß auch der kuriale Standpunkt sich bis in den Wortlaut des gleichen Konkordatsartikels durchgesetzt hat, in der Politischen Klausel freilich durch den Anspruch des Staates in den Schatten gestellt wird. Nach der Paraphierung, mit der die Reichsregierung ihren eigentlichen Konkordatszweck so gut wie erreicht und den innen- und außenpolitischen Erfolg und Prestigegewinn unter Dach und Fach gebracht hatte, blieb Zeit, den Kampf um die widerspruchsvolle Regelung des politischen Erinnerungsrechts wieder aufzunehmen und zum Austrag zu bringen. Hier hat der staatliche Partner von seiner Forderung abgehen und die in der ihm günstigen Formulierung des Art. 14 Abs. 2 Ziff. 2 erlangte Befugnis preisgeben müssen. Denn das endgültige Ergebnis enthält der lapidare Satz des Schlußprotokolls: „**Ein staatliches Vetorecht soll nicht begründet werden.**"

Werner Weber und Ernst Rudolf Huber wollen trotzdem an einem zwingenden Ausschließungs-(Veto-)recht des Staates festhalten[67], indem sie der Aussage des Schlußprotokolls ihr entscheidendes Gewicht nehmen. Huber[68] spricht von „Feinheiten der kurialen Amtssprache", die, wie er ohne weitere Begründung meint, nicht darüber hinwegtäuschen könnten, daß die Ernennung eines beanstandeten Bischofs unzulässig sei und vom Staat nicht anerkannt zu werden brauche. Weber will, wie er an anderer Stelle[69] festgefügte Rechtsbegriffe wie „politische Bedenken" und „Mindergenehmheit" in einem Spiel mit Äquivokationen zu erweichen versuchte[70], hier sich den Konsequenzen des Schlußprotokolls auf ähnliche Weise entziehen[71]: trotz Ablehnung des Vetos durch den Zusatz des Schlußprotokolls behauptet er ein zwingendes Einspruchsrecht; denn bei einem „echten" Veto, wie es durch das Schlußprotokoll zurückgewiesen sei, handele es sich um mehr als um einen zwingenden Ausschließungsakt; es setze den Staat als „Mitträger der Bischofsernennung" voraus, der Bischof also „auch aus staatlicher Autorität sein Amt erlange". Die Bemerkung des Schlußprotokolls: kein Vetorecht habe nur den Sinn, die Abwesenheit dieser Rechtselemente

---

[67] Ebenfalls Hilling, Besprechung von Werner Weber, Die politische Klausel in den Konkordaten, AkKR 120, 1940 S. 137.
[68] Verfassungsrecht des Großdeutschen Reiches, S. 505.
[69] Politische Klausel, S. 34.
[70] Vgl. dazu oben S. 59 f.
[71] Politische Klausel, S. 98.

festzustellen, und, wie er vorher[72] erklärt hat, daran zu erinnern, daß hier kein inhaltlich unbegrenztes Beanstandungsrecht niedergelegt sei. Mit letzterem verträgt sich allerdings nicht die spätere Bemerkung, daß auch das ius exclusivae der deutschen protestantischen Fürsten (das doch inhaltlich unbegrenzt war[73]!) „kein absolutes Veto" gewesen sei[74]. Im übrigen meint Weber, die Bestimmung des Schlußprotokolls habe „bloß akzessorischen Charakter" und könne schon deshalb nicht die Hauptbestimmung in Art. 14 Abs. 2 Ziff. 2 modifizieren[75].

Schon nach dieser Gegenüberstellung der von Weber und Huber unternommenen Ausdeutungsversuche mit dem Wortlaut des Zusatzes im Schlußprotokoll könnten wir, wie Petroncelli[76], es dem Leser überlassen, sich hieraus sein eigenes Urteil zu bilden, überzeugt, daß der deutsche Leser ebensogut wie der Italiener wissen würde, welche Seite den Konkordatstext bagatellisiert: die „Front der kirchlich orientierten Juristen"[77] oder Weber und Huber. Doch ist es der Streitgegenstand wert, tiefer in ihn einzudringen und die genannten Verfasser im einzelnen zu widerlegen.

Es ist eine Kette von Mißverständnissen. Eine Redensart wie „Feinheiten der kurialen Amtssprache", die einen so in die deutsche staatskirchenrechtliche Fachsprache eingebürgerten Rechtsbegriff wie „staatliches Vetorecht" abtun will, richtet sich selbst. Das gleiche gilt von der Bemerkung, das Schlußprotokoll habe gegenüber dem „eigentlichen" (!) Konkordat „bloß akzessorischen Charakter"; denn die Konkordatspartner selber erklären es als „einen integrierenden Bestandteil des Konkordats selbst"[78]. Es sollte nicht notwendig sein, mit philologischer Akribie die Wortgeschichte und die Grundbedeutung[79] von „integrierend" vor Augen zu führen, um nachzuweisen, daß dieser Ausdruck hier nichts anderes besagen

---

[72] aaO. S. 97 f.
[73] Vgl. oben S. 31 f.
[74] Dieses unter Berufung auf Stutz, Kirchenrecht, aaO. S. 449 und Bischofswahlrecht, S. 73, der dort genau das Gegenteil sagt. Auch verwendet Weber „absolutes" und „unbeschränktes" Veto in der gleichen Bedeutung, während Stutz zwischen beiden Begriffen, die einander ausschließen, streng unterscheidet. Zum ganzen vgl. oben S. 59 ff.
[75] Politische Klausel, S. 99.
[76] Polemica, aaO. S. 9.
[77] So behauptet Weber, Politische Klausel, S. 89.
[78] Vorspruch des Schlußprotokolls.

2. Eindeutig unverbindliche Erinnerungsrechte

kann als wesentlich, zu einem Ganzen n o t w e n d i g gehörend. Ein juristisch interessanteres Argument ist der bisherige Gebrauch in diplomatischen Schriftstücken, der „integrierend" in keiner anderen Bedeutung kennt[80]. Wenn auch zuzugeben ist, daß der Zusatz nicht in der Konsequenz des Haupttextes liegt, so ist seine verbindliche Kraft doch keine geringere; im Gegenteil kommt ihm als der späteren, authentischen Feststellung die ausschlaggebende Bedeutung zu.

Weber[81] kann sie auch nicht durch den Hinweis auf eine ähnliche Wendung entkräften, die sich im Schlußprotokoll zu Art. 9 Abs. 3 Satz 1 des preußischen Konkordats und in Art. VII Ziff. 2 des badischen Konkordats findet. In den genannten Artikeln ist die Berufung der Mitglieder der Domkapitel sowie der Leiter und Lehrer an Diözesanseminaren, für Baden außerdem der Ordinariatsmitglieder und der Dompräbendare, geregelt. Die zuständige kirchliche Stelle hat der Staatsbehörde die Personalien der betreffenden Geistlichen mitzuteilen, damit sich diese vergewissern kann, ob die konkordatsrechtlichen Anforderungen (Reichsangehörigkeit, Hochschulreife, ordnungsmäßiges philosophisches und theologisches Stu-

---

[79] Dazu vgl. u. a. Forcellini, Totius Latinitatis Lexicon, Bd. 3, Prati MDCCCLXV S. 559, aus dem nur eine bemerkenswerte Formulierung aus Tacitus (4 Hist. 81) wiedergegeben sei: „'Elapsos in pravum artus, si salubris vis adhibeatur, posse integrari' h. e. in integrum restitui et sanari". Als integrierender Bestandteil des Konkordats besteht die „heilende" Kraft des Schlußprotokolls darin, daß es die infolge des überstürzten Abschlusses mißlungenen, schiefen Formulierungen des Haupttextes „einrenkt". Als Beispiel für den landläufigen Sprachgebrauch vgl. schließlich Richard Pekrun, Das Deutsche Wort, Rechtschreibung und Erklärung des deutschen Wortschatzes sowie der Fremdwörter, Leipzig 1933, S. 474, wo „integrierend" mit: „zur Vollständigkeit unerläßlich, notwendig" wiedergegeben ist. Nirgends aber ist die Rede von „akzessorisch", wie Weber — ad hoc — den Begriff deutet.

[80] Statt anderer ein naheliegendes Beispiel aus dem gleichen Sachgebiet: Als Niebuhr am 18. Juli 1821 die Bulle De salute animarum und das Breve Quod de fidelium seiner Regierung zugehen ließ, betonte er in dem Begleitschreiben vom gleichen Datum, daß das Breve „einen i n t e g r i e r e n d e n Theil der Verhandlungen bilde" (bei Friedberg, Bischofswahlen, I S. 59). Den gleichen Sachverhalt hatte er in der Note vom 20. März 1821 an Consalvi zum Ausdruck gebracht, in der er die Zustimmung Preußens zum Erlaß einer Zirkumskriptionsbulle und eines Breve erklärte und dabei unterstrich, daß letzteres einen wesentlichen Bestandteil, „un bref, formant une partie essentielle des actes constitutifs de ces chapitres" bilden müsse (Friedberg, Bischofswahlen, I S. 58; der französische Text: II S. 25).

[81] Politische Klausel, S. 97 f.

dium und bei Lehrern an kirchlichen Hochschulen die für Universitäten vorgeschriebene wissenschaftliche Eignung) gegeben sind. Diese Anstellungsvoraussetzungen sind zwingend, so daß ein Geistlicher, der sie nicht erfüllt, ohne weiteres für die bezeichneten Ämter untauglich ist[82] und es dazu keiner staatlichen Erinnerung bedarf. Durch die Anzeige bei der Staatsbehörde soll lediglich die genaue Erfüllung der Konkordatsvorschrift gesichert, nicht aber dem Staat die Möglichkeit gegeben werden, den Geistlichen sonstwie zu beanstanden. Das meint die in beiden Konkordaten gleichlautende Klausel: „Ein staatliches Einspruchsrecht (un diritto di veto) wird hierdurch nicht begründet". Damit soll natürlich nicht die Rechtsverbindlichkeit der vereinbarten Anforderungen geleugnet werden; wenn der Staat ihre Nichtachtung wahrnimmt, bleibt es ihm unbenommen, dagegen Verwahrung einzulegen. Das ist nicht die Betätigung irgendeines Erinnerungsrechts, sondern nur die Zitierung der Abmachungen, die Rüge einer Vertragsverletzung, wie sie bei jeder vereinbarten Vorschrift möglich und üblich ist. Nichts weiter. Hier mit Weber eigens von einem „Beanstandungsrecht" des Staates sprechen zu wollen, wäre ebenso unrichtig und sinnlos als wenn man den Parteien jedes beliebigen Vertrages ein solches, schon mit dem Vertrag von selbst gegebenes Recht der Bemängelung von Vertragsverletzungen als ein Plus besonders zulegen wollte. Die aufgezählten Erfordernisse sind klar, eindeutig und fest umrissen; es fehlt jeder Spielraum, in dem sich ein eigenes Erinnerungsrecht der Staatsbehörde bewegen könnte. Dieses setzt begrifflich immer eine subjektive, wenn auch gegebenenfalls beschränkte Bewegungsfreiheit in der Motivation auf Seiten des Berechtigten voraus. Das staatliche Prüfungsrecht der angezogenen Konkordatsbestimmungen entbehrt jedes über diese tatbestandsmäßigen Normierungen hinausgreifenden Spielraums und läßt sich deshalb in keiner Weise mit dem Recht der Mindergenehmheit oder dem politischen Bedenkenrecht vergleichen. Ein Einspruchs(Veto-)recht gegen Domkapitulare, kirchliche Hochschulprofessoren usw. wäre infolgedessen nicht mehr das vereinbarte Prüfungsrecht, sondern etwas qualitativ Neues, ein Sprung auf eine andere Ebene. Dieses Neuartige aber will die im preußischen und badischen Konkordat gleichlautende Klausel ver-

---

[82] Nur bei kirchlichem und staatlichem Einverständnis kann von den drei erstgenannten Erfordernissen abgesehen werden.

2. Eindeutig unverbindliche Erinnerungsrechte

hindern, nicht nur einen quantitativen Erweiterungs- und Ausdehnungsprozeß unterbinden, wie Weber anzunehmen scheint[83].

Die ungezwungene Auswertung dieser Bestimmung für die Politische Klausel des Reichskonkordats vermag deshalb nichts zu erbringen, was die vorgetragene Auffassung erschüttern könnte. Der Zusatz des Schlußprotokolls wird dadurch in seiner Bedeutung nicht beeinträchtigt. Im Gegenteil können wir getrost die verglichenen Formeln nebeneinander stellen; der gleiche Wortlaut verkörpert den gleichen Gedanken: Der Staat hat nicht das Recht, einen Kandidaten von sich aus zu Fall zu bringen.

„Ein staatliches Vetorecht soll nicht begründet werden." Eine Wortinterpretation muß sich bewußt sein, daß nicht ein beliebiger Begriff angeschlagen ist, sondern der staatskirchenrechtliche Ausdruck der bestimmten geschichtlichen Befugnis des Staates, Bischofskandidaten mit zwingender Wirkung von dem Amt auszuschließen. Wenn irgendwo, dann ist bei der Ergründung solcher mit einer geschichtlichen Hypothek belasteter Begriffe äußerste Sauberkeit am Platze. Weber hat es m. E. daran insoweit fehlen lassen, als er zunächst die grundlegende Unterscheidung zwischen „absolutem" und unbeschränktem" Veto außer acht läßt[84] und die beiden unverwechselbaren Begriffe vertauscht[85], alsdann seine Ausführungen mit einem eigenen, wie er meint, „echten" Vetobegriff bereichert, in welchem die von der Diplomatie und Kirchenrechtswissenschaft überlieferte Auffassung in ihr Gegenteil verkehrt ist[86], und sich am Ende gar auf Ulrich Stutz beruft, der an den von Weber zitierten Stellen gerade die stärksten Argumente gegen Weber bereitstellt[87]. Auch diese Reihe folgenschwerer Mißdeutungen vermag nicht jene Sisyphosarbeit zu leisten, die sich Weber zum Ziel gesetzt hat: nachzuweisen, daß die Politische Klausel des Reichskonkordats ein staatliches

---

[83] Zu dieser Bestimmung bestand genügend Veranlassung. In ihrer politischen Bedeutung stehen sich die hier in Frage kommenden Berufungen und die Beförderung zum Bischofsamt ziemlich nahe, weshalb staatlicherseits die verständliche Neigung besteht, die beide Gruppen sich beziehenden Befugnisse einander anzugleichen. Vgl. oben S. 53 mit Anm. 60, wo der umgekehrte Fall: Übernahme der für die Besetzung niederer Pfründen geltenden Staatsbefugnisse auf die Einsetzung der Bischöfe in Rede steht.
[84] Politische Klausel, S. 98.
[85] Vgl. schon oben S. 59 f.
[86] Mit aller Ausführlichkeit wurden die überkommenen Begriffe oben S. 61 ff. entwickelt und nachgewiesen.
[87] Vgl. oben S. 63 mit Anm. 37.

Einspruchsrecht (= Vetorecht im Sinne der hergebrachten fachmännischen Ausdrucksweise) zum Inhalt habe, obwohl laut der authentischen Feststellung beider Konkordatspartner „ein staatliches Veto" n i c h t vereinbart worden ist.

Zusammenfassend ist hervorzuheben, daß diese Wendung keine nur einschränkende und begrenzende Modifikation ist, die etwas Selbstverständliches nur „noch einmal in Erinnerung zu rufen"[88] hätte, sondern ein essentieller, „integrierender" Zusatz, der dem widerspruchsvollen Wortlaut des Art. 14 (Abs. 1 Satz 1 im Vergleich zu Abs. 2 Ziff. 2) einen ganz bestimmten Sinn und konkreten juristischen Inhalt gibt: Staatliche Einwendungen haben keine zwingende Durchschlagskraft; der Papst bleibt frei und kann den beanstandeten Kandidaten trotzdem ernennen. Die Eile, mit der die staatliche Seite den Abschluß betrieben hatte, hat sich damit höchst wirksam gerächt. So ist es dazu gekommen, daß für die Frage der Tragweite der Politischen Klausel des Reichskonkordats nicht mehr der paraphierte Text, sondern der Zusatz des Schlußprotokolls die bedeutendste und interessanteste Regelung darstellt. Ihre juristische Überlegenheit über die Fiktionen der gekennzeichneten Auslegungsversuche ist in ihrer lapidaren Formulierung eindringlich dokumentiert: „Ein staatliches Vetorecht soll nicht begründet werden."

3. Die Tragweite der übrigen Politischen Klauseln

Aus der Zeit nach dem ersten Weltkrieg liegen bis heute 18 konkordatäre Abmachungen vor, die eine Politische Klausel enthalten. Auf den vorangegangenen Seiten wurden 13 Klauseln besprochen, aus deren Wortlaut ohne Schwierigkeit die Rechtswirkungen einer staatlichen Bedenkenäußerung abgelesen werden können: in fünf Fällen hat der staatliche Standpunkt sich im Sinne eines zwingenden Einspruchsrechts Geltung verschafft[89]; in acht Klauseln hat sich die Auffassung der Kurie: nur unverbindliches staatliches Erinnerungsrecht, durchgesetzt[90]. Aus dem Text der übrigen Abmachungen kann nicht mit vollständiger Sicherheit entnommen

---

[88] Weber, Politische Klausel, S. 98.
[89] Vgl. oben S. 176—186.
[90] Vgl. oben S. 186—194. Das Bild verändert sich noch zugunsten des kurialen Standpunkts, wenn man auch die drei ältesten Politischen Klauseln der Konkordate mit Montenegro, Kolumbien und Serbien (vgl. oben S. 63 ff.) einbezieht, in denen nur ein unverbindliches Erinnerungsrecht grundgelegt ist.

werden, ob sich der Hl. Stuhl im Sinne der erstgenannten Klauselgruppe zur Berücksichtigung politischer Bedenken verpflichtet hat, oder ob er, wie nach den letztgenannten Vereinbarungen, einen staatlicherseits bemängelten Kandidaten gleichwohl in das Bischofsamt einsetzen kann.

Die maßgebliche Wendung lautet in den Abmachungen mit Bayern, Polen, Litauen, der Tschechoslowakei und Italien, daß der Hl. Stuhl sich vor Ernennung der Bischöfe an den Staatspräsidenten bzw. die Regierung wenden werde, „um sich zu versichern, d a ß von seiten des Staates keine Bedenken politischer Art gegen die beabsichtigte Ernennung zu erheben sind[91]. Im Vergleich zu der unverbindlichen Formulierung „um zu erfahren, o b" eignet diesen Fassungen immerhin eine größere Strenge und die unverkennbare Tendenz, gegenüber dem subjektiven Ermessen des Hl. Stuhles die Bedeutung und das Ergebnis der objektiven Feststellung als ein schwerwiegendes Moment in die Wagschale zu werfen[92]. Andererseits hat sich der Hl. Stuhl, wie Mörsdorf[93] mit Recht hervorhebt, nur zu einer A n f r a g e nach politischen Bedenken (im italienischen Konkordat: zur Mitteilung des Namens des in Aussicht Genommenen) verpflichtet, nicht, wie etwa im preußischen Konkordat, zu der Bindung herbeigelassen, einen Kandidaten nicht zu bestellen, wenn gegen ihn politische Bedenken vorliegen. Der letztgenannte Sachverhalt gibt bei der rechtlichen Bewertung der genannten Klauseln den Ausschlag. Das gilt für das bayerische Bedenkenrecht schon deshalb, weil die Ernennung bereits vor der An-

---

[91] Die Originaltexte sind oben S. 70 f. Anm. 36 wiedergegeben.

[92] Wehlitz, Kongregation, aaO. S. 240 Anm. 13, sieht in dieser Formulierung „eine ziemlich bindende Zusage" des Hl. Stuhles an die bayerische Staatsregierung, daß die geäußerten Bedenken auch wirklich berücksichtigt werden. Um die Tragweite des im Konkordat mit Italien niedergelegten Erinnerungsrechts herrscht unter den italienischen Juristen und Kanonisten heftiger Streit (Giannini, Convenzione, aaO. S. 144 Anm. 7). Vor allem sind es del Giudice, Corso, S. 289 und Mario Falco, Coroso di diritto ecclesiastico, 2. Aufl. Padua 1933, Bd. II S. 112 f. (vgl. Weber, Politische Klausel, S. 90 Anm. 9), die für ein verbindliches Einspruchsrecht des Staates eintreten; auf der Gegenseite steht u. a. Petroncelli mit seinem oben S. 173 Anm. 3 zitierten Werk und dem Aufsatz Polemica aaO. S. 5.

[93] Besetzungsrecht, S. 115, in bezug auf das bayerische Konkordat und in Übereinstimmung mit Huber, Verträge, S. 190; Hilling, Das bayerische Konkordat, Hochland 1925 S. 678; Koeniger, Konkordate, S. 236 Erl. 175 b; Föhr, Konkordat... Baden, S. 38; Roedel-Paulus, Reichskirchenrecht, S. 78 f.; Scharnagl, Die neuen deutschen Konkordate und Kirchenverträge, Klerusblatt 1933, Literarische Beilage S. 6 f. (bei Weber, Politische Klausel, S. 90 Anm. 4).

frage an die Staatsregierung und sonach unabhängig von ihr erfolgt ist und nur im Hinblick auf die staatliche Stellungnahme später veröffentlicht wird. Der Text der genannten Klauseln ist zu schwach, um darauf eine ausdrückliche Bindung des Hl. Stuhles zur unbedingten Berücksichtigung der vorgebrachten Bedenken ableiten zu können.

Trotzdem bleibt zu bemerken, daß der Wortlaut nicht unbedingt eindeutig ist[94]. Man kann sich nicht ganz des Eindrucks erwehren, daß die Partner dieser Abmachungen, wie Weber zu erkennen glaubt, das Bestreben hatten, „zunächst ein gewisses Gleichgewicht zu halten und die eigentliche Entscheidung über den Ausschlag nach der kirchlichen oder der staatlichen Seite auf später zu vertagen"[95], eine Ansicht, die sich für die hier besprochenen staatlichen Bedenkenrechte nicht ohne weiteres von der Hand weisen läßt. Es ist deshalb erfreulich, daß diese so sehr umstrittene Formulierung seit 1929 keine Verwendung gefunden hat.

4. Keine Exequaturfunktion der staatlichen Bischofseide

Die Konkordate und Abmachungen mit Lettland (Art. V), Polen (Art. XII), Litauen (Art. XII), der Tschechoslowakei (Art. V),

---

[94] Mörsdorf, Der neueste Stand, aaO. S. 722, spricht von einer „moralischen Verpflichtung" des Hl. Stuhles; nach Eichmann, Kirchenrecht, I S. 258, wird es „zwar loyal, aber keineswegs zwangsläufig sein, daß die Ernennung im Falle eines begründeten Einwandes zurückgenommen wird"; Link, Besetzung, S. 301 f., sieht hier „vom rein formaljuristischen Standpunkt aus betrachtet", eine Lücke und verweist auf die Freundschaftsklausel. Zu den Politischen Klauseln des lettischen, polnischen und litauischen Konkordats äußert sich Gefaeller, Kirchenrechtliche Änderungen, S. 50: „Die Konkordate sagen nichts darüber, ob die Kurie etwa geäußerten politischen Bedenken stattzugeben hat ... Eine Schlichtung etwaiger Meinungsverschiedenheiten wird also auf dem üblichen diplomatischen Weg zu erfolgen haben"; Capello, De natura concordatorum, aaO. 1928 S. 17, nimmt für das litauische Konkordat nachdrücklich die Unverbindlichkeit der politischen Bedenken in Anspruch, während Grübel, Die Rechtslage der römisch-katholischen Kirche in Polen, S. 32, unter Hinweis auf Kazimierz Blaszcynski, Konkordati i jego wykonanie (Das Konkordat und seine Ausführung), Posen 1928, S. 45, zur Annahme eines rechtlich zwingenden Charakters der von Polen erhobenen Einwendungen neigt. Im polnischen Parlament, vor allem im Senat, wurde dagegen ausgeführt, daß die Klausel noch keine Anerkennung eines absoluten Vetorechts des Staates enthalte (Grübel aaO.). Auch Bednorz, Concordat de Pologne, S. 50 f. (Weber, Politische Klausel, S. 91) spricht sich gegen ein staatliches Vetorecht aus. Ebenfalls stellt J. Fries, Vergleich zwischen dem bayerischen und dem polnischen Konkordat, Erlanger jur. Diss., München 1930, S. 58, in dieser Frage keinen Unterschied zwischen beiden Konkordaten fest.

[95] Weber aaO. S. 95.

4. Keine Exequaturfunktion der staatlichen Bischofseide

Italien (Art. 20), Rumänien (Art. VI), dem Deutschen Reich (Art. 16) und der jugoslawische Konkordatsentwurf (Art. IV) schreiben einen staatlichen Treueid vor, den die neuernannten Bischöfe vor der Besitzergreifung ihres Bistums zu leisten haben[96]. Vorher dürfen sie nach konkordatärem Recht ihre Amtstätigkeit nicht aufnehmen. Nun glaubt Weber, der Staat könne einen ernannten Bischof durch Verweigerung der Eidesabnahme vom Eintritt in die Ausübung seines Amtes ausschließen[97]. „Spätestens im Stadium der Eidesleistung müßte sich deshalb der Vatikan davon überzeugen, daß er sich über die politische Erinnerung des Staates nicht hinwegsetzen kann und darf[98].

An keiner Stelle der Weberschen Arbeit zeigt sich der Anachronismus seiner Bemühungen und Ergebnisse handgreiflicher als hier. Das staatliche Exequatur, Placet oder wie man es nennen will, unterscheidet sich in der Sache nicht von jenem Bestätigungsrecht, das die Landesherrn vielfach noch im vorigen Jahrhundert nach vollzogener Wahl durch eigens dazu abgeordnete Kommissare wahrnehmen ließen[99]. Beide sind eine außerhalb des vereinbarten Rechts liegende Einmischung des Staates. Auch für die von Weber behauptete Exequaturfunktion der Bischofseide gilt in vollem Umfang, was Ulrich Stutz schon in seinem 1909 erschienenen Bischofswahlrecht mit Bezug auf die landesfürstliche Bestätigung von dieser „nutzlosen Einrichtung"[100] gesagt hat:

Sie „würde die Wahl weder kirchenrechtlich noch vom Standpunkt der Vereinbarung aus nichtig machen"[101]. „Sicher ist ..., daß

---

[96] Vgl. oben S. 127 ff.

[97] Ähnlich bereits Falco, Corso, II S. 144: „... che il vescovo nominato senza l'accordo con il governo non puó e s e r c i t a r e in suoi poteri, sicché l'atto di nomina rimane inefficace".

[98] Politische Klausel, S. 103. — Huber, Staat und Bischofsamt, aaO. S. 166, findet hierin eine „glänzende wissenschaftliche Entdeckung", erhebt aber die „schwierige Frage", ob die Eidesleistung nur Voraussetzung für die staatliche Anerkennung oder auch für die Ausübung der bischöflichen Weihe- und Jurisdiktionsgewalt sei; er macht auch auf die hier schlummernden Konfliktmöglichkeiten aufmerksam und erinnert an die „anschaulichen" Lehren des Kulturkampfes, aus denen allerdings jedermann gelernt haben sollte, wie wenig „glänzend" und fruchtbar die Erfolge solcher Kirchenpolitik sind.

[99] Diese Gewohnheit war schon im ausgehenden 19. Jahrhundert nur noch Formsache, soweit sie nicht überhaupt längst weggefallen war. Rampolla hatte in seinem bereits mehrfach angezogenen Erlaß vom 20. Juli 1900 den Kapiteln untersagt, um die landesherrliche Bestätigung des Wahlvorgangs nachzusuchen. Vgl. dazu Stutz, Bischofswahlrecht, S. 81 ff.

[100] Stutz, Bischofswahlrecht, S. 83.

[101] aaO. S. 81 Anm. 3.

sie sich als ein Verwaltungsakt mit rein staatlicher Wirkung darstellen und materiell Unrecht sein würde. Denn nach dem vereinbarten Bischofswahlrecht, das der Staat für sich als verbindlich anerkannt hat, beschränkt sich die Mitwirkung der Regierung streng auf das Ausschlußverfahren vor der feierlichen Wahl"[102] bei der Politischen Klausel auf Geltendmachung von „staatspolitischen Bedenken). „... sie ist nichts weiter als eine aus dem preußischen Allgemeinen Landrecht und seinem Staatskirchentum sowie aus der Praxis des 18. Jahrhunderts herübergenommene und zu dem geltenden Recht nicht mehr passende Einrichtung"[103]. — Erst recht muß es heute wenig zeitentsprechend erscheinen, durch die Hintertür des bischöflichen Treueides ein überlebtes Exequatur einführen zu wollen.

Der Versuch ist aber auch juristisch nicht zu rechtfertigen. Die Bestimmungen über den Treueid der Bischöfe haben heute ebensowenig wie im 19. Jahrhundert[104] den Sinn, dem Staat eine zusätzliche Ausschließungsmöglichkeit ernannter oder gewählter Bischöfe in die Hand zu spielen. Damals dachte niemand daran, aus dem Erfordernis der Eidesleistung ein staatliches Exequatur abzuleiten. Hätten die Konkordatspartner in der Gegenwart eine entsprechende Befugnis begründen wollen, so wären die Artikel über das Besetzungsgeschäft der passende Ort dafür gewesen. Ein solches Exequatur wäre etwas wesentlich anderes als etwa ein Einspruchsrecht, wie es Preußen und andere Konkordatsländer erlangt hatten: dieses ist auf Gründe allgemeinpolitischer Art beschränkt und unterliegt insofern dem Nachprüfungsrecht der Kurie; jenes wäre in das freie Belieben des Staates gestellt und würde das politische Bedenkenrecht sprengen. Es ist nicht anzunehmen, daß die Vertragspartner diese in oft jahrelangen Verhandlungen geschaffene Rechtsfigur selbst unterminiert haben.

Ebensowenig kann der Staat seinerseits die Eidespflicht der Bischöfe als Hebel gegen die Politische Klausel verwenden und den komplizierten Vorgang nachträglich zu einer bloßen Farce herabwürdigen. Es fehlt insofern an der vorausgesetzten Konnexität von

---

[102] aaO. S. 81 f.
[103] aaO. S. 82.
[104] Wo mit der Kurie keine Bischofseide vereinbart waren, hatten die Staaten aus eigener Machtvollkommenheit die Eidesleistung der Bischöfe vor ihrem Amtsantritt vorgeschrieben; so z. B. Preußen (vgl. Weber, Politische Klausel, S. 71 f. Anm. 2) und andere deutsche Staaten (vgl. Link aaO. S. 181 ff.).

bischöflicher Eidespflicht und staatlichem Erinnerungsrecht; dieser maßgebliche Umstand würde — nicht schon die Verweigerung der Eidesabnahme — aber die Aberkennung der staatsrechtlichen Folgen, die regelmäßig mit der Besitzergreifung des Bistums eintreten, zum offenkundigen Rechtsmißbrauch stempeln.

Es liegt im alleinigen Interesse des Staates, sich die Bischöfe in lauterer Treue verbunden zu wissen. Ausdruck und Bekräftigung dieses tief persönlichen Bandes zwischen Bischof und Staat ist der Treueid, den jeder Bischof, bevor er sein Amt antritt, zu leisten verpflichtet ist. Nach allgemeinen Rechtsgrundsätzen hat der Staat das in seiner Person erforderliche zu tun, damit sich der Bischof fristgerecht[105] seiner Verpflichtung entledigen kann. Läßt es der Staat daran fehlen, indem er die Eidesabnahme ablehnt, so hat er allein die Unmöglichkeit der Eidesleistung zu vertreten; für den Bischof erwachsen daraus keinerlei Nachteile; er kann mit Ablauf der kanonischen Frist von seiner Diözese Besitz ergreifen, ohne daß ihn der Staat daran hindern dürfte oder die staatsrechtliche Anerkennung zu verweigern berechtigt wäre.

Hat der Papst einen Kandidaten gegen den Widerspruch des Staates ernannt, so mag der staatliche Partner entscheiden, ob er eine Eidesleistung des gravierten Bischofs mit seiner Würde vereinbaren kann oder nicht. Derartige Erwägungen brauchen die kirchliche Seite nicht zu berühren und vermögen erst recht nicht an Sinn und Bedeutung des Treueides zu rütteln. Der Bischof tritt gegebenenfalls, ohne dem Staat Treue geschworen zu haben, sein Amt an. Die Verantwortung für seine Person und die Erfüllung seiner deshalb nicht geringeren Treupflichten übernimmt dann, in erhöhtem Maße, der Hl. Stuhl.

5. Die Freundschaftsklausel

Die Politische Klausel steht als Rechtsnorm und mit dem Willen, einen äußerst umstrittenen Sachverhalt maßgeblich zu entscheiden, in der unausweichlichen Alternative: unverbindliches Erinnerungsrecht oder verbindliches Einspruchsrecht. Diese Frage nach ihrer Tragweite steht über allen Politischen Klauseln und verlangt, während sie inhaltlich miteinander übereinstimmen, für jede eine indivi-

---

[105] Nach c. 333 CIC hat der Bischof innerhalb von vier Monaten von seinem Bistum Besitz zu ergreifen.

duelle Antwort. Es wäre falsch, hier einer klaren Entscheidung im Sinne der genannten Alternative durch den bequemen Hinweis auf die Freundschaftsklausel entwischen zu wollen: die Streitteile hätten in Einigungsverhandlungen zu einer freundschaftlichen Lösung zu gelangen.

Andererseits würde man der komplexen Rechtsgestalt der Politischen Klausel ebensowenig gerecht, wollte man die Erörterung ihrer Tragweite allein unter die antithetische Fragestellung: Veto oder unverbindliches Bedenkenäußerungsrecht stellen. Denn diese unterwirft die Darlegung den Maßstäben eines Normbegriffs, der auf die Politische Klausel nicht paßt. Im Gegensatz etwa zu innerstaatlichen Rechtsetzungen, die ihre Sachgebiete in einer festen Tatbestandsmäßigkeit lückenlos regeln wollen, ist die Politische Klausel für die „staatspolitischen" Erfordernisse des jeweiligen Falles grundsätzlich offen[106]. Die wenig konkrete Umschreibung des materiellen Gehalts der Politischen Klausel und daraus hervorgehende Meinungsverschiedenheiten über die Subsumierbarkeit gegebener Sachverhalte werden häufig eine beiderseitige Verständigung notwendig machen. Regelmäßig wird auch schon die Begründung der Bedenken durch den Staat zu gegenseitiger Fühlungnahme der Vertragsgegner führen. Auch soweit Meinungsverschiedenheiten über die Rechtswirkung einer erhobenen Erinnerung des Staates auftreten[107], sind Einigungsverhandlungen das zweckentsprechende Aushilfsmittel, eine strittige Rechtslage zu klären.

Ma altro è profilo giuridico e altro è quello politico[108], und die Politische Klausel ist eine Konkordatsnorm, die wesenhaft politische Elemente enthält. Hier, in der Möglichkeit umfassender diplomatischer Verhandlungen und Verständigungen sowie der politischen Wachsamkeit beider Vertragsgegner liegen die besten Garantien dafür, daß aus der abstrakten Regelung keine schablonenmäßige Handhabung wird. Ihre letzten und scharfen Umrisse enthält sie deshalb nicht im Blickfeld der Jurisprudenz, sondern in der sublimsten Form politischer Betätigung, der Diplomatie. Das verleiht ihr eine unvergleichliche Elastizität und einen individuellen Reiz – aber auch ein sprödes Widerstreben gegen ihre wissenschaftliche Bearbeitung. Giannini macht darauf aufmerksam, daß praktisch sogar jede Be-

---

[106] Vgl. oben S. 114 ff.
[107] Dazu können besonders die oben S. 194 ff. besprochenen Klauseln Veranlassung geben.
[108] Giannini, Convenzione, aaO. S. 143.

5. Die Freundschaftsklausel

denkenäußerung zu diplomatischen Verhandlungen führen werde, auch dann, wenn die Rechtslage klar ist und der Hl. Stuhl sich zur Berücksichtigung der staatlichen Bedenken nicht verpflichtet hat[109]. Das Gegenteil „rappresenta non un caso normale ma un caso estremo ed eccezionale, anzi eccezionalissimo, perchè determinerebbe indubbiamente un conflitto, cioè quei conflitti che il concordato vuole evitare"[110].

Kirche und Staat haben in allen Meinungsverschiedenheiten und Streitfällen ein gegenseitiges Einvernehmen anzustreben. Da Streitigkeiten zwischen der geistlichen und der weltlichen Gewalt nicht durch Kriege und grundsätzlich auch nicht vor Schiedsinstanzen zum Austrag kommen, ist schon nach völkerrechtlichen Regeln die Verständigung die einzige Möglichkeit, zu positiven Ergebnissen zu gelangen[111]. Darüber hinaus legen die Freundschaftsklauseln[112] den Konkordatspartnern die Pflicht auf, im Falle von Meinungsverschiedenheiten bei der Auslegung oder Anwendung einer Konkordatsbestimmung „im gemeinsamen Einvernehmen eine freundschaftliche Lösung" herbeizuführen[113].

Die Anrufung dieser Einigungsinstanz wird indessen nur dann weiterführen, wenn die Konkordatspartner vom Geist beiderseitigen Vertrauens erfüllt und bereit sind, auf dem Kompromiß des Vertrages weiterzubauen und seine Anwendung jeweils von Fall zu Fall wieder zu „konkordieren". Mehr als alle begriffliche Klärung ist es dieser beherrschende Geist, der eine reibungslose Handhabung der Politischen Klausel gewährleistet.

---

[109] Die spanische Konvention schreibt diplomatische Unterhandlungen bemerkenswerterweise selbst für den Fall vor, daß der Staatschef die Frist ohne Bedenkenäußerung und ohne Präsentation hat verstreichen lassen. Sie will unter allen Umständen einen Konflikt zwischen Kurie und spanischer Regierung vermeiden; vgl. Giannini, aaO. S. 143 und oben S. 183 f. mit Anm. 46 (Art. 3 Abs. 4).

[110] Giannini aaO.

[111] Statt anderer v. Verdroß, Völkerrecht, S. 268.

[112] Sie finden sich in den Konkordaten mit Bayern (Art. 15 § 1), Italien (Art. 44), Rumänien (Art. XXII), Preußen (Art. 13), Baden (Art. XII), im Reichskonkordat (Art. 33 Abs. 2), mit Österreich (Art. XXII Abs. 2), Portugal (Art. XXX) und im jugoslawischen Konkordatsentwurf (Art. XXXVII Abs. 2).

[113] Art. 33 Abs. 2 des Reichskonkordats.

C. Zusammenfassende Würdigung der Politischen Klausel

Zur Bezeichnung jener bedeutungsvollen staatlichen Befugnis, der diese Untersuchung gewidmet ist, steht ein gutes halbes Dutzend Namen zur Verfügung. Wir haben auf den vorausgehenden Seiten vorzugsweise den der Politischen Klausel verwandt; denn das Politische, d. h. das in dem früher näher bestimmten Sinn „Staatspolitische" ist das primäre und hervorstechendste Unterscheidungsmerkmal des modernen Erinnerungsrechts gegenüber anderen, älteren und im ganzen überholten Einfluß- und Mitwirkungsrechten des Staates.

Ein Bischofskandidat kann dem Staat aus vielerlei Gründen unbequem und mißliebig sein: aus partei-, volkstums-, wirtschafts- und sozialpolitischen Rücksichten, aus Gründen der staatlichen Kulturpolitik und des sog. Fortschritts, um nur einige Anlässe zu nennen, aus denen ein zukünftiger Bischof bei den zuständigen Staatsbehörden unbeliebt sein kann. Sie alle können im Regelfall keine Äußerung „politischer Bedenken" rechtfertigen. Nur solche Umstände in der Person des Kandidaten, die dringende Lebensbedürfnisse des Staates in Frage stellen, können zulässigerweise eine staatliche Erinnerung begründen. Das sind in erster Linie die in Art. IV Abs. 2 des tschechoslowakischen Modus vivendi beispielhaft aufgezählten Tatbestände: irredentistische, separatistische, gegen die Verfassung oder die öffentliche Ordnung gerichtete Betätigung des in Aussicht Genommenen. Darüber hinaus ermöglicht aber auch jeder andere Sachverhalt, der wirklich existentielle Staatsbelange gefährdet und deshalb von durchaus „staatspolitischem" Rang ist, die rechtmäßige Ausübung des politischen Bedenkenrechts durch die Staatsregierung. Hierin dürfen wir einen schwachen Widerschein jener umfassenden, faszinierenden „Gloriole" erblicken, die dem grammatisch gleichlautenden, außerkonkordatären Begriff des Politischen eigen ist; eine bemerkenswerte Analogie zu jener Tatsache,

„daß von jedem ‚Sachgebiet' aus der Punkt des Politischen" — in dem außervertraglichen, politischen Sinn — erreicht werden kann[1].

Diese in völkerrechtlichen Verträgen niedergelegte Beschränkung der staatlichen Einwendungen hat zur überaus wichtigen und unleugbaren Folge, daß im Streitfall nicht allein der Staat — obwohl es hier möglicherweise um Bedürfnisse seiner eigenen Existenz geht — über die Berechtigung der erhobenen Beanstandung entscheidet, sondern aus gleichem formalem Recht in ebendemselben Maße auch die Kirche. Doch wird sie im allgemeinen hier dem Votum des Staates ein faktisches Übergewicht einräumen, wegen der Nähe dieser Gegenstände zum staatlichen Lebens- und Sachbereich, und sich darauf beschränken, offensichtlichen Mißbrauch zurückzuweisen. Dieses Recht der Kirche gilt für sämtliche Politischen Klauseln ganz ohne Rücksicht auf die unverbindliche oder zwingende Rechtswirkung der staatlichen Erinnerung und bedeutet deshalb eine mit dem politischen Bedenkenrecht eo ipso gegebene, durch- und vorgängige und höchst bedeutsame Sicherung gegen staatliche Willkür. Der Einfluß des Staates ist deshalb in jedem Fall materiell-inhaltlich relativiert, ganz gleich, wie die davon zu unterscheidenden Rechtsfolgen einer rechtmäßigen politischen Bedenkenäußerung bewertet werden.

Was diese ihre rechtliche Tragweite angeht, so hat die Politische Klausel seit ihrem ersten Auftreten unverkennbar die Tendenz, dem Papst die maßgebliche Entscheidung über das Gewicht der staatlicherseits vorgebrachten Einwendungen vorzubehalten. Das schließt nicht aus, daß die Kurie sich in Einzelfällen zur Berücksichtigung wahrhaft politischer Bedenken verpflichtet hat. Der in dem Wortlaut zum Ausdruck gelangte und deshalb objektivierte Wille der Konkordatspartner ist hier entscheidend, nicht ein konstruktiv vorweggenommenes und mit dem Anspruch auf Allgemeingültigkeit auftretendes theoretisches Urteil.

Die rechtswissenschaftliche Fragestellung darf sich indessen nicht auf die positiven Vertragsnormen beschränken, will sie nicht einem abstrakten Normativismus verfallen, sondern hat auch die situationsbestimmten Beziehungslinien zwischen Kirche und Staat,

---

[1] Carl Schmitt, Begriff des Politischen, S. 43. — Diese Aussage dürfte nach dem oben S. 99 f. und 120, 121 f. mit Anm. 86 Gesagten nicht mehr mißdeutet werden können.

zwischen die das politische Erinnerungsrecht eingespannt ist, in den Kreis ihrer Betrachtung zu ziehen. Die jeweilige konkrete Gestaltung des Verhältnisses dieser autonomen Mächte ist es, die den Einwendungen des Staates eine den derzeitigen politischen Gegebenheiten entsprechende, besondere Färbung, ein je verschiedenes spezifisches Gewicht verleiht. Darauf wurde schon zu Beginn dieser Untersuchung aufmerksam gemacht; das ist hier von neuem hervorzuheben, wo es gilt, mit einer Besinnung auf die praktisch-politische Bedeutung der Politischen Klausel das Bild dieser komplexen Rechtsfigur abzurunden. Denn das politische Bedenkenrecht des Staates ist nicht nur eine rechtliche Erscheinung; das will besagen, daß es als rechtliches Phänomen — wie die Beziehungen zwischen Kirche und Staat überhaupt — nicht nach „rein" juristischen Gesichtspunkten beurteilt werden darf. Vielmehr handelt es sich hier, wie fast immer in diesem Rechtsgebiet, um Beziehungen von solcher Feinheit und Zartheit, die von den Beteiligten mit solcher „Delikatesse" berührt zu werden pflegen, daß sie sich schon deshalb bis zu einem gewissen Grade der Einbeziehung in ein Gefüge von Vertragsbestimmungen entziehen.

Neben der gekennzeichneten juristischen Seite der Politischen Klausel liegt ihr faktisches Gewicht in der grundsätzlich unbegrenzten Möglichkeit von Verhandlungen, die eine staatliche Erinnerung in jedem Fall eröffnet. Über den schon seinerseits grundsätzlich „offenen" Begriff der politischen Bedenken hinaus können an dieser Stelle alle denkbaren Imponderabilien des politischen Lebens in die Erörterung um die Eignung des Kandidaten eingeführt und zur Auswirkung gebracht werden. Diese Verhandlungen sollen im Geist der Konkordate und mit dem Willen zur Verständigung geführt werden, wie ihn beide Vertragsmächte in den Freundschaftsklauseln konkretisiert und als bindende Pflicht übernommen haben. Inwieweit der Staat auf dieser Ebene, auf der Inhalt und Tragweite der Politischen Klausel ihre individuelle Prägung erhalten, erfolgreich ist, wird weitgehend davon abhängen, in welchem Maße er seinerseits die konkordatsrechtlichen Möglichkeiten einer freien Entfaltung von Christentum und katholischer Kirche anerkennt und praktisch würdigt. Die Entfremdung zwischen Staat und Kirche hat entscheidend zur Herausbildung der Politischen Klausel beigetragen; ihre Annäherung würde eine bewußt staatsfreundliche Handhabung der

Klausel rechtfertigen. Daß sie auch ohnehin den staatlichen Bedürfnissen genügt, ist in der Einleitung bereits vermerkt und im Laufe der Arbeit mit besonderem Bedacht herausgearbeitet.

Es kann indessen hier nicht verschwiegen werden, daß auch ein Erinnerungs- oder Einspruchsrecht oder noch weitergehende Befugnisse für den Staat durchaus kein Allheilmittel gegen „politisch unzuverlässige" Bischöfe sind. Es gibt zahlreiche Beispiele dafür, daß Favoriten der Landesherrn die in sie gesetzten Erwartungen in erstaunlichem Maß enttäuscht haben. Die Ausübung schicksalvoller Eingriffe und Mitwirkungsrechte hat sich so häufig gegen den Berechtigten gekehrt und so sinnfällig erwiesen, daß die Staatsgewalt der Voraussetzungen für eine tiefergreifende Beteiligung am Besetzungsgeschäft entbehrt. Das bekannteste Beispiel dieser Art ist die Förderung des Grafen Schaffgotsch durch Friedrich den Großen[2]. Aus neuester Zeit verdient auf den verewigten Bischof von Münster und nachmaligen Kardinal, Clemens August Graf von Galen, hingewiesen zu werden[3].

Das in Konkordatsverhandlungen heiß umstrittene Besetzungsrecht der bischöflichen Stühle hat in der Politischen Klausel eine eminent gesunde und brauchbare Regelung gefunden, die auch in künftigen Konkordaten ein Heimatrecht haben dürfte. Ihr Leitgedanke ist ebenfalls für andere Berührungspunkte des kirchlichen

---

[2] Zum Ganzen vgl. Stutz, Bischofswahlrecht, S. 92 mit Anm. 1 und oben S. 36 Anm. 37; ferner Stutz, Päpstliche Diplomatie, S. 129, wo sich der hervorragende Kenner dieser Materie gegen eine weitgehende Kooperation in der kirchlichen Stellenbesetzung wendet und für den Grundgedanken des Art. 137 Abs. 3 Satz 2 der Weimarer Reichsverfassung (oben S. 16 Anm. 30) eintritt.

[3] Es besteht kein Zweifel, daß 1933 die Zeitumstände zur Erhebung des Grafen auf den Münsterer Bischofsstuhl beigetragen haben. Alles stand ja im Zeichen: „Männer von rechts!" Für einen solchen hielt man den damaligen Pfarrer von St. Lamberti. Die NS-Regierung glaubte, er werde das katholische Volk des Münsterlandes dem neuen Kurs gegenüber günstig stimmen. Es ist aber bekannt, wie Clemens August die Leitung seines Sprengels und die Ausübung des Lehramts über die Bistumsgrenzen hinaus in einem Sinne besorgte, der dem NS-Regime am allerwenigsten zusagte. — Diese Erwägung bestätigt mir in dankenswerter Weise der frühere Geheimsekretär des Bischofs, Monsignore Heinrich Portmann, der den gleichen Gedanken in seiner Schrift Kardinal von Galen, Münster 1948, S. 273, zum Ausdruck gebracht hat: Die höhere Parteiführung baute „auf den ‚Mann von rechts', der die widerspenstigen Schäflein des Westens in die braune Hürde treiben würde". (Portmann ist auch der Verfasser der verbreiteten Biographie „Der Bischof von Münster", Münster 1946.)

und staatlichen Lebens- und Machtbereichs vorbildlich und kann auf eine einleuchtende Formel gebracht werden: Die existentiellen Staatsbelange sollen im Raum der Kirche, die Lebensbedürfnisse der Kirche im staatlichen Hoheitsbereich zur Geltung kommen. Damit ist ein zeitgemäßes und reales Gestaltungsprinzip ausgesprochen, ein durchgängiges Regulativ der im Eigentlichen bereits metajuristischen Zuordnung von Kirche und Staat.

Akten

des ehemaligen Reichs- und Preußischen Ministeriums für die geistlichen Angelegenheiten in Berlin zu den Präzedenzfällen

Aachen (1938) und Fulda (1936)

Der „Fall Aachen" [1])

Akte A. 1 [2]

Das Kathedral-Kapitel   Aachen, den 20. Dez. 1937.

               Excellentiam Vestram
               Reverendissimam

liceat mihi certiorem reddere, capitulum Cathedralis Ecclesiae Aquisgranensis in sessione die 18. h. m. habita ex candidatis propositis R. D. Guilelmum Holtmann, parochum in Kevelaer dioecesis Monasteriensis episcopum Ecclesiae Aquisgranensis elegisse. Gubernio Borussico sequens epistula est missa.

„Ew. Exzellenz

beehren wir uns sehr ergebenst davon in Kenntnis zu setzen, daß das Domkapitel in Aachen in seiner Sitzung vom 18. Dezember gemäß Art. 6 der Bestimmungen der zwischen Preußen und dem Apostolischen Stuhle am 14. Juni 1929 getroffenen Vereinbarung den Herrn Wilhelm Holtmann, Pfarrer in Kevelaer, zum Bischof der Diözese Aachen gewählt hat. Da dem Kapitel die Pflicht obliegt, festzustellen, ob seitens der Regierung Bedenken politischer Art gegen den Gewählten nicht bestehen, bitten wir sehr ergebenst um gefällige Rückäußerung.

                                   Das Domkapitel
(Siegel)   gez. Dr. Sträter
                                     Dompropst

---

[1] Die Originale finden sich in den Akten der geistlichen und Unterrichtsangelegenheiten, Geistliche Abteilung, vom August 1929 ff., XV. Abt., Diözese Aachen, Nr. 2. Die Richtigkeit der mir zugestellten Abschriften ist beglaubigt. Es muß leider aus zeitbedingten Gründen darauf verzichtet werden, den jetzigen Standort der Akten anzugeben.

[2] Die „Akten Aachen" sind von 1 bis 15 fortlaufend numeriert und tragen zur Unterscheidung von den „Akten Fulda" („Akten F."), die von 1 bis 23 fortlaufend numeriert sind, die Bezeichnung „Akten A.".

An Seine Exzellenz

den Herrn Reichs- und Preuß. Minister
für die kirchlichen Angelegenheiten
Berlin

Quae dum Excellentiae Vestrae Reverendissimae refero, permaneo eiusdem Excellentiae Vestrae Reverendissimae

obsequentissimus famulus in Christo

Dr. Hermann Josephus Sträter
Praepositus Capituli
Cathedralis Aquisgranensis

Akte A. 2

Der Reichs- u. Preuß. Minister Berlin, den 23. Dez. 1937.
für die kirchlichen Angelegenheiten
II 7899/37. vertraulich

1.) An   Schnellbrief (zu 1 bis 3)
den Herrn Oberpräsidenten
und Gauleiter Terboven,
in Koblenz.

Anbei übersende ich Abschrift einer Mitteilung des Kathedral-Kapitels in Aachen über die Wahl des Pfarrers Wilhelm Holtmann in Kevelaer zum Bischof der Diözese Aachen zur streng vertraulichen Kenntnisnahme mit dem Ersuchen um Bericht, ob Bedenken allgemeinpolitischer Art gegen den Genannten bestehen. Ich lege Wert auf möglichst beschleunigte Berichterstattung, spätestens bis zum 3. Januar 1938.

[Ich bitte Sie, sich bei der Berichterstattung auch über den Ausbildungsgang des Pfarrers im einzelnen zu äußern.]

Ihre Ermittlungen bitte ich in unauffälliger Form anzustellen.

2.) An

das Geheime Staatspolizeiamt
in Berlin SW 11

Abschrift (von 1 ohne [   ]) übersende ich zur vertraulichen Kenntnisnahme mit dem Ersuchen, auch seitens der Geheimen Staatspolizei Ermittlungen anzustellen und mir deren Ergebnis möglichst umgehend mitzuteilen.

3.) An
den Stellvertreter
des Führers,
in München
Braunes Haus

Abschrift (von 1. ohne [   ]) übersende ich zur gefl. Kenntnisnahme mit der Bitte um Mitteilung, ob Ihrerseits gegen die Wahl des Pfarrers Holtmann zum Bischof der Diözese Aachen Bedenken politischer Art bestehen.

Die gleiche Anfrage habe ich auch an das Geheime Staatspolizeiamt gerichtet.

4.) An
den Herrn Preuß. Ministerpräsidenten,
in Berlin

Das Kathedral-Kapitel in Aachen hat mir angezeigt, daß es den Pfarrer Wilhelm Holtmann in Kevelaer zum Bischof der Diözese Aachen gewählt hat. Ich habe inzwischen den Herrn Oberpräsidenten und Gauleiter Terboven ersucht, wegen der Persönlichkeit des Gewählten eingehende Ermittlungen anzustellen. Gleichzeitig habe ich den Stellvertreter des Führers sowie das Geh. Staatspolizeiamt vertraulich in Kenntnis gesetzt und sie gebeten, etwaige Bedenken gegen die Wahl des Pfarrers Holtmann mir möglichst umgehend mitzuteilen.

Über das Ergebnis der Ermittlungen sowie über die Stellungnahme des Stellvertreters des Führers und der Geheimen Staatspolizei werde ich demnächst weitere Mitteilung machen.

Akte A. 3

An
das Kathedral-Kapitel
in Aachen   vertraulich.

Ich bestätige ergebenst den Eingang Ihres Schreibens vom 20. d. Mts., durch das mir die Wahl des Bischofs der Diözese Aachen mitgeteilt wird. Mit Rücksicht auf die vielen bevorstehenden Feiertage wird sich meine Stellungnahme möglicherweise etwas verzögern, jedenfalls wird die im Schlußprotokoll zu Art. 14 Abs. 2 Ziff. 2 des Reichskonkordats vorgesehene 20tägige Frist kaum eingehalten werden können.

I. A.
gez. R. 23.[3]

---

[3] Handzeichen des Sachbearbeiters Roth und Datum 23.12.1937. Roth war katholischer Geistlicher und Studienrat in München gewesen und besaß das Vertrauen des Führers und der Partei in hohem Maße. 1935 trat er in das Kirchenministerium ein, wo er die kirchenpolitischen Angelegenheiten bearbeitete; er ertrank 1941 bei einer Paddelbootfahrt auf dem Inn.

Akte A. 4

Geheime Staatspolizei Berlin SW 11, den 31. Dez. 1937.
Geheimes Staatspolizeiamt Prinz-Albrecht-Str. 8
Nr. II B 1 — 2979/37

Schnellbrief
Vertraulich!
An den Herrn Reichs- und Preußischen Minister
für kirchliche Angelegenheiten
in Berlin
Betr.: Pfarrer Wilhelm Holtmann in Kevelaer
Bezug: Schnellbrief vom 23. 12. 37 — II 7899/37
Anl.: ohne

Pfarrer Wilhelm Holtmann wurde im Oktober des Jahres 1937 zum Ehrendomkapitular ernannt. Er war Mitglied der Zentrumspartei bis zur Selbstauflösung. Gelegentlich einer Gefallenen-Gedenkfeier des Jahres 1932 führte er aus: „Die Toten seien zwar als Helden gefallen, aber sie fielen für eine Phrase, für Mammonismus und Selbstsucht." Seine Predigten streifen auch heute immer hart die Grenzen des Erlaubten. Einer Anregung ... auf der Pastoralseelsorgekonferenz im September 1937, man solle doch endlich eine positive Haltung zum heutigen Staate zeigen, trat Holtmann mit den Worten entgegen: „Das sei nicht katholisch und vor allen Dingen auch nicht priesterlich gedacht"...[4]

Im Jahre 1935 wurde ein gegen Holtmann eingeleitetes Strafverfahren wegen staatsfeindlicher Äußerungen von der Staatsanwaltschaft eingestellt. In einem weiteren im Jahre 1937 durchgeführten Strafverfahren wegen Nichtbeflaggung mußten ihm staatspolizeiliche Auflagen gemacht werden[5].

Der Vorschlag zur Ernennung des Pfarrers Holtmann zum Bischof geschieht zweifellos auf Betreiben des Bischofs Clemens Graf v. Galen. Holtmann ist sein engster Freund. Durch ihn ist er Ehrendomkapitular geworden, da die Zugehörigkeit zum Domkapitel Voraussetzung für die Ernennung zum Bischof ist[6].

Gegen die Wahl des Pfarrers Holtmann zum Bischof der Diözese Aachen bestehen hier schwerste Bedenken.

Im Auftrage
gez. Unterschrift

---

[4] Die durch Punkte kenntlich gemachten Auslassungen können gegenwärtig nicht veröffentlicht werden.

[5] Herr Dechant Holtmann hatte die Freundlichkeit, zu diesen Angaben zu bemerken, daß ihm von durch Amnestie erledigten Verfahren nichts bekannt sei; er sei zwar seit 1934 mehrfach von der Geheimen Staatspolizei vorgeladen worden, doch hätten sich die erhobenen Beschuldigungen widerlegen lassen, auch die Beschuldigung wegen Nichtbeflaggung.

[6] Der Kandidat wurde 1935 Ehrendomkapitular, 1937 Dechant. Es ist unrichtig, daß erst die Zugehörigkeit zum Domkapitel die Qualifikation für die Ernennung zum Bischof verleiht; jeder sacerdos simplex kann zum Bischof gewählt werden.

Akte A. 5

Der Oberpräsident Koblenz, den 31. Dezember 1937
der Rheinprovinz

B e t r. : Wahl des Pfarrers Wilhelm Holtmann in Kevelaer
zum Bischof der Diözese Aachen.
Erlaß vom 23. 12. 1937 — II 7899/37 vertraulich —.
Berichterstatter: Vizepräsident Dellenbusch für den beurlaubten Herrn
Oberpräsidenten Terboven.

Auf den mir durch den angezogenen Erlaß erteilten Auftrag habe ich mich sofort mit dem Regierungspräsidenten in Düsseldorf, der Staatspolizeistelle Düsseldorf, dem Regierungspräsidenten in Aachen und dem Gau Köln-Aachen ins Benehmen gesetzt.

1. Nach den mir fernmündlich gegebenen Auskünften ist Pfarrer Holtmann am 20. April 1882 in Emmerich geboren und Schüler des dortigen Gymnasiums gewesen. Er war Student an der Theologischen Studienanstalt und am Theologischen Seminar in Münster. Ob er auch andere in- oder ausländische Hochschulen besucht hat, konnte nicht ermittelt werden. Die Priesterweihe empfing er am 9. 6. 1906. Von 1912—1931 war er Kaplan und Religionslehrer an der St. Josefs-Pfarre in Duisburg und Präses der kath. Jugend- und Standesvereine. 1931 kam er als Pfarrer in die bevorzugte und wegen der Wallfahrtsstätte bedeutenden Pfarrei Kevelaer. Vor einigen Jahren ist er zum Ehrendomkapitular und später zum Dechanten des Dekanats Kevelaer ernannt worden.

2. Er gilt als ausgeprägter Anhänger des Bischofs Graf Galen in Münster, und es wird angenommen, daß dieser ihn auch sehr stark persönlich für die Bischofswahl in Aachen empfohlen hat.

3. In politischer Hinsicht war aus seiner Duisburger Zeit nichts zu ermitteln. In Kevelaer hat einmal ein Verfahren wegen staatsfeindlicher Äußerungen gegen ihn geschwebt, das aber mit Rücksicht auf die Amnestie nicht durchgeführt wurde. Außerdem ist er einmal wegen Nichtbeflaggens verwarnt worden. Im übrigen wird aber sowohl von dem Bürgermeister in Kevelaer wie von dem Kreisleiter berichtet, daß er sich für die Gemeinde Kevelaer sehr stark eingesetzt habe und daß seine Kanzelabkündigungen im allgemeinen auch nicht zu beanstanden gewesen seien[7].

Ich darf mich auf die Wiedergabe dieser Auskünfte beschränken und füge noch hinzu, daß der Gau Köln-Aachen mir mitgeteilt hat, daß er in seinem dem Herrn Stellvertreter des Führers zu erstattenden Berichte auch lediglich unter Bekanntgabe der angeführten Maßnahmen der Staatspolizeistelle im wesentlichen auf die Bedenken hingewiesen habe, die aus

---

[7] Herr Dechant Holtmann nimmt an, daß dieses günstige Urteil des Bürgermeisters und des Kreisleiters wohl darauf zurückzuführen sei, daß er in den Jahren der großen Arbeitslosigkeit in weitem Maße habe für Arbeitsbeschaffung sorgen können.

der engen Verbundenheit des Pfarrers Holtmann mit dem Bischof Graf Galen bestehen.

In Vertretung
gez. Unterschrift

An den
Herrn Reichs- und Preußischen Minister
für die kirchlichen Angelegenheiten
     in Berlin

Akte A. 6

Aktennotiz

H. Staatssekretär ist für die Ablehnung Holtmanns.

R. 5. 1.[8]

Akte A. 7

Der Reichs- und Preuß. Minister   Berlin, den 5. Januar 1938
für die kirchlichen Angelegenheiten.
   G II 0003/0001/38

1.) An das
Kathedral-Kapitel
   in Aachen

Auf das Schreiben vom 20. Dez. v. J. teile ich erg. mit, daß der Pfarrer Wilhelm Holtmann in Kevelaer wegen seiner Einstellung zum heutigen Staat politisch nicht genehm ist. Seine Ernennung zum Bischof von Aachen müßte ich als einen unfreundlichen Akt gegenüber der Staatsregierung ansehen.

2.) An den
Herrn Preuß. Ministerpräsidenten
   in Berlin

— 3 Anlagen —

Abschrift (von 1) übersende ich mit der Bitte um Kenntnisnahme.

Im Hinblick auf die Eilbedürftigkeit der Angelegenheit und in der Annahme, daß Sie nach Lage der Sache meiner Entscheidung zustimmen würden, habe ich davon abgesehen, vor dem Abgang Ihr Einverständnis einzuholen.

Die beigefügten 3 Anlagen erbitte ich zurück.

I. V.
gez. Unterschrift

---

[8] Vgl. Akte A. 3. Anm. 3.

Akte A. 8

Das Kathedral-Kapitel Aachen, den 6. Jan. 1938

An
Seine Exzellenz
den Herrn Reichs- und Preußischen
Minister für die kirchlichen Angelegenheiten,
    Berlin

Das Kathedralkapitel hat das dortige Schreiben vom 5. Januar G II 0003/38 erhalten und teilt ergebenst mit, daß es Seiner Exzellenz dem Herrn Apostolischen Nuntius davon Kenntnis gegeben hat.

                    Das Kathedralkapitel
                        gez. Unterschrift

Akte A. 9

Der Preußische Ministerpräsident Berlin W 8, den 5. Febr. 1938
                                            Leipziger Straße 3
  St. M. I. 108
Zum Schreiben vom 5. Januar 1938
    — G II 0003/38 —

Das Kathedralkapitel Aachen hatte mir am 22. Dezember 1937 die Wahl des Pfarrers Holtmann zum Bischof des Bistums Aachen angezeigt und um meine Entscheidung gemäß der Konkordate gebeten. Gleichzeitig teilten Sie mir am 23. Dezember 1937 — II 7899/37 — mit, daß Sie auf Grund der Ihnen ebenfalls zugegangenen Bekanntmachung den Oberpräsidenten in Koblenz, die Geheime Staatspolizei und den Stellvertreter des Führers um Ermittlungen bzw. Äußerungen zu der Person des Pfarrers Holtmann aufgefordert hätten und mir das Ergebnis übermitteln würden.

Aus Ihrem Schreiben vom 5. Januar 1938 ersehe ich nun, daß Sie bereits eine Entscheidung getroffen und den Pfarrer Holtmann abgelehnt haben. Nach den Ermittlungsergebnissen halte auch ich die Ablehnung des Vorgeschlagenen für geboten. Ich darf jedoch darauf hinweisen, daß für Preußen mir die Erklärung vorbehalten ist, ob ein Bischofskandidat politisch genehm ist, und daß ich bei der weitreichenden politischen Bedeutung, die der Einsetzung neuer Bischöfe beizulegen ist, mindestens auf eine interne Mitwirkung bei derartigen Entscheidungen nicht verzichten kann. Ich bitte Vorsorge zu treffen, daß dem in Zukunft Rechnung getragen wird.

3 Anlagen folgen wieder zurück.
                      gez. Göring.
                      (L. S. Beglaubigt
                      gez. Steinke
                      Min. Kanzl.-Sekr.)

An den

Herrn Reichs- und Preußischen
Minister für die kirchlichen
Angelegenheiten.

— Eigenhändig —

Akte A. 10

Der Reichs- und Preuß. Minister Berlin, den 16. Februar 1938
für die kirchlichen Angelegenheiten
   G II 772/38

An den

Herrn Preuß. Ministerpräsidenten
   Berlin W 8

Auf Ihr Schreiben vom 5. 2. d. Js. — St. M. I 108 — betreffend die Wahl des Pfarrers Holtmann zum Bischof des Bistums Aachen teile ich erg. mit, daß die von mir über die politische Zuverlässigkeit des Gewählten eingezogenen Äußerungen so spät eingingen, daß zur Vermeidung unliebsamer Überraschungen eine sofortige Entscheidung getroffen werden mußte. Ich darf hierbei darauf hinweisen, daß nach den Bestimmungen zum Art. 14 Abs. 2 Ziff. 2 des Reichskonkordats Bedenken allgemein politischer Natur in kürzester Frist vorgebracht werden müssen und der Hl. Stuhl berechtigt ist anzunehmen, daß Bedenken gegen den Kandidaten nicht bestehen, wenn nach Ablauf von 20 Tagen eine derartige Erklärung nicht vorliegt. Die Gültigkeit dieser Bestimmung auch für Preußen dürfte der Hl. Stuhl nach Art. 2 Satz 3 (als Ergänzung) a. a. O. behaupten können. Der Versuch, Sie vorher wenigstens fernmündlich zu verständigen, blieb erfolglos, da am Spätnachmittag des 5. Januar d. Js. Ihr Sachbearbeiter infolge einer dienstlichen Reise nicht zu erreichen, eine Übersendung der gesamten Vorgänge aber mit Rücksicht auf den bevorstehenden Fristablauf untunlich war. Im übrigen war mit Ihrem Sachbearbeiter bereits vor Anstellung der Ermittlungen fernmündlich Fühlung genommen worden. Wie stets bisher wird selbstverständlich auch in Zukunft Ihre Mitwirkung bei der Bearbeitung solcher Fälle eingeholt werden.

                              I. V.

(z. U.)   gez. Unterschrift

Akte A. 11

Auswärtiges Amt Berlin, den 31. Januar 1938
Pol. III 171

Abschriftlich
dem
Reichs- und Preußischen Ministerium
für die kirchlichen Angelegenheiten

mit der Bitte um Stellungnahme ergebenst übersandt.

Im Auftrag
gez. Unterschrift

Abschrift Pol. III 171

Apostolische Nuntiatur
Deutschland Nr. 22 480

Das Domkapitel von Aachen hat der Preußischen Staatsregierung unterm 22. Dezember 1937 mitgeteilt, daß es in seiner Sitzung vom 18.12.1937 den Hochwürdigen Herrn Wilhelm Holtmann, Pfarrer von Kevelaer (Rheinland), zum Bischof des z. Zt. vakanten Bistums von Aachen gewählt hat und fragte zu gleicher Zeit an, ob die Hohe Regierung Bedenken allgemein politischer Art gegen den Gewählten zu erheben hat.

Der Herr Reichs- und Preußische Minister für die kirchlichen Angelegenheiten hat unterm 5. Januar 1938 (G II 0003/38) dem Domkapitel von Aachen auf sein Schreiben geantwortet, „daß der Pfarrer Wilhelm Holtmann in Kevelaer wegen seiner Einstellung zum heutigen Staat politisch nicht genehm ist. Seine Ernennung zum Bischof von Aachen müßte ich als einen unfreundlichen Akt gegenüber der Staatsregierung ansehen. In Vertretung (gez.) Dr. Muß".

Die Apostolische Nuntiatur ist vom Hl. Stuhl beauftragt, die Gründe dieser Ablehnung zu erfragen.

Berlin, den 19. Januar 1938

An das Auswärtige Amt, Berlin[9]

---

[9] Der Nuntius hat also Diplomat keinen unmittelbaren Zugang zum Kirchenminister, sondern verhandelt mit dem Auswärtigen Amt. Zur Zeit der Weimarer Republik hat Nuntius Pacelli dem Vernehmen nach auch unmittelbar mit dem Preußischen Kultusminister verhandelt.

Akte A. 12

Der Reichs- und Preuß. Minister　　　　　　　　Berlin, den 9. Febr. 1938
für die kirchlichen Angelegenheiten.
　　II 718/38

An das
Auswärtige Amt
　Berlin

　　Auf das Schreiben vom 31. Januar d. Js. — Pol. III 171 —, betreffend Pfarrer H o l t m a n n in Kevelaer.
　　Ich nehme Bezug auf mein an Sie gerichtetes Schreiben[10] vom 15. Juni 1936 — G II 3274 — betreffend die Ablehnung des für den Posten eines Koadjutors des Bischofs von Fulda in Aussicht genommenen Professors R., X. Der dort dargelegte Standpunkt wird auch heute noch von mir vertreten.

　　　　　　　　　　　　　　　　　I. A.
　　　　　　　　　　　　　　　gez. R. 9. 2.[11]

Akte A. 13

Auswärtiges Amt　　　　　　　　　　　　　Berlin, den 16. Februar 1938
Nr. Pol. III 432
auf das Schreiben vom 9. Februar d. Js.
　　— II 718/38 —

　　Unter Bezugnahme auf das nebenbezeichnete Schreiben wird in der Anlage Abschrift eines Briefes des Herrn Staatssekretärs von Mackensen an den hiesigen Nuntius zur gefälligen Kenntnisnahme ergebenst übersandt.

　　　　　　　　　　　　　　　　Im Auftrag
　　　　　　　　　　　　　　　gez. Unterschrift

An das
Reichs- und Preußische Ministerium
für die kirchlichen Angelegenheiten.

Akte A. 14

Auswärtiges Amt　　　　　　　　　　　　　Berlin, den 12. Februar 1938
Pol. III 382.
　　　　　Herr Nuntius!
　　Mit einem dem Herrn Reichsminister Freiherrn von Neurath am 20. v. M. übergebenen Memorandum haben Sie um Angabe der Gründe

---

[10] Siehe die Akten Fulda 21 bis 23.
[11] Vgl. Akte A. 3 Anm. 1.

der Preußischen Staatsregierung für die Ablehnung der Ernennung des Herrn Pfarrers Wilhelm Holtmann zum Bischof des Bistums Aachen gebeten.

Ich darf mich in dieser Frage auf den Schriftwechsel beziehen, der im Jahre 1936/37 mit Euerer Exzellenz über die Frage geführt worden ist, ob die Reichsregierung verpflichtet ist, die Gründe für die wegen allgemein politischer Bedenken erfolgte Ablehnung einer Bischofskandidatur mitzuteilen. Die Reichsregierung steht auch heute noch auf dem zuletzt mit Schreiben vom 31. Januar 1937 — Pol. III 4973/36 — Euerer Exzellenz mitgeteilten Standpunkt. Ich benutze auch diesen Anlaß, um Euerer Exzellenz den Ausdruck meiner ausgezeichneten Hochachtung zu erneuern.

gez. von Mackensen

Seiner Exzellenz
dem Herrn Apostolischen Nuntius
Monsignore Cesare Orsenigo
    Berlin W 35

Akte A. 15

Geheime Staatspolizei   Berlin SW 11, den 26. Februar 1938
Geheimes Staatspolizeiamt   Prinz-Albrecht-Str. 8
B Nr. II B 1 — 2979—37

An den

Herrn Reichs- und Preuß. Minister
für die kirchlichen Angelegenheiten
    Berlin W 8
    Leipziger Str. 3

Betr.: Pfarrer Wilhelm Holtmann aus Kevelaer.
Vorgang: Mein Schnellbrief vom 31. 12. 37 II V L — 2979/37

Im Nachgang zu meinem vorstehenden Schreiben teile ich mit, daß Pfarrer Holtmann aus Kevelaer abgelehnt worden sei und für die Neubesetzung des Bischofsstuhles nicht in Frage kommen soll.

Wie weiter bekannt wurde, ist durch Verfügung des Vatikans dem Aachener Domkapitular Weihbischof Dr. Sträter das Recht zuerkannt worden, die Priesterweihe vorzunehmen. Da dieses Recht nur einem Diözesanpräses (sic!) zusteht, soll nach Ansicht klerikaler Kreise aus der Verfügung des Vatikans zu ersehen sein, daß mit einer Besetzung des Aachener Bischofsstuhles vorläufig nicht zu rechnen ist.

Im Auftrage:
gez. Unterschrift

Der „Fall Fulda"[1]

Akte F. 1

Kölnische Volkszeitung — 19. 6. 33.

Operation des Bischofs von Fulda

Marburg, 17. Juni

Der im 76. Lebensjahr stehende Bischof von Fulda ist auf einer Firmungsreise in Marburg erkrankt. Er mußte sich einer Operation unterziehen, die nach Aussage der Ärzte günstig verlaufen ist.

Akte F. 2

Auswärtiges Amt
II Vat. 239   Berlin, den 17. März 1936[2]

  Geheim   Eilt sehr!

Der Nuntius hat heute hier zur Kenntnis gebracht, daß der Hl. Stuhl den Professor der Moral am Priesterseminar zu X., Herrn Dr. W. R.[3], zum Koadjutor mit dem Rechte der Nachfolge des Bischofs Damian Schmitt von Fulda zu ernennen beabsichtige.

Gleichzeitig hat der Nuntius unter Überreichung der abschriftlich beiliegenden Verbalnote im Sinne des Artikels 14 Abs. 2 Ziff. 2 des Reichskonkordates die Anfrage gestellt, ob Bedenken politischer Art gegen den Kandidaten bestünden. Mit besonderer Betonung hat Monsignore Orsenigo gebeten, die Anfrage streng geheim zu behandeln. Nur der Bischof wisse bisher von dieser Kandidatur, und selbst das Domkapitel sei über die Angelegenheit nicht unterrichtet.

Über die Personalien des Professors R. hat der Nuntius die abschriftlich beiliegende Notiz seiner Verbalnote beigefügt und ergänzend dazu bemerkt, daß der Betreffende, soweit er wisse, in Rom studiert habe, was den Bestimmungen des Reichskonkordates entspräche.

---

[1] Zur Beschaffung dieser Akten waren außergewöhnliche Schwierigkeiten zu überwinden, was nach zweijährigen Bemühungen erst kurz vor dem Satz gelang. Die Abschriften mußten unter widrigen Umständen angefertigt werden und haben deshalb lange Briefköpfe und unwesentliche Redewendungen des diplomatischen Stils usw. gekürzt.

Auch kann hier der gegenwärtige Standort der Akten aus zeitbedingten Gründen nicht mitgeteilt werden.

[2] Die Akte trägt den Eingangsstempel: „Reichsminister Kerrl, Berlin, Hauptbüro, Eingang 18. März 1936".

[3] Die in Rede stehende Persönlichkeit hat gegen die Veröffentlichung ihres Namens Einspruch erhoben; dieser und andere Eigennamen, aus denen der betroffene Kandidat leicht identifiziert werden könnte, werden deshalb bis auf die Anfangsbuchstaben gekürzt bzw. verändert.

Schließlich bat Monsignore Orsenigo unter Hinweis auf das Schlußprotokoll zu Artikel 14 Abs. 2 Ziff. 2 des Reichskonkordats um möglichste
Einhaltung der für die Antwort der Reichsregierung vorgesehenen Frist
von 20 Tagen. Ich wäre daher dankbar, wenn ich durch eine baldgefällige
Rückäußerung zur Beantwortung der Anfrage des Nuntius in Stand gesetzt würde.

In Vertretung
gez. Bülow

An das Reichs- und Preußische Ministerium
für die kirchlichen Angelegenheiten
Berlin.

Akte F. 3

Apostolische Nuntiatur
Deutschland   Nr. 16 465
Verbalnote

Seine Exzellenz der Herr Bischof von Fulda Dr. Joseph Damian
Schmitt hat den Hl. Stuhl wegen seiner geschwächten Gesundheit um
einen Koadjutor mit dem Rechte der Nachfolge gebeten. Entsprechend
diesem Wunsche hat der Hl. Stuhl den Hochwürdigen Herrn Professor
Dr. W. R., Professor der Moral am Priesterseminar zu X., in Aussicht
genommen.

Die Apostolische Nuntiatur beehrt sich anzufragen, ob Bedenken
politischer Art gegen den Kandidaten bestehen.

Berlin, den 16. März 1936
Stempel[4]

An das Auswärtige Amt Berlin.

Akte F. 4

Abschrift zu II Vat. 239   Berlin, den 17. März 1936
  Zur Ernennung eines Koadjutors cum iure successionis
  (mit dem Rechte der Nachfolge) des Bischofs von Fulda

Seine Hochwürden Herr Professor W. R.

Personalien:
Geboren am 30. 8. 1885 zu Z.
zum Priester geweiht am 28. 10. 1910,
Doktor der Theologie und Philosophie,
z. Z. (seit 1925) Professor der Moral am Priesterseminar zu X.

G II 1749/36

---

[4] Auf dieser Akte befindet sich noch folgende Randbemerkung der federfüh-
renden Abteilung des Kirchenministeriums in Bleistift: „Bischof Schmitt ist
78 Jahre alt. Über p. R. bei G II keine Vorgänge. G II 20. 3.".
„G II" ist das Aktenzeichen für die Abteilung, welche die katholischen Angelegenheiten bearbeitete (G = Geistliche Abteilung).

Akte F. 5

Der Reichs- und Preußische Minister
für die kirchlichen Angelegenheiten

G II 1749 I   Berlin, den 21. März 1936

Geheim!   Sehr eilig!

An den Herrn Reichsstatthalter von Hessen-

Darmstadt, Landesregierung

Der Hl. Stuhl beabsichtigt, den Professor der Moral am Priesterseminar zu X., Herrn Dr. W. R., zum Koadjutor mit dem Rechte der Nachfolge des Bischofs Damian Schmitt von Fulda zu ernennen, und hat bei mir über das Auswärtige Amt im Sinne des Art. 14 Abs. 2 Ziff. 2 des Reichskonkordats anfragen lassen, ob Bedenken politischer Art gegen den Kandidaten bestünden.

Über den Lebenslauf des Genannten ist mir bisher nur bekannt geworden, daß er am 30. 8. 1885 zu Z. (Erzdiözese Freiburg i. Br.) geboren, am 28. 10. 1910 zum Priester geweiht worden, Doktor der Theologie und Philosophie und seit 1925 Professor der Moral am Priesterseminar zu X. ist.

Ich bitte, zunächst diese Daten auf ihre Richtigkeit nachzuprüfen und die Übersicht über den Lebensgang des Genannten zu ergänzen, insbesondere durch Feststellung, an welcher Anstalt er das Reifezeugnis erworben hat, und ob er ein mindestens dreijähriges philosophisch-theologisches Studium an einer der in Art. 14 Abs. 2 Ziff. 1c des Reichskonkordats genannten Hochschulen abgelegt hat.

Vor allem bin ich für eine nähere Auskunft über etwaige frühere politische Tätigkeit sowie darüber dankbar, welche Haltung der Genannte gegenüber dem neuen Reich eingenommen hat, insbesondere in letzter Zeit einnimmt, und ob demgemäß Bedenken allgemein-politischer Natur, insbesondere staatspolitischer Art, gegen ihn bestehen.

Etwaige Ermittlungen bitte ich in unauffälliger Weise anzustellen und die Angelegenheit streng geheim zu behandeln. Wie mir mitgeteilt worden ist, weiß außer dem Bischof von Fulda bisher niemand von dieser Kandidatur, selbst nicht das Domkapitel.

Über das Ergebnis bitte ich Sie, mich baldmöglichst zu unterrichten, damit ich in der Lage bin, die im Schlußprotokoll zu Art. 14 Abs. 2 Ziff. 2 des Reichskonkordats vorgesehene Frist von 20 Tagen unter allen Umständen einzuhalten.

I. A.
o. U.[5]

---

[5] Die Akte enthält außerdem die Zeichen der beiden Sachbearbeiter im Kirchenministerium, Theegarten und Roth, sowie den Vermerk: Wiedervorlage (Wv.) nach einer Woche.

Der „Fall Fulda" 221

Akte F. 6

Staatstelegramm
An den Reichsstatthalter von Hessen-Darmstadt
Erbitte umgehende Antwort auf Anfrage vom 21. 3.
G II 1749 wegen R. Reichskirchenminister.

Akte F. 7

Der Reichs- und Preußische Minister
für die kirchlichen Angelegenheiten 6. April 1936
Vermerk: Fernmündlich festgestellt, noch keine Antwort auf Anfrage, da Reichsstatthalter seine Ermittlungen noch nicht abgeschlossen.

Akte F. 8

Reichsstatthalter in Hessen
in Sachen R.
der angeforderte Bericht wird Ihnen in den nächsten Tagen zugestellt werden. I. V. Heines

Akte F. 9

Auswärtiges Amt Berlin, 7. April 1936
Nr. II Vat. 274
Schnellbrief Geheim
Der Nuntius ist im Sinne des nebenbezeichneten Schnellbriefes verständigt worden. Er hat sich im Benehmen mit dem Vatikan mit einer Verlängerung der gestern abgelaufenen Frist um 8 Tage einverstanden erklärt und sieht unsere Antwort auf seine Anfrage vom 17. März d. J. bis Mittwoch, den 15. April, entgegen.
gez. Bülow

An den Reichs- und Preußischen Minister
für die kirchlichen Angelegenheiten, Berlin.

Akte F. 10

Reichsstatthalter in Hessen Darmstadt, 7. April 1936
Geheim!
An den Herrn Reichsminister
für die kirchlichen Angelegenheiten
Berlin
Ich beziehe mich auf mein Schreiben vom 4. 4. 36 sowie auf meine gestrige fernmündliche Unterredung ... und lege folgenden Zwischenbericht vor:

Dr. W. R. ist Professor der Moral am Priesterseminar in X. Er wurde am 30. 8. 1885 zu Z. (Baden) geboren. Er wohnt in X., ... garten 18. Dr. R. hat von 1911 bis zu seinem Zuzug in X. am 9. 5. 1925 in Y., ... str. 9, gewohnt. Während des Krieges war er Divisionspfarrer. Der Truppenteil konnte nicht festgestellt werden. In politischer Hinsicht ist der Genannte noch nicht hervorgetreten. Es konnte auch nicht festgestellt werden, ob er einer politischen Partei angehört oder nahegestanden hat. An welcher Anstalt er das Reifezeugnis erworben und wo er studiert hat, konnte ebenfalls noch nicht festgestellt werden.

Über das Endergebnis ... in aller Kürze berichten ...

gez. Reiner

Akte F. 11

Der Reichsstatthalter in Hessen
Geh. 115/36 Sch/H   Darmstadt, den 8. April 1936
Geheim!
Betr. den Prof. der Moral Dr. R.

An den Herrn Minister
für die kirchlichen Angelegenheiten
Berlin

Im Anschluß an mein Schreiben vom 7. 4. 36 berichte ich Ihnen weiter über Prof. R.

Nach einer Mitteilung der Staatspolizeistelle Y. hat R. in Y. und Rom 13 Semester Theologie und Philosophie studiert. Von 1911 bis 1921 war er Repetitor im Erzbischöflichen Konvikt in Y., und vom 6. 5. 1922 bis 1. 5. 1925 Privatdozent an der Universität Y. Am 1. 5. 1925 wurde der Genannte als Professor der Moral-Theologie an das bischöfliche Priesterseminar nach X. berufen.

R. gehörte dem Zentrum an und war vor der nationalen Erhebung ein besonders gehässiger Gegner des Nationalsozialismus. Er wird auch heute noch als ein besonders gehässiger Gegner der nationalsozialistischen Weltanchauung angesehen.

Von der Staatspolizeistelle Y. wird mir ein weiterer Bericht durch ihren Gewährsmann, der z. Z. abwesend ist, in Aussicht gestellt.

gez. Reiner

Akte F. 12
                            Berlin, 14. April 1936
Geheim!

Vermerk: Referent nochmals fernmündlich mit Staatsrat Reiner in Darmstadt in Verbindung, um Näheres über feindselige Einstellung R.s zu erfahren ... R. (Reiner) erklärte, einzelne Tatsachen im Augenblick nicht angeben zu können, aber binnen drei Tagen ...

Akte F. 13

**Der Reichs- und Preußische Minister
für die kirchlichen Angelegenheiten, Berlin**

An das Auswärtige Amt
Berlin
Schnellbrief[6]

In Erwiderung auf ... 17. März wegen Ernennung R. ... teile ich ergebenst mit, daß erhebliche Bedenken politischer Art gegen die Ernennung des Kandidaten bestehen. Nach Auskunft des Reichsstatthalters war R. vor der nationalen Erhebung ein besonders gehässiger Gegner des Nationalsozialismus. Als ein solcher wird er vom Reichsstatthalter auch heute noch angesehen.

Akte F. 14

Auswärtiges Amt   Berlin, den 15. April 1936

An den Herrn Reichs- und Preußischen Minister
für die kirchlichen Angelegenheiten
Berlin

Der mündlich in Aussicht gestellten Begründung der ablehnenden Haltung des Reichsstatthalters darf ich entgegensehen.

gez. Meinshausen

Akte F. 15

Staatstelegramm an Reichsstatthalter
in Darmstadt

Ersuche beschleunigten Ergänzungsbericht.

Reichskirchenminister

Akte F. 16

Auswärtiges Amt
II. Vat. 286

Verbalnote

Das Auswärtige Amt beehrt sich auf die Verbalnote der Apostolischen Nuntiatur vom 16. März d. J. Nr. 16 465 zu erwidern, daß gegen die Ernennung des Professors der Moral am Priesterseminar zu X., Dr. W. R., zum Koadjutor mit dem Recht der Nachfolge des Bischofs Damian Schmitt von Fulda erhebliche Bedenken allgemein-politischer Natur bestehen.

Berlin, den 15. April 1936

An die Apostolische Nuntiatur, Berlin.

---

[6] Wahrscheinlich datiert vom 14. April 1936.

Akte F. 17

Der Reichsstatthalter in Hessen

Darmstadt, 23. April 1936

Geheim!

An den Herrn Reichskirchenminister, Berlin

Betr. R.

Im Nachgang zu meinem Schreiben den abschließenden Bericht der Geheimen Staatspolizeistelle Y. und des Geheimen Staatspolizeiamtes Darmstadt.

Weitere Feststellungen im Augenblick nicht. Ich schließe mich dem Urteil an, daß R. nicht tragbar, und daß seine Ablehnung begründet ist.

R. gehört zu jenen Klerikern, die auf Grund ihrer geistigen Beweglichkeit sich selbstverständlich keine Blöße geben, die gestatten würde, sie als offene Gegner der Partei und des Staates zu brandmarken, um von Staats wegen gegen sie vorzugehen. Die Erfahrung hat aber gelehrt, daß diese Herren um so gefährlicher sind.

gez. Reiner

Akte F. 18

Geheimes Staatspolizeiamt Darmstadt

Darmstadt, 21. April 1936

Betr. R., Ergänzung.

Geheim!

Er ist in X. bis jetzt wenig in der Öffentlichkeit in Erscheinung getreten. In wissenschaftlicher Hinsicht gilt er als Größe. Schriftstellerisch betätigt er sich wenig, Veröffentlichungen von ihm konnten nicht in Erfahrung gebracht werden.

Zu Zeiten, als das bekannte Organ der Kath. Aktion „D... K..." noch in X gedruckt wurde, war R. verschiedentlich dem Schriftleiter, Domkapitular Dr. Sch., bei der Retouche dieser Zeitung behilflich. Er hat damals weltanschauliche Artikel begutachtet. Was dies bei der bekannten Haltung dieser Zeitung, die verschiedentlich beschlagnahmt und längere Zeit verboten war, bedeutet, bedarf keiner näheren Erklärung. Diese Mitarbeit stempelt ihn von vornherein zu einem Gegner der nationalsozialistischen Weltanschauung und des neuen Staates.

Bischof Dr. S., der ihm besonders zugetan ist, hat ihn zu Beginn des Jahres zum „Geistlichen Rat" ernannt. Daß er als Lehrer am Priesterseminar verwendet wird, ist ein weiterer Beweis dafür, daß er als ein Vertreter jenes orthodoxen Katholizismus zu betrachten ist, der nicht nur geistlich religiöse, sondern auch machtpolitische Ziele verfolgt.

gez. Schulze

Der „Fall Fulda"

Akte F. 19

Geheimes Staatspolizeiamt Darmstadt

Darmstadt, 23. April 1936

Betr. R.   Geheim!

Nach nochmaliger Mitteilung der Staatspolizeistelle Y. hat es Professor Dr. R. schon frühzeitig verstanden, den verstorbenen Bischof von X., Dr. H., gegen die nationalsozialistische Bewegung aufzuhetzen und damit beizutragen, daß es zu den bekannten Verboten des verstorbenen Bischofs, wie Weigerung von kirchlichen Trauungen von Nationalsozialisten usw., kam. In diesem Sinne habe er sich bis in die letzte Zeit hinein betätigt. R. sei ehemaliger Zögling des von den Jesuiten geleiteten deutschen Kollegs in Rom. Als Jesuitenschüler und ausgesprochener Gegner des deutschen Sterilisationsgesetzes wird er von Rom in jeder Weise gestützt. ...

Nach den bisher getroffenen Feststellungen muß R. als Gegner der nationalsozialistischen Bewegung und des neuen Staates angesehen werden.

gez. Schulze

Akte F. 20

Der Reichs- und Preußische Minister
für die kirchlichen Angelegenheiten

An das Auswärtige Amt   Berlin, 27. April 1936
Berlin

... Übersende 2 Polizeiberichte

Meinen Einspruch gegen die Ernennung halte ich nach wie vor aufrecht.

Akte F. 21

Auswärtiges Amt, Berlin   Berlin, 6. Juni 1936
An den Herrn Reichs- und Preußischen Minister
für die kirchlichen Angelegenheiten
Berlin

         Geheim!   Eilt sehr!

Der Nuntius ist hier gestern auf die Frage der Ernennung eines Koadjutors für den Bischof von Fulda zurückgekommen. Er hat unter Überreichung des hier abschriftlich beiliegenden Schreibens an den Herrn Außenminister vom 5. Juni grundsätzlich den von uns wiederholt abgelehnten Standpunkt vertreten, daß die Reichsregierung im Falle der Ablehnung eines Erzbischofs usw. aus Gründen allgemein-politischer Natur gemäß §[7] 14 Abs. 2 Nr. 2 des Konkordates verpflichtet sei, unsere Bedenken dem Hl. Stuhl mitzuteilen. Gleichzeitig hat er erklärt, daß der

---

[7] Gemeint ist: Artikel.

Hl. Stuhl in dem vorliegenden Falle auf der Ernennung des bisher von ihm vorgeschlagenen Prof. Dr. R. nicht bestehen wolle, sondern nunmehr den Regens am Erzbischöflichen Klerikalseminar in Bamberg, Dr. Johann Baptist Dietz, als Koadjutor ... in Aussicht nehme ... Anfrage, ob Bedenken ... Frist von 20 Tagen ...

Akte F. 22
Apostolische Nuntiatur
Nr. 17 241   am 5. Juni 1936
Herr Reichsminister!

Indem ich mich beehre, ... gestatte ich mir gleichzeitig, Sie darauf aufmerksam zu machen, daß der von Ew. Exzellenz vertretene Standpunkt, nämlich, daß nach der Mitteilung, daß tatsächlich Bedenken allgemein-politischer Art bestehen, die Reichsregierung sich laut Konkordat für nicht verpflichtet hält, die Bedenken selber mitzuteilen, vom Hl. Stuhl nicht anerkannt werden kann, und ich mich deswegen gezwungen sehe, dagegen Einspruch zu erheben.

Die Gründe, die für die Unannehmbarkeit sprechen, sind folgende:

1. der allgemeine Brauch bringt es mit sich, daß auf die Frage, ob Bedenken bestehen, falls solche bestehen, diese auch angegeben werden, damit sie gemeinsam gewürdigt werden können. Dies ist die Praxis, wie sie bzgl. des Art. 24 des Konkordats[8] geübt wird bei Bedenken, die evtl. gegen angestellte Lehrpersonen erhoben werden können, ebenso die Praxis bei Ernennung von Universitätsprofessoren an den katholischen Fakultäten gemäß dem Schlußprotokoll des preußischen Konkordats zu Art. 12 Abs. 1 Satz 2, wo allerdings auf eine Ausnahme hingewiesen wird, die die Regel bestätigt. Sie lautet „Wie weit der Bischof in dieser Darlegung zu gehen vermag, bleibt seinem Ermessen überlassen[9]."

2. Die Worte des Preußischen Konkordats in Art. 7: „... ohne vorher durch Anfrage bei der Preußischen Staatsregierung festgestellt zu haben, daß Bedenken politischer Art gegen den Kandidaten nicht bestehen", werden im Reichskonkordat (Schlußprotokoll zu Art. 14 Abs. 2 Nr. 2) noch besser erläutert, wo für den Fall, daß tatsächlich Bedenken bestehen, das einzuhaltende Vorgehen folgendermaßen festgesetzt wird: „Es besteht Einverständnis darüber, daß

    a) sofern Bedenken ... bestehen, solche ... vorgebracht werden", und daß diese Mitteilung

    b) „in kürzester Frist" zu erfolgen hat.

Hätte das Konkordat nur die Pflicht der Mitteilung vom Bestehen der Bedenken auferlegen wollen und nicht auch die Pflicht, dieselben anzugeben, hätte es nicht den Ausdruck gebraucht „solche ... vorgebracht werden".

---

[8] Gemeint ist das Reichskonkordat.
[9] Vgl. zu diesem Argument die eingehenden Ausführungen oben S. 181 f.

Angesichts dieser aus dem allgemeinen Brauch und aus dem Wortlaut der Konkordate selber genommenen Gründe halte ich dafür, daß die Deutsche Reichsregierung keine Schwierigkeiten haben wird, dem oben vorgetragenen Standpunkt beizutreten, nämlich, daß, sofern Bedenken gegen einen Kandidaten bestehen, solche dem Hl. Stuhl vorgebracht werden müssen.

gez. Orsenigo

Akte F. 23[10]

Der Reichs- und Preußische Minister
für die kirchlichen Angelegenheiten

An das Auswärtige Amt   Berlin, 15. Juni 1936
Berlin

Aus Anlaß der Ablehnung R. durch die Reichsregierung unter Hinweis darauf, daß Bedenken allgemein-politischer Art beständen, hat die Apostolische Nuntiatur entgegengesetzte Auffassung vertreten.

Ich bitte, zu antworten:

... kann die Reichsregierung nicht beitreten.

Der Hl. Stuhl spricht von „Brauch" ...

Demgegenüber an Praxis des Hl. Stuhles erinnern, bzw. auf Äußerung des Nuntius gegenüber dem Minister des Äußeren (15. Januar 1936). Fall: Vorschlag der Reichsregierung: Wehrkreispfarrer Rk zum Feldbischof. Orsenigo: Vatikan gern Entgegenkommen, aber ernste Bedenken, — der Vatikan pflege die Gründe seiner Ablehnung nicht bekanntzugeben, habe sie auch dem Nuntius nicht mitgeteilt.

... Gleichberechtigt, gilt auch für Reichsregierung.

... Parallele mit Lehrpersonen nicht stichhaltig.

... nur die Pflicht zur Mitteilung, nicht die Pflicht zur näheren Bezeichnung dieser Bedenken.

Solche Diskussion über hochstehende Personen wäre sicher auch der Kirche unangenehm[11].

---

[10] Das Schreiben ist von Roth aufgesetzt worden und verstößt gegen jede traditionelle Form, die im Verkehr der Ministerien üblich war.

[11] Hiermit schließen die einschlägigen „Akten Fulda" ab. Der Notenwechsel über die vom Hl. Stuhl behauptete, von der Reichsregierung verneinte Pflicht des Staates, erhobene Bedenken zu begründen, ist mindestens bis zum 31. Januar 1937 fortgeführt worden. In der Note des Auswärtigen Amts vom 12. Februar 1938 an den Nuntius (Akte A. 14) wird auf ein Schreiben des Auswärtigen Amts vom 31. Januar 1937 Bezug genommen, in dem die Reichsregierung ihren ablehnenden Standpunkt abschließend formuliert hat.

Obwohl die Akten des ehemaligen Kirchenministeriums vor und nach dem Zusammenbruch mehrmals verlagert und zum Teil auch vernichtet wurden, ist nicht zu vermuten, daß sich über die weitere Korrespondenz Vorgänge unter den das Bistum Fulda betreffenden Akten befunden haben. Jedenfalls dürfte keine weitere Stellungnahme des Kirchenministeriums in dieser Sache erfolgt sein, da dieses sich in seinem Schreiben vom 9. Februar 1938 an das Auswärtige Amt (Akte A. 12) ausschließlich auf seine Stellungnahme vom 15. Juni 1936 (Akte F. 23) bezieht.

Die einschlägigen Akten des Auswärtigen Amts sind einer offiziellen Auskunft zufolge unauffindbar.

Schrifttum

1. Quellen *

Acta Apostolicae Sedis, Commentarium Officiale, Romae 1909 ff.

Archiv für katholisches Kirchenrecht, Innsbruck 1857—1861, Mainz 1862 ff zit. AkKR.

Codex Iuris Canonici Pii X Pontificis Maximi, Romae 1917.

Europa-Archiv 1, 1946 4./5. Folge, Oberursel/Taunus.

Föhr, E., Das Konkordat zwischen dem Heiligen Stuhle und dem Freistaate Baden vom 12. Oktober 1932. Italienischer und deutscher Text nebst Anlagen und Anmerkungen, Freiburg i. Br. 1932.

Giannini, A., I Concordati postbellici, Milano 1929. (Bd. II, 1936, war mir nicht zugänglich.)

Koeniger, A. M., Das preußische Konkordat vom 14. Juni 1929 und die Zirkumskriptionsbulle vom 13. August 1930, mit Übers. u. Erläuterungen, Bonn und Köln 1931.

— Die neuen deutschen Konkordate und Kirchenverträge mit Erläuterungen (Kanonistische Studien und Texte, hrsg. v. A. M. Koeniger Bd. 7), Bonn und Köln 1932.

Die Lateranverträge zwischen dem Heiligen Stuhl und Italien vom 11. Februar 1929. Italienischer und deutscher Text. Autorisierte Ausgabe mit einer Einleitung des Päpstlichen Nuntius Eugenio Pacelli in Berlin, Freiburg i. Br. 1929.

(Mercati, A.), Raccolta di Concordati su materie ecclesiastiche tra la Santa Sede e le Autorità Civili, Roma 1919.

Perugini, A., Concordata vigentia, notis historicis et iuridicis declarata, Roma 1934.

Posener, P., Die Staatsverfassungen des Erdballs. Unter Mitwirkung von Gelehrten und Staatsmännern, Charlottenburg 1909.

Recueil des Traités de la France, publié par M. de Clercq, XII, 1877—1880, Paris 1881.

Restrepo Restrepo, J. M., Concordata regnante S. D. Pio PP. XI inita, latine et gallice reddita et notis illustrata, Romae 1934.

Roedel, A. u. Paulus, R., Reichskirchenrecht und neues bayerisches Kirchenrecht. Zugleich Ergänzungsband zu Roedel, Das bayerische Kirchenrecht, München u. Berlin 1934.

Sammlung der Drucksachen des Preußischen Landtages, III. Wahlperiode, 1. Tagung, 4. Bd. (Nr. 2699—3186), Berlin 1930.

---

* Die nur gelegentlich herangezogenen Werke sind in den Anmerkungen ausführlich zitiert.

Schneider, Ph., Die partikulären Kirchenrechtsquellen in Deutschland und Österreich. Gesammelt und mit erläuternden Bemerkungen versehen, Regensburg 1898.
Sitzungsberichte des Preußischen Landtages, III. Wahlperiode, 1. Tagung, 6. Bd. (89.—104. Sitzung), Berlin 1929.
— 15. Bd. (236.—248. Sitzung), Berlin 1931.
Verhandlungen der verfassunggebenden deutschen Nationalversammlung, Bd. 328, Stenographische Berichte von der 53.—70. Sitzung, Berlin 1920.
— Bd. 336, Anlagen zu den Stenographischen Berichten, Nr. 391, Bericht des Verfassungsausschusses, Berlin 1920.
Walter, F., Fontes iuris ecclesiastici antiqui et hodierni, Bonnae 1862.
Weber, W., Staatskirchenrecht. Textausgabe der neueren staatskirchenrechtlichen Bestimmungen, München 1936.
— Neues Staatskirchenrecht. Zweiter Band der Textausgabe staatskirchenrechtlicher Bestimmungen, München und Berlin 1938.
Wenner, J., Reichskonkordat und Länderkonkordate, 4. Aufl. Paderborn 1938.

2. Darstellungen *

Adler, Fr., Die Grundgedanken der tschechoslowakischen Verfassungsurkunde in der Entwicklungsgeschichte des Verfassungsrechts, Berlin 1927.
Anschütz, G., Die Verfassung des Deutschen Reiches vom 11. August 1919, 14. Aufl. Berlin 1933.
Bachem, K., Geschichte und Politik der deutschen Zentrumspartei, Bd. I—IX, Köln 1927—1932.
Barion, H., Über doppelsprachige Konkordate. Eine konkordatstechnische Studie (Deutsche Rechtswissenschaft 5, 1940, S. 226—249).
Becker, W., Die „politische Klausel" des Vertrages zwischen dem Freistaat Preußen und dem Heiligen Stuhl vom 14. Juni 1929 vom Standpunkt der Reichsverfassung, Marburger jur. Diss., Marburg 1932.
Bergstrasser, L., Der politische Katholizismus. Dokumente seiner Entwicklung. (Der deutsche Staatsgedanke 2, 3) Bd. I (1815—1870), Bd. II (1871 bis 1914), München 1921/1923.
Bierbaum, M., Inter Sanctam Sedem et Borussiam solemnis conventio (Apollinaris 3, 1930, S. 86—93).
Bihlmeyer, K., Kirchengeschichte, Bd. I—III, 11. Aufl. Paderborn 1940.
Böckenhoff, K., Katholische Kirche und moderner Staat. Neu bearbeitet von Koeniger A. M. Köln o. J. (1920).
Brière de la, Y., La renaissance contemporaine du droit canonique dans plusieurs législations seculières grâce aux divers concordats du pontificat de Pie XI (Acta Congressus iuridici Internationalis. Romae 1934, V, Romae 1937, S. 57—96).
Buttmann, R., Das Konkordat des Deutschen Reichs mit der römisch-katholischen Kirche vom 20. Juli 1933. In: Frank H., Nationalsozialistisches Handbuch für Recht und Gesetzgebung, München 1935, 1. Aufl. S. 453—470.

---

* Die nur gelegentlich herangezogenen Werke sind in den Anmerkungen ausführlich zitiert.

Capello, F. M., De natura concordatorum (ius Pontificium, 8, 1928, S. 15—18; 78—90; 9, 1929, S. 128—140).

Conrad, Reichskonkordat, Reichsrecht und Landesrecht (Deutsche Juristen-Zeitung 39, 1934 S. 320—323).

Crnica, A., Staat und katholische Kirche in Jugoslawien. Festgabe Ulrich Lampert, Freiburg 1925.

Ebers, G. J., Staat und Kirche im neuen Deutschland, München 1930.

Eichmann, E., Lehrbuch des Kirchenrechts auf Grund des Codex Iuris Canonici, 4. Aufl. Bd. I/II, Paderborn 1934.

— Staat, Religion, Religionsgesellschaften nach der neuen Reichsverfassung, Heft 18 der Münchener Universitätsreden, München 1930.

Engelhard, H., Der preußische evangelische Kirchenvertrag vom 11. Mai 1931 und sein Einfluß auf das bisher geltende Staatskirchenrecht in Preußen, Berlin 1932.

Erler, A., Die Konkordatslage in Deutschland (Süddeutsche Juristen-Zeitung 1, 1946, S. 197—200).

Falco, M., Corso di diritto ecclesiastico, Bd. II Diritto ecclesiastico italiano, 4. Aufl. Padova 1938.

Feine, H. E., Die Besetzung der Reichsbistümer vom Westfälischen Frieden bis zur Säkularisation 1648—1803 (Heft 97 und 98 der kirchenrechtlichen Abhandlungen, hrsg. von Ulrich Stutz), Stuttgart 1921.

— Persona grata, minus grata. Zur Vorgeschichte des deutschen Bischofswahlrechtes im 19. Jahrhundert (Festschrift Alfred Schultze), Weimar 1934 S. 65—83.

— Staat und Kirche, Schriftenreihe der Evangelischen Akademie IV 1. Tübingen 1946.

Ferrata, D., Mémoires, Bd. I—III, Rome 1920.

Fleiner, Fr., Über die Entwicklung des katholischen Kirchenrechts im 19. Jahrhundert (Basler Rektoratsrede), Tübingen und Leipzig 1902.

— Geistliches Weltrecht und weltliches Staatsrecht (Festrede gehalten an der 99. Stiftungsfeier der Universität Zürich am 29. April 1932), Zürich o. J.

Forsthoff, E., Die Verträge zwischen Staat und evangelischer Kirche, zugleich ein Beitrag zur Lehre vom öffentlich-rechtlichen Vertrag (Deutsche Rechtswissenschaft 4, 1939 S. 141—151).

Friedberg, E., Das Veto der Regierungen bei Bischofswahlen in Preußen und der oberrheinischen Kirchenprovinz, Halle 1869.

— Die Gränzen zwischen Staat und Kirche und die Garantien gegen deren Verletzung. In drei Abtheilungen, Tübingen 1872.

— Der Staat und die Bischofwahlen in Deutschland. Ein Beitrag zur Geschichte der katholischen Kirche und ihres Verhältnisses zum Staat. Mit Aktenstücken Bd. I/II, Leipzig 1874.

— Das Deutsche Reich und die katholische Kirche (Separatabdruck aus v. Holtzendorffs „Jahrbuch für Gesetzgebung etc."), Leipzig 1872.

Garner, J. W., Questions of state succession raised by the german annexation of Austria. American Journal of International Law 32, 1938, S. 421—438.

Gefaeller, H., Kirchenrechtliche Änderungen infolge des Versailler Vertrages, Berlin-Grunewald 1930.

Giannini, A., La convenzione tra la S. Sede e la Spagna per la provvista delle diocesi (Il Diritto Ecclesiastico LIII, 1942, S. 137—145).
Gopcevic, Sp., Geschichte von Montenegro und Albanien, Gotha 1914.
Grübel, F., Die Rechtslage der römisch-katholischen Kirche in Polen nach dem Konkordat vom 10. Februar 1925 — Stand vom 1. Oktober 1930 (Leipziger rechtswissenschaftl. Studien, hrsg. von der Leipziger Juristen-Fakultät, Heft 59), Leipzig 1930.
Gurian, W., Der Kampf um die Kirche im Dritten Reich, Luzern 1936.
Hedemann, J. W., Die Flucht in die Generalklauseln. Eine Gefahr für Recht und Staat. Tübingen 1933.
Hinschius, P., System des katholischen Kirchenrechts mit besonderer Rücksicht auf Deutschland (Das Kirchenrecht der Katholiken und Protestanten in Deutschland) Bd. I—IV, Berlin 1869—1888.
Hollós, Fr. T., Die gegenwärtige Rechtsstellung der katholischen Kirche in Deutschland auf Grund des Reichskonkordats und der Länderkonkordate, Würzburg 1948.
Hoyer, E., Das Schicksal des tschechoslowakischen Modus vivendi. Festschrift Eichmann, Paderborn o. J. (1940) S. 373—400.
Huber, E. R., Verträge zwischen Staat und Kirche im Deutschen Reich (Abhandlungen aus dem Staats- und Verwaltungsrecht sowie aus dem Völkerrecht 44), Breslau 1930.
— Verfassungsrecht des Großdeutschen Reiches, Hamburg 1939.
— Staat und Bischofsamt. Bemerkungen zu dem gleichnamigen Buch von Werner Weber (Deutsche Rechtswissenschaft 5, 1940, S. 162—167).
Ipsen, H. P., Politik und Justiz, Das Problem der justizlosen Hoheitsakte, Hamburg o. J. (1937).
Kahl, W., Lehrsystem des Kirchenrechts und der Kirchenpolitik. Erste Hälfte. Einleitung und allgemeiner Teil, Freiburg i. Br. und Leipzig 1894.
— Die deutsche Kirche im deutschen Staat, Berlin 1919.
Kanitz, F., Das Königreich Serbien und das Serbenvolk von der Römerzeit bis zur Gegenwart, Bd. III Staat und Gesellschaft. Durchgesehen und ergänzt von Bogoljub Jovanovic, Leipzig 1914.
Keith, Fr., Werdegang und Ende des österreichischen Konkordats (Zeitschrift der Akademie für Deutsches Recht 6, 1939, S. 478—483).
Kienitz, E. v., Die Gestalt der Kirche. Eine Einführung in Geist und Form des kirchlichen Verfassungsrechtes, Frankfurt a. M. 1937.
Kübel, J., Der Vertrag der evangelischen Landeskirchen mit dem Freistaat Preußen, Berlin-Steglitz 1931.
Lama, F. v., Papst und Kurie in ihrer Politik nach dem Weltkrieg, Illertissen (Bayern) 1925.
Lange-Ronneberg, E., Die Konkordate. Ihre Geschichte, ihre Rechtsnatur und ihr Abschluß nach der Reichsverfassung vom 11. August 1919 (Veröffentl. d. Görres-Gesellschaft, Sekt. f. Rechts- u. Staatswissenschaft 51), Paderborn 1929.
Link, L., Die Besetzung der kirchlichen Ämter in den Konkordaten Papst Pius XI. (Kanonistische Studien und Texte hrsg. von A. M. Koeniger, Bd. 18 u. 19) Bonn 1942.
Liszt, Fr. v., Das Völkerrecht. 12. Aufl. bearb. v. Fleischmann M., Berlin 1925.
(Maas, H.), Die badische Convention und die Rechtsvorgänge bei dem Vollzug derselben (Archiv für kath. Kirchenrecht V 1860, S. 224—274; S. 394—453).
Mausbach, J., Kulturfragen in der Deutschen Verfassung. Eine Erklärung wichtiger Verfassungsartikel, M.-Gladbach 1920.

M e j e r , O., Zur Geschichte der römisch-deutschen Frage. Bd. I Deutscher Staat und römisch-kath. Kirche von der letzten Reichszeit bis zum Wiener Congresse, Rostock 1871.

M e r k l , A. J., Das Problem der Rechtskontinuität und die Forderung des einheitlichen rechtlichen Weltbildes (Zeitschr. f. öffentl. Recht V, 1926 S. 497—527).

M e y d e n b a u e r , H., Vigens ecclesiae disciplina, Berliner jur. Diss. 1897.

M o r g e n t h a u , H., La notion du „politique" et la théorie des différends internationaux, Paris 1933.

M ö r s d o r f , K., Das neue Besetzungsrecht der bischöflichen Stühle unter besonderer Berücksichtigung des Listenverfahrens (Kölner Rechtswissenschaftl. Abhandlungen H. 6), Bonn und Köln 1933.

— Der neueste Stand der deutschen Bistumsbesetzung (Theologie und Glaube, 26, 1934, S. 717—731).

M o u s s e t , A., Le Royaume Serbe Croate Slovène. Son organisation, sa vie politique et ses institutions. Paris 1926.

N. N., De Concordato inter Sanctam Sedem et Romaniam (Apollinaris 3, 1930, S. 581—600).

Obergericht des Kantons Zürich, 1. K. 1. 12. 1945 Über die Anwendbarkeit der Haager Konvention von 1905 im Verhältnis zwischen Deutschland und der Schweiz (Schweizerische Juristen-Zeitung 1946, S. 89 ff.; Deutsche Rechts-Zeitschrift 2, 1947, S. 31—33).

O h l e m ü l l e r , G., Reichskonkordat zwischen Deutschland und dem Vatikan vom 20. Juli 1933. Urkunden und geschichtliche Bemerkungen. 2. Aufl. Berlin 1937.

P a s q u a z i , J., Modus vivendi inter Sanctam Sedem et Rempublicam Cechoslovachiae (Apollinaris 1, 1928, S. 149—155).

P e r u g i n i , A., Inter Sanctam Sedem et Borussiae Rempublicam solemnis Conventio seu Concordatum (Apollinaris 5, 1932, S. 38—53).

— Inter Sanctam Sedem et Badensem Rempublicum solemnis Conventio (Apollinaris 6, 1933, S. 326—329).

— Inter Sanctam Sedem et Rempublicam Austriacam solemnis Conventio (Apollinaris 7, 1934, S. 193—219).

P e t r o n c e l l i , M., Polemica in materia di provvista di diocesi (Il Diritto Ecclesiastico LIII, 1942, S. 3—10).

R i e d e r , H., Staat und Kirche nach modernem Verfassungsrecht, Berlin 1928.

R o t h e n b ü c h e r , K., Die Trennung von Staat und Kirche, München 1908.

— Wandlungen in dem Verhältnisse von Staat und Kirche in der neueren Zeit (Jahrbuch des öffentlichen Rechts III, 1909, S. 336 ff.).

S a n d e r s , Th., Der Einfluß der Staatensukzession auf die Rechtslage der katholischen Kirche im Sukzessionsgebiet (Hamburgische Universität, Abhandlungen u. Mitteilungen aus d. Seminar f. Öffentl. Recht H. 19), Hamburg 1927.

S i e b e n h a a r , H., Der Begriff des Politischen Delikts im Auslieferungsrecht. Berliner jur. Diss., Berlin 1939.

S c h m i t t , C., Verfassungsrecht, München und Leipzig 1928.

— Der Hüter der Verfassung, Tübingen 1931.

— Der Begriff des Politischen, zuerst erschienen im August 1927 im Heidelberger Archiv für Sozialwissenschaft und Sozialpolitik, in zweiter Ausgabe 1931

in München und Leipzig; zit. nach der 1936 in Hamburg erschienenen Auflage.
— Positionen und Begriffe im Kampf mit Weimar—Genf—Versailles 1923 bis 1939, Hamburg 1940.
Schmitt, J., Kirchliche Selbstverwaltung im Rahmen der Reichsverfassung (Veröffentl. d. Görres-Gesellschaft, Sekt. f. Rechts- u. Staatswissenschaft 44), Paderborn 1926.
Schnabel, Fr., Der Zusammenschluß des politischen Katholizismus in Deutschland im Jahre 1848 (Heidelberger Abhandl. der mittleren u. neueren Geschichte 29), Heidelberg 1910.
Schneider, F. E., Die rechtliche Natur der Vereinbarungen zwischen Staat und Kirche, Münsterer jur. Diss., Münster i. W. 1908.
Schulte, J. Fr., Die Rechtsfrage des Einflusses der Regierung bei den Bischofswahlen in Preußen, Gießen 1869.
Storz, H., Staat und katholische Kirche in Deutschland im Licht der Würzburger Bischofsdenkschrift von 1848 (Kanonistische Studien und Texte, hrsg. v. Koeniger A. M., 8), Bonn 1934.
Strupp, K., Grundzüge des positiven Völkerrechts, 4. Aufl. Bonn 1928.
Stutz, U., Der neueste Stand des deutschen Bischofswahlrechtes. Mit Exkursen in das Recht des 18. u. 19. Jhdts. (Kirchenrechtl. Abhandl. hrsg. v. Stutz U., 58), Stuttgart 1909.
— Kirchenrecht. In: v. Holtzendorffs Enzyklopädie der Rechtswissenschaft Bd. 5, 7. (2.) Aufl. 1914.
— Die päpstliche Diplomatie unter Leo XIII. Nach den Denkwürdigkeiten des Kardinals Domenico Ferrata, Berlin 1926, und Abhandl. d. Preuß. Akad. d. Wiss. 1925 Phil.-Hist. Klasse Nr. 3/4.
— Über das Verfahren bei der Nomination auf Bischofsstühle (Sitzungsberichte der Preußischen Akademie d. Wissenschaften, 1928 Nr. XX S. 229 ff.).
— Konkordat und Codex (Sitzungsberichte der Preußischen Akademie d. Wissenschaften, Phil.-Hist. Klasse 1930 Nr. XXXII S. 688—706).
Verdross, A. v., Völkerrecht, Berlin 1937.
Wagnon, H., Concordats et droit international. Fondement, élaboration, valeur et cessation du droit concordataire (Universitas Catholica Lovaniensis, Dissertationes ad gradum magistri in Facultate Theologica vel in Facultate Juris Canonici consequendum conscriptae, Series II, Tomus 29), Gembloux 1935.
Waldkirch, E. v., Völkerrecht, in seinen Grundzügen dargestellt, Basel 1926.
Weber, W., Das Reichskonkordat in der deutschen Rechtsentwicklung (Zeitschrift der Akademie für Deutsches Recht 5, 1938, S. 532—536).
— Das Nihil obstat. Beiträge zum Verhältnis von Staat und katholischer Kirche Zeitschrift für die gesamte Staatswissenschaft 99, 1939 S. 193—244).
— Die politische Klausel in den Konkordaten. Staat und Bischofsamt, Hamburg o. J. (1940).
Wehlitz, K., Die Zuständigkeit und Verfassung der Kongregation für die außerordentlichen kirchlichen Angelegenheiten nach dem Schreiben Papst Pius XI. vom 5. Juli 1925 (Archiv des öffentlichen Rechts NF 14, 1928 S. 233—261).
Wernz, F. X. — Vidal, P., Ius Canonicum I/II, Romae 1938/28.
Zinn, G. A., Das staatsrechtliche Problem Deutschland (Süddeutsche Juristen-Zeitung 2, 1947 Sp. 4—12).
Zscharnack, L., Das Preußen-Konkordat. Berlin 1929.

Printed by Libri Plureos GmbH
in Hamburg, Germany